经济发达地区水利发展模式

陈 菁 胡正平 编著

黄 河 水 利 出 版 社

内容提要

本书紧紧围绕长江三角洲经济发达地区发展中出现的水问题，从人水和谐、可持续发展的要求出发，以全新的思路、先端的理念探求了水利应发挥的功能、作用以及水利发展的模式。本书具有针对性、前瞻性和可操作性，对长江三角洲地区以及类似经济较发达地区的水利发展具有很强的现实指导意义。本书可供水利工作者、大专院校相关专业师生以及相关领域研究人员阅读参考。

图书在版编目(CIP)数据

经济发达地区水利发展模式 / 陈菁，胡正平编著—郑州：黄河水利出版社，2007.6
ISBN 978-7-80734-214-4

Ⅰ.经… Ⅱ.①陈… ②胡… Ⅲ.水利建设-经济发展-经济模式-中国 Ⅳ.F426.9

中国版本图书馆 CIP 数据核字(2007)第 086052 号

组稿编辑：王路平　电话：0371-66022212　E-mail:wlp@yrcp.com

出 版 社：黄河水利出版社
地址：河南省郑州市金水路 11 号　邮政编码：450003
发行单位：黄河水利出版社
发行部电话：0371-66026940、66020550、66028024、66022620(传真)
E-mail:hhslcbs@126.com
承印单位：黄河水利委员会印刷厂
开本：850 mm × 1 168 mm　1 / 32
印张：7.75
字数：220 千字　　印数：1—2 150
版次：2007 年 6 月第 1 版　　印次：2007 年 6 月第 1 次印刷

书号：ISBN 978-7-80734-214-4 / F · 76　　定价：22.00 元

《经济发达地区水利发展模式》编委会

前言

改革开放以来，我国东南沿海各省经济发展较快，特别是长江三角洲、珠江三角洲等地区近几年正处于经济高速发展期，城市化率迅速提升，乡镇工业发展迅猛，农业产业结构调整幅度加大，集约化农业生产正以较快的速度向前推进。在城乡经济高速增长的同时，随之也产生了一系列水问题：随着生产发展与生活水平的提高，大量工业废水、生活污水未经处理排入水体，城乡水质日趋恶化，生态环境每况愈下；农村集镇相对分散、农民住房无序膨胀、乡镇工业分布散乱、建设和发展与水争地屡禁不止；以“工程水利”为主导的传统水利模式重视水利的有形功能(防洪、灌溉、发电、航运、养殖等)而长期忽视水利的无形功能(水环境、水生态、水文化等)，其负面作用日渐显现。这几方面的问题互为因果、互相叠加，加剧了经济发达地区的“水安全、水供给、水环境、水生态、水管理”问题。因此，针对经济发达地区的要求与特点，以实现经济发达地区人水和谐为目标，研究社会经济发展与水利发展之间的互动状态与关系，探讨兼备指导与服务经济发展并与之相适应的水利发展模式，对长江三角洲地区以及类似经济发达地区的水利发展具有重要的理论指导意义和现实意义。

本书紧紧围绕长江三角洲经济发达地区发展中出现的水问题，从人水和谐、经济社会可持续发展的要求出发，以全新的思路探求水利应发挥的功能、作用，以及水利发展的模式。在总结国内外水利发展过程、分析人与水的历史辩证关系、对治水理念进行系统研究的基础上，从利用、服务、目标三个层面探索水利发展新模式；提出了“水供给、水安全、水环境、水生态、水管理、水文化”六位一体的指标体系，在指标体系中考虑了经济社会发展的不同阶段对水利的不同需求，反映了水利与经济发展的互动规律；重点对城乡水系调整，水污染防治，水生态与水景观建设，水文化挖掘、赋予及解读，农村供排水体系等方面的原则和方法进行了深入研究。

本书得到了 2006 年度江苏省水利科技重点项目和泰州市水利局的资助，参阅和引用了大量国内外文献资料，进行了多次实地调研，在此谨向所引用文献资料的作者和协助调研的各单位表示衷心的感谢。

由于编著者水平有限，书中不足之处在所难免，敬请广大读者批评指正。

编著者

2007 年 5 月于南京

目录

第 1 章　绪　论

1.1　水利发展与社会经济发展的互动关系

水利是为社会经济发展、人民生产生活服务，提供涉水公共产品的基础性行业，是社会经济发展的重要支撑。同时它又受社会经济发展的影响和制约，为社会需求及国家经济实力所支配，表现出极强的社会性。

在人类的历史发展长河中，水利与社会经济发展休戚相关，在我国这样一个大江大河较多、水旱灾害频繁的国家尤其如此。中国历史从一开始就有大禹治水的记载，2 100 多年前的《史记·河渠书》就有了"水利"一词。中华民族几千年的历史就是一部治水的历史，历史表明水利兴则国家兴，反之亦然。国家兴盛，有财力兴修水利，则国力愈强；国家疲弱，则水利废弛，国力愈弱。水利与社会经济发展之间互为因果、互相影响，历来如此。

鉴于水利发展与社会经济发展之间的密切关系，水利发展必须考虑经济社会发展的需要，并且由于水利发展需要一定的周期，其效果具有滞后性，因此需要对社会经济发展的阶段性超前认识和考量。

1.2 水利发展的阶段性

1.2.1 水利发展的一般过程

1.2.1.1 水利顺应自然阶段(原始阶段)

远古时代人类近水草而居，择丘陵而处，首先出于人类生存对水的需求以及对洪水的回避。这一阶段人们出于本能“用水之利，避水之害”，并没有形成系统的对水的理性知识以及对水文、水力学性质的认知，人类活动完全以适应自然为首要条件。

1.2.1.2 水利适应社会经济发展(初级阶段)

随着人类社会及生产的发展，“近水草而居，择丘陵而处”已经不能满足人与水之间的关系。为了避洪而不断的迁徙限制了农耕的稳定发展；不时发生的干旱带来了饥谨。因此，为了减轻洪水的威胁，人们开始用堤防限制洪水；为了生产更多的粮食，产生了陂塘沟渠水利，以使“水旱从人”。在漫长的过程中，人们对水的认识、研究不断加深，早在《管子·水地》篇中就不但阐明了水的文化社会价值，还指出了水的物理性质；在《管子·度地》篇中则极力强调除水害、兴水利的重要性：“善为国者必先除其五害……五害之属水为大。”在实践和理论认识的基础上，人类进入了水利发展的初级阶段。

在这一阶段，人们根据社会经济发展的要求，兴建水利工程，解决人类生存与生产对水的要求(防洪、减灾，灌溉与生活供水)的问题，其特征表现为现实的需要在前，水利的发展在后，以“治水”和“用水之利”为主要内容，不断地解决人类发展的“瓶颈”问题：治河、防洪、灌溉、航运等，如我国几千年的水利史以及新中国成立后的30~40年基本属于这一类型。这一阶段的发展经历了漫长而相对稳定的过程。

1.2.1.3 水利的正负效应并存阶段(中级阶段)

工业革命以后，生产力得到极大的解放，物质财富急剧增长，人口膨胀、城市扩张。统计表明，工业革命后100年所生产的物质财富相当于之前的总和。在经济高速增长的同时，随之而来的是对资源的过度开发和环境污染。水利也不例外，水源枯竭、水污染严重、水生态恶化成为世界性的问题。一些大型水利工程的建设对区域环境产生了一定的负面影响，加剧了水问题的严重性。

世界上的部分发达国家在20世纪50~70年代进入了水利发展的中级阶段，我国经济发达地区则在20世纪80年代进入了中级阶段。在这一阶段，水利的基础与规模都达到一定的水平，水利的功能在一定程度上能够满足人类生存与生产的要求，但同时一些负面作用也显现出来，特别是一些缺乏科学规划与环境生态意识的工程，其负面作用较为突出。这一阶段的水利成就巨大，但仍属于传统水利的范畴，缺乏对可持续发展的把握，以及从资源、环境、人类发展三者统一的大系统角度进行考虑的战略发展观。水利对社会经济发展呈现为水利水害并存的状态。

1.2.1.4　水利发展引导、规范社会经济的发展阶段(高级阶段)

水利发展以可持续发展为目标，在满足人类生存与生产要求的同时，高度重视节约水资源，重视水环境、水生态的治理与保护，强调人水和谐、人与自然的和谐，超前考虑社会经济发展的需求，并通过规划与重点骨干工程的建设，引导、规范、促进社会经济的发展。如城市骨干河道的规划与整治，防洪工程多功能的发挥，河道蓝线及涉水区域黄线、绿线的设置等。

1.2.2　发达国家水利发展的阶段性

综观世界上发达国家的水利发展，其发展过程均呈现出明显的阶段性特征，并且水利发展的阶段性是与社会经济发展的阶段性紧密契合的。德国水利根据不同时期经济发展的特点而变化：二战后，主要解决温饱问题，水利的发展重点是农业灌溉；随着城市建设的迅速发展，水利建设的工作重点转移到了工业和城市供水，建设及扩建了一批工业和城市供水工程，如对慕尼黑供水工程进行了大规模的扩建；目前的工作重点是生态环境和水域保护，为了维护良好的自然环境和生活质量，政府投入了大量的资金和精力。

日本水利发展的阶段性十分清晰，集中地体现在《河川法》的内容上。1896 年(明治 29 年)首部《河川法》(以下称旧法)问世，其主要内容为治水；1964 年颁布新《河川法》(以下称新法)，其主要内容是治水与水利开发利用；1997 年对新法进行了修订，修订的主要内容是“针对近年国民对环境的高度关注以及区域的实际状况，将河道整治的必要性以及环境改善与保护作为河川法规定的重要内容，从而对规划制度进行根本的修正，并提出了干旱缺水时用水关系的协调措施”。从日本《河川法》的发展可以看出日本水利发展的轨迹：治水—治水+利水(用水之利)—治水+利水+亲水(水生态、水环境)。日本近 10 年来开展的“回归自然”、“Groundwork”运动，以及“近自然工法”的广泛应用，都反映了这一阶段的特点。顺应这一形式，日本的大学中农业工学学科普遍对名称进行了修改，大多数改为“农业环境工学科”之类的名称。

美国垦务局所管辖的大坝大都建设时期较早，功能比较单一，主要是防洪、灌溉。美国垦务局主席 John Keys 指出：美国垦务局现在的主要工作就是在满足美国联邦法律对水资源管理的前提下，对原有水坝进行功能升级，一方面是对原有的水坝进行改造，如过去建成的一些功能单一的水坝，考虑增加水电站或进行水电站扩容；另一方面是增加水坝的其他功能，如通过分层设置泻洪孔，对水温进行调节，满足水生生物的繁殖需要，或按工业供水和生活供水的不同要求进行改造，或考虑休闲旅游的功能。美国垦务局的工作内容表明其现在的主要工作之一是保证水工程的环境生态功能[1]。美国的大学同样为了顺应社会发展中水利的阶段性变化，以及由此产生的对高等教育的要求，在 20 世纪 70、80 年代之交，大多将大学的农业工学科改为“农业生物与环境”之类的名称。

美国的土木工程兵团是负责国家的码头、水道、防洪等有关水问题的工程机构，已有 200 年历史。土木工程兵团自 1983 年后承担了大量的改善和复原生态环境的新任务，该项项目收支现已占兵团收支的 17%且增长趋势明显。兵团在水资源规划中改变以经济效益(NED，National Economic Development)最大化作为规划的主要指标，认为当今生态和社会效益(NER, National Ecological Restoration)已上升为首位，经济效益降为次席，并且摒弃传统的“试行错误(Trial-and-Error)”方法，引入新的“适应性管理(Adaptive Management)”理念[2]。

1.2.3　我国现阶段水利发展的特性

千百年来，中华民族同水旱灾害进行了不屈不挠的斗争。特别是中华人民共和国成立以来，中国政府带领全国人民对防洪设施、农田水利、水环境、水力发电以及内河航运等进行了众多的工程建设，水利事业取得了举世瞩目的辉煌成就。兴建了 8 万多座水库，初步形成了覆盖全国的防洪减灾体系，灌溉面积达到 0.55 亿 hm^2，为国民经济和社会的稳定发展提供了保障条件。但是，近些年来随着国民经济的持续快速发展，水资源短缺、洪涝灾害频繁、水环境持续恶化等问题日益突出，已经成为制约国民经济进一步快速健康发展的因素，引起了社会各界的广泛关注。在 2006 年两会期间召开的中外记者招待会上，温家宝总理坦言我国目前还没有解决好环境污染问题，当然包括水污染防治与水生态环境问题。

严峻的现实使我们认识到，要解决水的问题，就必须改变传统的治水思路，从“传统”水利向现代水利转变，以水资源的可持续利用保障经济社会的可持续发展，实现用水安全、防洪安全、粮食安全和生态环境安全。

在《中国 21 世纪议程》中，中国政府已经将社会经济的可持续发展作为重要的战略目标，提出：水资源的可持续利用是中国经济社会发展的战略问题。“十五”、“十一五”《国民经济发展规划纲要》中都指出：要建立节水型社会；城市建设和工农业布局要充分考虑水资源的承受能力；加强规划与管理，搞好江河全流域水资源的合理配置，协调生活、生产和生态用水；积极开展人工增雨、污水处理回用、海水淡化；合理利用地下水资源，严格控制超采；加大水的管理体制改革力度，建立合理的水资源管理体制和水价形成机制。

自此，我国水利进入了一个崭新的阶段。可持续发展观、人水和谐、顺应自然、重视保护和恢复生态环境的理念日益深入人心。近年的大量“新水事”表明我国水利已经进入了较为高级的阶段。如黑河调水入居延泽，塔里木河调水，关于拆坝、怒江水电开发、淮河污染及闸群调度问题的讨论等。

但是，传统的治水思路与工作习惯的改变以及全行业认识水平的提高非一朝一夕之功，落后的工作思维方式仍然大量存在。因此，我国目前的水利处于中高级水利阶段更替时期，呈现出多种水利发展阶段并存的复杂状态。

1.3 水利发展各个阶段人与水的关系分析

1.3.1 人对水的作用

水利发展的原始阶段，人类在适应自然的前提下以“用水”为主。出于本能的需要，用简单的工具取水、用水，回避水害。

水利发展的初级阶段，人对水的作用表现为“治水+用水”。在这一阶段人类在用水的同时，也学会了控制水，形成了内容丰富的防洪治河、取水用水等理论与技术，如我国历朝历代的黄河治理、悠久的灌溉历史与业绩以及城市水利等。

水利发展的中级阶段，人对水的作用表现为“治水+用水+害水”。人类在治水用水的过程中，治水理论不断发展，技术水平不断提高，与此同时，由于缺乏可持续发展理念，忽视了水资源及水环境的承载能力，人类在治水用水过程中，一部分行为也对水形成了伤害，如存在无节制地向自然索取、破坏植被森林、破坏水的循环与涵养过程、对水资源的过度开发、低效率利用与污染等现象。这个阶段出现的问题，源于人类对环境生态规律的认知的限制与科学技术发展的阶段性限制。

水利发展的高级阶段，人对水的作用表现为“治水+用水+护水、利水”。通过对人类积极的治水用水行为所产生的负面作用的认识、分析与矫正，水利才迎来了高级发展阶段。人们开始寻求恢复水环境和水生态的原理、技术与方法，寻求人水相亲、与水和谐共处的途径，进入到了护水、利水的阶段。

1.3.2 水对人的影响

原始阶段，水是人类生存的基本物质条件，提供人类生活用水，孕育万物，使人类得以生存。

初级阶段，人类自进入农耕时代以后，水对人类利害并存。水的多功能性为人类提供了灌溉、航运、漂木、养殖、发电的可能，人类在开发利用水的多功能的过程中不断发展进步。人类物质文明不断发展的过程就是人类对水的开发利用不断进步的过程。在这一过程中，由于人们还无法控制洪旱渍涝灾害，不时发生的水灾害一方面限制了生产力的发展，另一方面也推进了抵御水灾害的技术、方法的进步。此外人类在治水、用水以及鉴赏水和其他元素所形成的自然风光的过程中，形成了丰富多彩的水文化。如涉水诗词歌赋、图卷美术、格言铭文、治水人物和典故、治水文献等，成为中华文化的重要组成部分。水对人类的影响是多元的、巨大的。

中级阶段，在延续初级阶段的利害并存状态的情况下，由于人口增长、生产发展、城市膨胀，与水争地、过渡开发水资源、水环境污染、水生态破坏的现象十分突出。水作为人类不可或缺的生存与生产要素，在造福人类的同时也在给人类带来危害。长江三角洲以及泛长江三角洲地区频频出现的癌症村(图 1-1)，有相当一部分是由于饮用水污染。多发的鱼塘死鱼事件、太湖地区的水质型缺水、淮河的沿河污染、洪泽湖污染团事件等都是典型的水害例子。汪恕诚在世界水日发表的《转变用水观念 创新发展模式》中指出“人类对水的伤害越大，水对人类的破坏越大”[3]。

高级阶段，人类已能较好地控制洪旱渍涝灾害，在遇到特大洪涝灾害时采取给洪水以出路的措施，缓和人水矛盾。水作为生产生活的基本资料，为人类提供了基本物质条件；同时水还是人类所需要的水环境、水生态、水文化的提供者和载体，可满足人类更高层次的物质与精神需求。

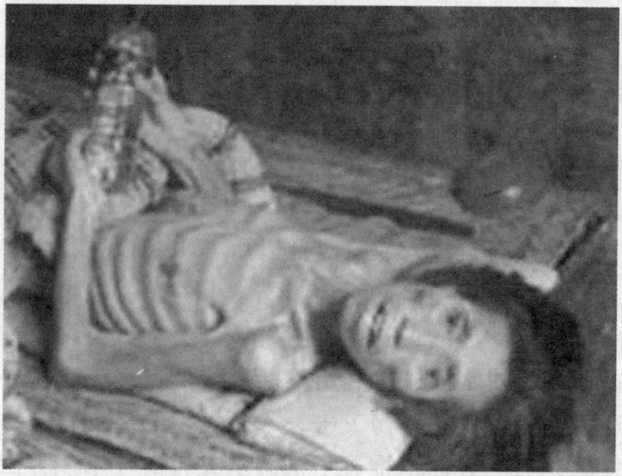

图 1-1 濒临死亡的癌症村患者

(手持矿泉水，诉说河水污染给自己带来的灾难。来源：水信息网)

1.3.3 人与水的哲学关系

原始阶段，人是大自然生物圈的一分子，人类依附于水而生存。在我国受传统的天人合一的思想影响，人与水的哲学关系表现为人水合一。

初级阶段，人类成为生物圈中特殊的种群，善于使用工具和智慧改造自然，随着生产力的发展在一定程度上驾驭自然，从而扩大水利，减小水害。该阶段人与水的关系基本处于平衡状态。

中级阶段，在初级阶段的基础上，人类希望进一步扩大水利，因此较多地出现了不恰当或过度开发利用水资源的现象，这些开发利用超出了水资源的承载能力，破坏了水的自然循环状态，污染了水体。人类严重伤害了河流、水体；反过来，水资源短缺、水环境污染、水生态恶化对人类产生了严重的伤害，抑制了物质与精神文明的进一步发展，结果造成了“水多水少水脏水浑”人水失衡的现象。

高级阶段，吸取前一阶段的经验教训，人水关系进入了对水体承载能力理性认知科学运用的阶段，形成人水和谐的主导思想。人水和谐相处是破解我国水问题的核心理念。人类开始采用各种措施恢复、保护水环境和水生态，重视水文化的挖掘与保护，努力恢复人水之间的平衡，以达到人水和谐的状态。这一阶段的“人水和谐”与原始阶段的“人水合一”似乎有相似之处，但事实上内涵却发生了巨大变化，这就是“螺旋式上升，波浪式前进”的发展规律。

水利各个发展阶段的特性见表 1-1。

表 1-1　水利各个发展阶段的特性

阶　段	人对水的作用	水对人的影响	人与水的哲学关系
原始阶段	用水	基本生存条件(水供给)	人水合一
初级阶段	治水+用水	利、害(洪旱渍涝)并存	人水基本平衡
中级阶段	治水+用水+害水	利、害(洪旱渍涝+水污染+生态恶化)并存	人水失衡
高级阶段	治水+用水+护水、利水	物质、环境、生态、文化的提供者	人水和谐

1.4　水利发展新模式设定及其适应条件

关于水利发展模式的专门研究成果较少，但在近几年水利部的治水思路中已有了许多建设性的提法。如相对于传统水利的“现代水利”，相对于工程水利的“资源水利”、“环境水利”，“生态水利”等。这些提法包含着深刻的现实体验与思考，对调整人们的治水思路、治水理念具有积极意义。要实现从传统水利向“现代水利”、“资源水利”、“环境水利”、“生态水利”的转换，需要水利从指导思想—战略规划—具体实施有一个完整的理论体系和实践框架。

长江三角洲地区是全国经济发展最快的地区，同时也是受传统水利负面影响较大的地区。部分地区的规划短视、易变，城市水利发展滞后，农村水利基础设施相对较差，严重的水环境污染和水生态问题等，已经对长江三角洲地区经济的进一步腾飞产生了约束作用，典型的例子如太湖流域的水质型缺水问题，以及区域生物物种的退化与减少问题(有研究表明，水生生物退化的速度高于陆生生物)。

因此，从战略的高度重新审视长江三角洲地区水利发展的既有模式，针对所存在的问题，扬长避短，探索经济高速发展中的水利发展与服务模式，具有重大的科学价值和深远的现实意义。

长江三角洲地区经济高速发展中的水利发展新模式为"利水水利"模式，其主要内容为：综合利用，双重功能，城乡统筹，水务统一，人水和谐，可持续发展。

1.5 "利水水利"模式解析

如前文所述，长江三角洲地区经济高速发展中的水利发展新模式之所以被称为"利水水利"模式，就是要从宏观角度强调治水、用水必须充分考虑水资源的承载能力，强调人类在谋求自身发展的同时必须服从自然规律，自觉推进对自然规律研究与认识的进步，从"对水有利"的哲学高度出发，寻求"以水利人"的结果。这里可以将"利水水利"模式分解为三个层次，即"综合利用，双重功能"的水利利用模式，"城乡统筹，水务统一"的水利服务模式，以及"人水和谐，可持续发展"的水利目标模式。

1.5.1 水利利用模式——综合利用，双重功能

水具有多功能性，因此对水的开发利用应以多目标综合开发利用为主。参照流域综合管理的概念与原理，新模式中的综合利用是将河流或水体视为一个完整的生态社会经济系统，即将河流或水体及其周边的自然条件、生态、环境和社会经济看做相互作用、相互依存和相互制约的统一体，对其进行合理的开发利用和保护，兴建综合利用工程切实解决涉水国民经济部门的各种需求与问题，扩大工程多元经济效益，节省工程投资。根据国内对已建和规划综合利用水利枢纽的研究，单目标开发要取得综合开发所获得的同等效能，所需的总投资为综合开发的 1.60~1.83 倍；法国通过对罗纳河的综合开发研究，认为单目标开发要达到综合开发的效果，所需的总投资是综合利用水利枢

纽的 1.5~2.0 倍[4]。

在水利发展的高级阶段，对水的综合利用应包含对空中水、地表水、地下水的立体综合利用和对水环境容量—水生态条件—水文化功能的全面开发利用。

在水利的中级阶段及以前，人们重视开发河流及水体的防洪、供水、发电、航运、养殖等有形功能(传统功能)，而忽视水的环境、生态、文化等无形功能[5]。随着生产的发展与人口规模的扩大，水的环境功能被过度利用，不但将其严重后果反馈给了人类，同时也使水生态以及水生物的多样性遭到了前所未有的破坏。在此状况下，恢复河流水体的环境功能，重建人水和谐的水生态就成为高级阶段水利的应有之责。此外，由于人类的思维意识的客观存在和进化，人类除对物质生活有需求外，还有区别于其他一切生物的精神需求。随着人们物质生活水平的提高，人们对人居、休闲、旅游、教育等涉水文化精神生活的要求也在逐步提高。水的文化功能将成为人们精神需求的重要内容。因此，“利水水利”模式与传统水利的重大区别就在于，在对水的有形功能开发利用的同时，高度重视水的无形功能的开发利用与保护。人类对水的利用表现为有形功能和无形功能并重的双重利用状态。

1.5.2　水利服务模式——城乡统筹，水务统一

水利服务模式由城乡统筹的水利工程服务系统和水务统一的非工程服务系统构成。

50 多年的城乡经济上的二元分治，形成了我国巨大的城乡差距。只有通过城乡统筹、缩小差距才能有效地实现我国建设小康社会的目标。城乡统筹的概念，实际上包括经济和社会发展两大方面，党的十六大报告提出物质文明建设、政治文明建设和精神文明建设三个方面都要实现城乡统筹。

在水利发展模式中，城乡统筹主要指的是城乡统筹的水利工程服务体系。其内涵有以下五个方面：

一是建立统筹城乡水利的理性思维。党的十六届三中全会明确提

出了“统筹城乡发展”，水利作为经济发展的基础设施，也必须按行政区划级次和流域特点努力推进城乡水利统筹。

二是统筹城乡公益性水利标准。统筹城乡水利应本着社会公正、人类平等、服务一致的原则，提供标准基本相同的水利公共产品，如在农村中心镇或集中居住区设立与本行政区划的城市基本相同的防洪排涝、供水安全、污水集中处理等水利标准(详见本书第3章)。

三是统筹水利工程建设。尽管城乡产业类别、生活方式、建筑布局等有差别，但城乡水系却是连通的，加之经济发达地区的城市不断扩张，城乡水系界限也处在不断变化之中，因此必须根据流域、区域的特点，统筹进行水系整治，建立功能完备、运行高效的水工程体系，包括河渠工程、库坝工程、泵站工程、管道工程、涵闸工程、供水工程、污水处理工程、水土保持工程、湿地保护工程、绿化景观工程、涉水文化工程等。特别是针对农村地区和中小城镇以及新建的农村集中居住区，应该加大供水、污水处理、管道工程以及水生态和水环境恢复工程、景观文化工程的规划建设力度，改善农村地区以及中小城镇的生活环境、生活品质。此举对于缓解城市压力、缩小城乡差距、建设和谐社会具有重要意义。

四是统筹城乡水管理体制。城乡行政管理体制、水务管理体制的长期分治，导致了城乡水管理体制的分割和河流及水工程运行失调，因此必须打破城乡分割，建立不同水工程类别的水工程管理机构和城乡统一的水务管理体制以充分发挥水工程效益。

五是统筹城乡水利投入。城乡水利的不可分割性，决定了城乡公益性工程投资必须统筹计划、使用，各级财政及社会水利资金应加大城乡统筹力度，调整城乡收入分配结构，注重对公益性水利基础设施欠账较多的城郊结合部和农村的水利投入。

城乡统筹是针对城乡分治而言，水务统一则针对部门分割而言。在继续重视传统水利的前提下，重视水生态、水环境、水文化的新的水利发展模式，必须在水务统一的制度设定下才能完成。

“盖治水之道，利在统筹，若事权不一，职责不专，则难收兼筹并顾之功，而易起曲防壑邻之争也”[6]。中国历朝历代不乏水利统而分之、分而再统的反复。民国期间就曾经几次反复。

新中国成立以后的多头管水，形成了部门之间的权力交叉，建设不统一，规划不同步，责任不清楚，哪个部门都管、哪个部门都管不彻底，其弊端显而易见。但由于行政权力的分配与调整是一个极为复杂的问题，如果地方领导没有充分认识到水务一体化的必要性与紧迫性，则解决这个问题是十分困难的。

目前，全国组建水务局或由水利局承担水务统一管理职能的县级以上行政区已占全国县级以上行政区总数的 53%，其中北京市、上海市、黑龙江省、海南省已实现了辖区内的水务统一管理。实现水务统一管理的地区，在统一调配地表与地下、城市与农村、区内与区外水资源，统一编制涉水规划，提高城乡防洪安全、供水安全、生态安全等方面，都取得了明显成效[7]。在水利发展的高级阶段，水务统一是实现水的有形功能、无形功能并重的制度条件和组织保证。长江三角洲地区除上海外，其他如苏州、宿迁等地也已实行了水务一体化管理。

上海市在水务统一的制度与组织保证下，近几年开展了全市范围的水环境整治与水生态恢复工程，取得了巨大的成效；市区亲水工程的建设、管理与保护也取得了显著的成效。上海市从过去的“有水皆臭”的水环境污染的重灾区，正在变成水网连通、水流潺潺的东方明珠。

水利发展新模式下的水务统一管理的内涵应包括决策科学、规划先行、建管并重、综合管理等内容。

1.5.3　水利目标模式——人水和谐，可持续发展

人水和谐，可持续发展是水利发展的最终目标。“人水和谐”包括人类的主观需求与水资源禀赋的和谐；人类活动对水资源(这里指水物质、水环境、水生态，下同)的消耗与水资源再生速度的和谐；人类对水资源的爱护与水资源回报人类的良性循环的和谐。只有在人水和谐的状态下，可持续发展才成为可能。

参 考 文 献

[1] 周双超，刘玉均．“美国垦务局所辖的大坝没有一座被拆除”——访美国垦务局主席约翰·基斯[J]. 中国三峡建设，2005(11)：9~10.

[2] 朱元珄．水资源开发与管理的时代特性[J].水利规划设计，2002(3).

[3] 汪恕诚．转变用水观念 创新发展模式[J]. 中国水利，2006(6)：1.

[4] 陈菁，王婷婷，陈丹，等．《长江法》与长江流域水资源管理体制的关系研究——综合性流域管理体制与长江立法[R]. 河海大学现代农业工程系，2004.

[5] 董文虎．实现河流有形功能与无形功能并存——从生态经济的角度全面评价水利工程[J]. 水利发展研究，2005(10)：26.

[6] 李书田，等．中国水问题[M].北京：商务印书馆，1937.

[7] 刘朔．提高水资源使用效益的三个关键[EB/OL]. [2006-04-09]. http://www.gmw.cn/content/2006-04/09/content_398357.htm.

第 2 章 国内外的利水水利实例

2.1 国内先进地区的利水水利

2.1.1 上海市闵行区的城市水环境、水生态建设

在闵行区社会经济开始启动到高速发展的近 20 年间(1985 年至今)，闵行区的水利经历了不同的发展阶段。从被动适应经济发展，到制约经济发展，直至现阶段的逐步走向人水和谐的状态，闵行区水利的内涵发生了根本性的转变。现阶段闵行区的水利发展表现出超前的意识，不仅为经济发展服务，而且引导着区域经济朝着更理性、更科学的方向发展。

2.1.1.1 水利发展状况

1)经济高速发展前

20 世纪 80 年代末，闵行区还属于典型的城乡结合部地区，河流众多，河网纵横，据 1991 年水利规划统计，全区各种河道水面积占总面积的 9%。由于闵行区大部分是近郊蔬菜地，防汛抗灾要求高，因此此段时间内该区修建了大量的防汛排水工程，加上水面积的调蓄，在排涝模数仅为 2.4 ~ 2.8 $m^3/(s·km^2)$情况下已能达到日雨量 145 ~ 200 mm 不受涝的要求(相当于 5 年至 10 年一遇)。这一阶段闵行区水利的内容主要是防洪除涝和农田水利。

2)经济高速发展时期

20 世纪 90 年代以来，闵行区进入了经济高速发展时期。由于城市基础设施建设长期滞后于工业化和城市化进程，水利建设更是落后于其他基础设施建设，并且水利观念落后，水利仅仅围绕经济开发的需要，没有合理的规划，因此土地开发建设与水争地的矛盾日益突出，河道水系被成片填埋，有的变成断头浜、死水浜，造成河网的调蓄、排水能力降低，内河水位攀升，加重了区域内涝的威胁。同时，由于水系萎缩，环境容量减小，大量的工业废水和生活污水排入河道，导致水污染日益严重，水环境日趋恶化。工业及生活需水急剧增长，饮水水源的水质安全形势严峻。这一阶段内涝严重、供水不足，水污染和恶化的水环境成为制约社会经济发展的重要因素，主要表现在以下几方面：

(1)水安全方面。随着太湖流域和各区域的加快治理，工情、水情、下垫面情况均发生了很大变化。分片外围大江大河水位也明显抬升，上游的洪涝水压向下游，加之高潮的顶托，黄浦江上游的高潮位多次超历史记录，并存在继续抬高的趋势，区域防汛的形势日益严峻。

由于没有水利规划的指导和约束，在经济高速发展和城市化进程的过程中，大量河道的填埋导致全区水面率锐减到 6.86%，内涝威胁严重。虽然 90 年代起对河道进行了清淤、疏浚、整治工作，但随着开发强度的加大，河道萎缩的趋势仍未得到有效遏制。闵行区水利局于 1995 年编制了《闵行区长期保留河道规划》，但由于以计划经济、行政指令为主的倾向仍然存在，普遍不重视规划的指导作用，有些被规划为长期保留的河道仍被填埋。例如，城市化建设进程最快的淀北片，由于高密度的土地开发，水面率锐减至 3%，河网萎缩，河网的密度与分布遭到较严重的破坏，很多骨干河道也被填埋，剩下的河道很多是断头浜，加重了区域内涝的威胁。1999 年梅雨季节，华漕等地内河水位平均达到了 4 m 左右(除涝最高水位在 3.8 m 以下),北横泾河水漫堤，虹桥机场告急，上海动物园受淹。

(2)水环境方面。由于水的行政管理处于分割状态，“多龙管水”，供水管理、排水管理与治污相分离，对工业废水排放浓度和总量控制力度不够，企业废水排放达标率低，近 40%的工业废水未经处理排入河道。随着城市化进程的加快，大量人口涌入，生活污水排放量持续增加，由于市政污水管网的覆盖率跟不上住宅的开发速度，近 65%的生活污水就近直接排入河道。河滩上固体废弃物和垃圾成堆，杂草丛生，违章搭建及阻水坝埂屡见不鲜，大部分河道终年黑臭、鱼虾不生，河网水系水质基本上属于劣V类水，黄浦江上游饮用水源水质受到严重威胁。

(3)水景观方面。部分河道的终年黑臭及成堆的垃圾，使人们唯恐避之不急，更谈不上亲水，脏、乱、阻、塞的河道已严重影响了城市生态环境和城市面貌，制约着居民生活水平和城市品质的提高，阻碍了城市经济的进一步发展。

3)现状

2001 年闵行区水务局成立，全区的防洪除涝、供水节水、排水和污水处理、水资源配置和开发管理等职能全部由水务局承担。随后，水务局将区内河道作为城市基础设施进行统一规划和管理，制定了《上海市闵行区水务规划》，使之与《闵行区城市总体规划》相衔接，并与城市道路、市政交通、航运、环保、城区综合改造相协调，经市规划部门审定后纳入了城市总体规划并予以执行。随着水务规划的实施，水面保护有了法律依据，通过河道的综合整治，中心城区河道基本消除了黑臭，水环境有了一定的改善，水系景观建设正在逐步实施。自规划实施以来，闵行区投资环境得到改善，经济发展保持了快速增长的势头，经济增长初步形成了结构与质量、速度与效益相统一的良好局面，2003 年、2004 年的经济发展指标见表 2-1(《2003、2004 年闵行区国民经济和社会发展统计公报》，闵行区发展计划委员会)。

表 2-1　闵行区 2003 年、2004 年经济发展指标

经济发展指标	2003 年	2004 年
全区经济增加值(亿元)(比上年增长)	290.4(26.2%)	366.02(26.1%)
区财政总收入(亿元)(比上年增长)	44.1(29.7%)	61.66(39.8%)
工业增加值(亿元)(比上年增长)	48(39.3%)	60(25%)
三产比重	1.3：57.1：41.6	0.9：57.3：41.8

(1)水安全方面。防汛工作事关全区经济、社会发展的大局和人民

生命财产的安全。闵行区依托上海市“淀北片”、“淀南片”、“浦东片”统一的外围控制线，一线(黄浦江一线、苏州河一线、淀浦河一线)防洪工程大部分已完成，防御标准达到目前上海市的1 000年一遇防汛标准。

但是，闵行区除涝的形势仍然严峻。由于大面积的城市开发仍在继续，河道萎缩的趋势仍未得到根本遏制；大面积的开发又使下垫面情况发生了很大的变化，暴雨径流关系随之也发生了明显变化，排水强度增加，内河最高水位不断攀升，加重了区域内涝的威胁。由此可见，防止区域内涝是闵行区防汛的重点，而河道水面率是影响除涝的重要因素之一，因此保护河网已刻不容缓。

(2)水环境方面。列入闵行区政府工作报告的环境保护和建设“三年行动计划”已经完成了两轮，在水环境治理方面取得了重大进展。通过对黑臭河道进行综合整治，全区河道基本消除黑臭；通过一大批环境保护和建设项目的实施，水体生态系统得到逐渐恢复和改善，污水截污纳管处理率已达到67%；水质恶化趋势得到有效控制，2002年，河道高锰酸盐指数平均值比2001年下降13.02%。黄浦江水源保护区支流水质已基本达到Ⅲ类水标准，全区80%以上主要河流的主要水质指标已达Ⅴ类水以上标准，但尚未全面达到水功能区要求。2004年地表水水质较2003年有所改善，根据市环境保护和环境建设协调推进委员会办公室的环境效益评估数据，华漕港在中心城区11条河道中水质改善最为明显，河道污染下降了近30%，区河道污染下降了24%，改善率名列全市第二；市考核的两条过境河道新泾港和浦汇塘，闵行段的水质标识指数都是最低的，好于相邻区域，大规模的河道黑臭整治工作成果正逐步体现出来。同时，通过实施碧水工程，河道生态环境得到了进一步改善，突出表现在生态型、植物型的河道占整个整治河段的50%以上。

水环境治理取得了重大突破，但还存在着一些问题：一是部分地区水环境基础设施还不完善。部分工厂、企业的废水未达标排放，对周边河道造成严重污染；部分居住小区内的污水管网还不完善，许多生活污水直排河道，超标排放现象仍十分严重，造成河道经整治后仍然反复出现黑臭现象，全区地表水水质尚未得到根本改善。二是部分工业企业由于受纳管条件限制或产业结构特点、处理设施技术落后等原因，仍然存在着废水超标排放及不能纳管的现象。三是水污染预防的意识和机制有待进一步加强，在调研中发现仍有部分工厂、企业偷排污水。

(3)水景观方面。水上有花、岸上有绿、绿中有景、人水相亲，是在闵行区部分河道看到的景象。近几年，闵行区采取截污、疏浚、绿化和修复生态等综合措施，建设了一批生态型、景观型、亲水型的河道。莘浜河在整治前是一条居民唯恐避之不及的臭河浜，通过治理，采用国外先进的生态设计，如今河道旁水草郁郁葱葱，水中荷叶星星点点，以往呆板的水泥防汛墙被斜坡绿化代替，形成了水岸相连的生态美景(图 2-1)。区内骨干河道——大富浜的整治，与亲水造景相结合，在保留东岸的石头驳岸前提下，在西岸建成草皮护坡、杨柳护岸的自然生态景观，使之成为一条亲水型、休闲型的景观河道，被周围的居民称之为“人工生态型河道”，成为他们散步、休闲的好去处。闵行区还将河道整治与房产开发、完善小区功能相结合。在万科假日风景和塞纳左岸等地块开发中，通过对老河道原貌的保持和部分改造，建成了各具风格的“原生态型河道”，既美化了小区环境，使居民从中感受到大自然的风光，又使房地产档次得到提升。此外，为了使河道水质不恶化、不黑臭，闵行区水务局按湿地、浅水、深水植物的种类在城区主要河道种植了千屈菜、黄菖蒲、芦苇、水葱等水生植物，并

图 2-1　莘浜河新貌

适当放养底栖动物，以修复、重建、恢复河道的生态链。

4)未来规划

2020年闵行区将全部城市化，随着经济持续快速增长，单位面积经济承载量将持续增加，所以对城市防汛安全将提出更高的要求，而随着人们生活水平的提高，对环境质量的要求势必越来越高。然而，水资源是有限的自然资源，事实证明，经济的发展必须考虑到水资源的承载能力。所以，水利作为城市基础设施的一个重要方面，必须与其他基础设施同步规划，互相协调，将水利规划纳入城市发展总体规划，使水利发展对经济发展起到引导作用，以“水安全、水供给、水环境、水景观”为目标，建立完善的防汛体系、合理的水资源配置体系、优美的水环境体系、自然的水生态体系，最终达到经济、社会、资源的和谐发展。

(1)水安全方面。如上所述，随着一线防洪工程的完成，闵行区防洪已达到1 000年一遇标准，该区的水安全问题主要是解决内涝问题。区域除涝标准采用20年一遇最大24小时面雨量，小区排水强度标准为一般地区1年一遇，重点地区3～5年一遇。实践证明，河网最高水位与区域水面率的大小密切相关，增加外围排涝泵站数量也必须有足够的河道规模与之匹配，因此水面率在区域除涝规划中是一个十分敏感的因素。淀南片水面率、外围排涝泵站规模、而平均水位间的相互关系如图2-2、图2-3所示(闵行区水务局，《闵行区水务规划》，2004)。

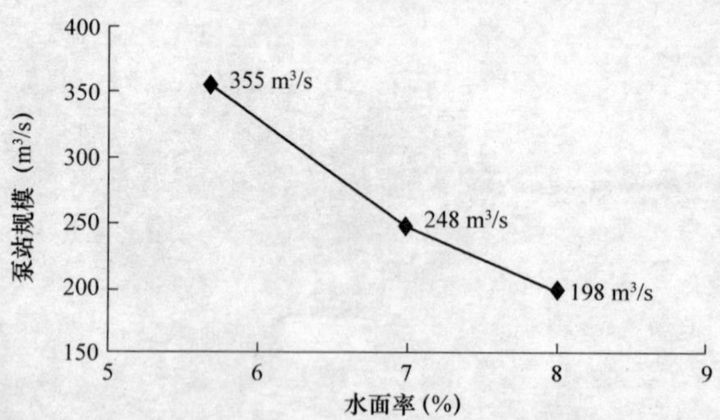

图 2-2　水面率—外围排涝泵站规模关系图

(上海市闵行区水务局，2004)

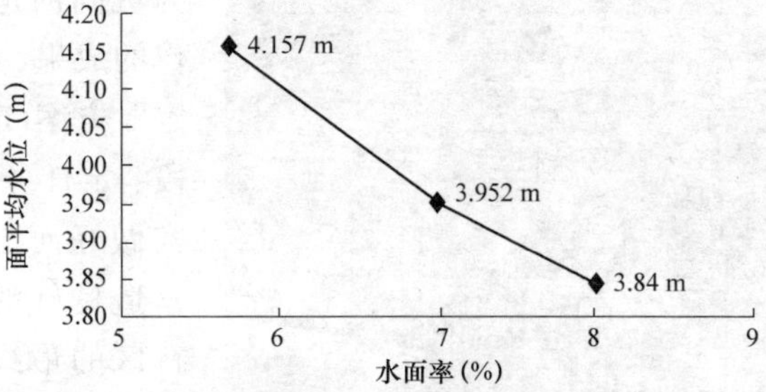

图 2-3　面平均水位—水面率关系图

(上海市闵行区水务局，2004)

由图 2-2、图 2-3 可知，在规划降雨标准下，若水面率保持在一定的范围内，可以充分利用河道的蓄、排功能，缓解排水矛盾。一方面，由于水面率的提高，区域的排水模式可能由原来的强排模式转变为自排模式，即雨水就近自流入河，这样就可以取消雨水总管，并减小市政雨水管道管径，缩短雨水管道的长度，提高排水效率，减少泵站流量的配置，大大节省区域除涝工程与市政雨水排水系统的投资和年管理运营费用，根据测算，强排模式每平方公里排水设施建设费用一般为 5 000 万 ~ 6 000 万元，自排可降低到 3 000 万元；另一方面，可以考虑降低堤防，部分地区则可以不设内河防汛墙，同时，还可以降低桥梁梁底标高，从而使开发建设成本降低，也可以为建设亲水、和谐的水环境创造条件。由此可见，必须按“以水补水”原则，确保全区水面率，并结合片林、生态绿地、公园等建设开挖湖泊，有效增加水面率。

(2)水环境方面。水环境建设必须坚持实施工业废水达标排放和总量控制，切实提高工业废水排放达标率，提高水资源重复利用率，降低单位 GDP 水耗，加大饮用水源保护力度。大力开展截污纳管工作，建立完整的污水收集和外排系统，以污水集中处理和截污外排相结合，雨污分流，提高全区污水收集处理率，实现境内水质好转的目标。加强河道综合整治，全面开展消除河道黑臭工作，实施河道调水和引清冲淤，切实恢复河道生态，逐步提高地表水水质，达到功能区要求。

图 2-4 河道边的保洁牌

为巩固河道黑臭整治工作的成果，继续按照“三定”方案(定人员、定河段、定任务)(图 2-4)，切实做好河道保洁工作，营造良好的水环境。闵行区的最终目标为城市化地区逐步实现“水上有花、河中有鱼、岸上有绿、绿中有景，城水相映、人水亲和”的目标，非城市化地区全面实现“面清、岸洁、有绿”的目标。

(3)水景观方面。随着生活水平的提高，人们对环境的要求越来越高。水景观建设是河网水系综合整治的延伸，是治水进入高标准、高起点的新阶段。因此，在确保防汛排水安全的前提下，闵行区以水系为基础、以修复水生态环境为核心，因地制宜营造景点，构建闵行景观水系。水景观建设结合《上海市景观水系规划》及区域总体规划，主要突出都市繁华水景及都市生态水景和海纳百川的文化底蕴，体现现代化生态闵行形象；突出亲水和文化、自然和生态，形成多条水绿相依的生态走廊，以及点、线、面相结合的生态景观群体。

2.1.1.2 紫竹科学园区

上海紫竹科学园区位于闵行区的东南角——吴泾镇，两面环绕黄浦江，风景秀丽，地理环境优越，交通十分发达。3 年前的这片土地还只是零散的农田和民居。闵行区为建设新型的高科技园区，以“生态、人文、科技”作为基本建设理念，依托紧邻黄浦江畔的地理优势，在建设高科技研发型园区的同时，先行建造了一个集高校、研发、工业、商住、休闲娱乐为一体的自然和谐的生态景观园区。

与大多数园区相比，上海紫竹科学园区一个突出的优点是在开发之前结合整个新城镇的总体规划，引入了国际科学园区的先进理念，进行了高起点超前规划。为充分利用紫竹科学园区现有河道，以水为依托，创造园区独特的水系景观，先后委托专业设计院进行上海紫竹科学园区的水系规划和景观规划，并经国内外专家评估论证，纳入城镇总体规划，与道路、交通等其他市政基础设施同步实施。规划保留及进一步完善了园区内部水系功能，在排水和防汛上通过橡皮坝、水闸、泵房等手段实现近远期结合；延续结构规划中“流动”的设计理念，以水做文章，最终形成蓝绿交融的整体景观效果。

经过 3 年的建设，紫竹科学园区已建成 80 多万 m^2 绿地，总长 30 km 四通八达的道路网络，25 km 长的河道，雨、污水管线，以及水、电、路、通信、排污等设施和配套项目工程，塑造了良好的园区生态环境。园区按照 1 000 年一遇标准建造的防汛工程被巧妙地隐藏在绿化带之中，每隔几十米就有一个亲水平台，可以观看市内的开阔江景(图 2-5)。园区生活用水和工业用水均由上海市自来水闵行有限公司统一供水。排水实行雨、污分流制，园区道路下铺设雨水管，利用雨水管将雨水就近排入园区河流或排入园区外市政雨水管网，园区内河流的最高水位将控制在 3.7 m 以下；园区道路下铺设污水管收集沿线污水，园区用户生活污水可直接排入污水管，工业污水需达上海市工业废水排放试行标准和污水综合排放标准后排入吴闵污水外排工程总污水管。

图 2-5　园区滨江亲水岸线

由此可见，及早制定水利规划，及早划定保留或规划新开河道蓝线，并将其纳入城镇发展总体规划实施，可以避免重复拆迁、重复征地，达到水土资源的合理开发利用。闵行区的河道整治、全市最大的人工湖“滴水湖”的建设、连通到黄浦江的水系景观的建设以及各项基础设施的配套到位，吸引着国内外名校、名企的入驻。到 2005 年 8 月，园区已累计吸引外商高科技产业领域投资金额超过两亿美元，创下了合同外资总额和单体项目资金闵行区第一的两项记录。与此同时，园区所在的吴泾镇的新河、新湖的辟建工作也已初具规模，全镇的河道整治、疏通、除臭、排污纳管工程得到了全面有效的推进，吴泾镇的经济也得到了持续、稳步的增长，经济发展状况如表 2-2 所示(资料来源于《人民网》)。

表 2-2　吴泾镇经济发展状况

经　济　指　标	2004 年	2000 年	增加比率
年产值(亿元)	59	19	210%
增加值(亿元)	14.5	5.1	184%
税收(亿元)	3.28	1.05	212%
吸引外资(亿元)	3.88		是 1950～2000 年总额的 1.8 倍
吸引内资(亿元)	42.9		是 1950～2000 年总额的 2.1 倍
居民储蓄(亿元)	20.1	4.8	318%

因此，现代水利不仅仅能够为经济发展提供服务、支撑，同时在很大程度上引导着经济发展的方向，决定着社会经济发展的品质(高品质：持续、快速、稳定、高效)。现代水利的目标是最终达到人水和谐，经济、社会、资源、环境可持续发展的理想状态。

2.1.1.3　结论

1)水利发展要有超前的意识和前瞻性规划

从闵行区水利发展的四个阶段可以看出，社会经济发展不重视水体的功能和作用，不重视水利建设，不重视环境建设，多头管水，没有对河道、水体进行统一规划和管理，势必造成水面率锐减、河网萎缩，导致城镇内涝、水环境恶化。环境因素很快会成为经济发展的瓶颈，影响城市形象和投资环境，制约城市经济的发展。

自闵行区水务局成立后，涉水事务统一管理，按照高起点、高标准的要求对水资源进行了综合规划，并与城市发展总体规划相衔接，与城市道路、市政交通、航运、环保、城区综合改造相协调，最后纳入城市发展总体规划进行实施。划定保留或规划新开河道的蓝线，使河道岸线得到了有效控制，如所有的桥梁都按水利规划要求的参数建造；局部河道与道路红线有矛盾的，可在“可研”或“设计”中进行适当调整，但不能填埋或用涵管代替，有效避免了重复建设和建设中的矛盾，水利部门在闵行区建设中成为一个十分活跃和关键的部门，在城市的总体框架形成、城市总体景观设定与构造中起着举足轻重的作用。由此可见，水利作为一项重要的市政基础设施，在城市化过程中必须重视其发展，水利规划应与道路、环保等基础设施进行同步规划，互相协调，纳入城市发展总体规划，并超前于其他建设项目实施。

2)充分发挥水利对经济发展的引导作用

上海紫竹科学园区通过保留及完善园区水系，以水做文章，形成了独特的水系景观，吸引着国内外名校、名企的入驻，随着园区建设的推进，已初步形成了辐射效应，逐步改善着吴泾、老闵行地区的社会经济综合水平。园区所在的吴泾镇在全力推进紫竹科学园区的建设和全镇的发展步伐的同时，提出了“以水兴镇”的战略，通过新河、新湖的辟建及全镇河道整治、疏通、除臭、排污纳管工程的有效推进，改善了投资环境，扩展了城市发展空间，加快了城市开发建设的步伐。由此可见，现代水利的发展在为经济发展服务的同时，能够实现引导社会经济向持续、快速、稳定的方向发展的功能。因此，长江三角洲地区城市的发展应充分利用水网地区的有利条件，按照水资源条件、防洪排涝要求和水环境保护要求来调整产业结构布局、土地资源开发及重大基础设施建设，引导社会经济向更理性、更科学的方向发展，最终达到人水和谐相处的目标。

3)水务一体化，城乡统筹发展

自2001年闵行区水务局成立以来，结束了“多龙管水”的局面，水务局对全区防洪除涝、供水节水、排水和污水处理、水资源配置和开发等进行统一规划与管理。近几年闵行区水利及经济发展的实践证明，城乡水务一体化管理体制能从综合的角度和全局的高度，兼顾水务建设与整个城市建设的协调发展，综合提高城市的竞争力；在对防汛保安、滩涂开发、水资源配置、供水、排水及污水处理等发展做出系统规划的同时，又能统筹考虑城市景观、生态修复、内河航运等功能的改善；在系统内既能保持各类基础设施的合理布局和功能协调，又能做到与行业管理和政策法规、科技开发的协调配套。因此，对水资源实施城乡水务一体化管理有利于城乡水土资源的科学开发、利用和保护；有利于减少协调环节，提高效率；有利于从全局的高度和综合利用的角度，使水的各项规划更具有科学性、系统性和前瞻性。

2.1.2 绍兴市环城河综合整治工程

水利是农业的命脉，随着现代化、城市化的推进，水利更是国民经济和社会发展的命脉，是城市发展生存的命脉，城市社会经济的发展使绍兴决策层越来越意识到水利对绍兴水城发展的重要地位和作用。于是，绍兴市提出围绕大城市目标建设大水利，全面实施城市水利、环境水利、生态水利、经济水利，通过净化、美化、绿化、文化、亮化，对水环境进行综合整治。环城河综合整治工程就是其中的一项核心工程。工程的实施使绍兴的防洪标准由过去的20年一遇提高到现在的100年一遇，配套建设沿河绿化带、公园，使城市水环境得到了有效治理，满足了江南水乡实现可持续发展的要求，为绍兴城市的现代化打下了坚实基础。

2.1.2.1 工程概况

绍兴市环城河为绍兴市区主要河道，已有近 2 500 年的历史，环城河全长 12.5 km，环绕绍兴古城，外与浙东运河、鉴湖相连，内与城区条条小河相通。

1)整治前

20世纪末，绍兴工业化步伐加快，工业污水增多，环城河“坎塌、河淤、建乱、绿少、水脏”等问题日益突出。河坎多处倒塌，河道平均淤积在 40 cm 以上，一些淤积深厚的地段超过了 1.5 m。沿河工厂、居民将污水直接排入河中，在河道边建猪舍、粪坑，沿岸乱搭建、乱堆放，非法侵占水域的现象随处可见，环城河水变得发黑、发臭。这种状况严重削弱了江南水乡的神韵魅力，阻碍了绍兴迈向现代化城市的步伐。

2)整治过程

1999 年，绍兴市按照建设经济强市、文化名市、旅游大市的总体目标，提出了集防洪、城建配套、环境保护、文化、旅游五大功能于一体和“举社会之力，治古越河道”的环城河综合整治思路，开始实施环城河综合整治工程。工程总投资 12 亿余元，历时 740 天，通过砌坎、清淤、造景、拆旧、添绿、筑路、文化布展等综合措施，使古城的环城河再一次焕发出勃勃生机，使古城重现了绿地、蓝天、碧水的水乡美景。

3)整治后

两岸建成了近 24 km 长的白玉长堤，条石砌坎，沿河休闲道路青石板铺地、白玉扶栏。疏浚了淤泥 40 万 m^3，防洪标准从不足 20 年一遇提高到 100 年一遇以上。沿河破旧房全部延伸拆迁，保留旧房全部进行立面改造，拆迁房屋 64 万 m^2，拓宽大修环城道路 9 km，配套建成 54 万 m^2的沿河公园、绿化带和广场。沿河兴建了稽山园、鉴水苑、治水广场、西园、百花苑、迎恩门、都泗门、河清园等八大园景，向市民及所有游客免费开放。这些景点如璀璨明珠镶嵌于环城河上，给江南水城平添了无限风情。新建的环城河以河为主线，绿带如翡翠环绕，景点似明珠闪耀，光彩夺目，被市民形象地喻为“翡翠项链”。

环城河变成了水清岸绿、环境优美、风景秀丽、历史文化特色鲜明的旅游线和休闲带，实现了“水清可游，岸绿可闲，街繁可贸，景美可赏”的环城河新貌。整治后，市容市貌焕然一新，风光秀美，文化积淀深厚的绍兴更加洋溢出无穷魅力，城市特色形象更加鲜明。粉墙带瓦相印碧玉长堤，古城水乡重现奕奕风光，凸显出“不出城廓而获山水之疑，深居山水而有凌云之志”的古城特色❶。

2.1.2.2　工程发挥的作用

1)提高了居民的生活质量，改善了投资环境，拉动了经济发展

通过环城河综合整治，建设了亲水设施、沿河绿化带及休闲广场，还碧水、绿地于民，使人们拥有更加宽广的活动场所，享受健身、文

❶绍兴市街道办，绍兴电视台，记录片《城河风采》，2004 年。

化娱乐、散步等休闲的乐趣。沿河楼房美化改造，2 027 户被拆迁居民告别了低矮、破旧、狭小、脏乱的老房子，住进宽敞明亮、环境优美、设施齐全的生活小区，生活质量得到提高。2001 年上半年，仅市区，外商实际投资就达 2 904 万美元，同比增长 72%。以环城河两岸国有土地开发出让为例，过去环河一带以每亩 30 万元的价格出让，少有开发商问津，而随着环城河整治工程的实施，开发商对环河土地开发显示出浓厚的兴趣，每次有地块出让时，开发商蜂拥而至，地块价格也直线飙升，像城西偏门桥附近的地块每亩价格高达 130 万元，城河周边土地日益成为香饽饽。

2)拓展了城市空间，促进了第二、三产业的发展

通过环城河整治，环城道路拓展一新，架空杆线埋入地下，环城河悄然成了古城越城组团的中心河，老百姓改变了过去那种城河外面是乡下的观念，为新区的建设和旧城的保护， 为组团式大城市的发展提供了广阔的思路和空间,从观念和地域两个层面上彻底打破了“螺丝壳里做道场”的格局。

213 家被拆迁单位被安置到基础设施齐全、发展空间更为广阔的工业园区，增强了企业发展后劲；随着经营环境和条件的改善、人气旺盛、人流量的增大，商贸和服务业等第三产业比以前更加活跃。水乡的老百姓又以水为伴，逐水而居。

3)带动了旅游业的发展

整治前，中央电视台《正大综艺》节目组到绍兴市区拍片，找遍了市区，没有拍成一个水景，留下了遗憾。绍兴旅游界也曾开辟出西孤至柯桥的水上旅游线，结果由于水污染及沿线环境脏乱差，这条旅游线很快便夭折了。水乡缺少水景，开辟不出水上旅游线，这不能不说是江南水乡的尴尬，是绍兴旅游业的尴尬。所幸的是，绍兴的决策层意识到，发展绍兴旅游，特别是实现建设旅游大市的目标，必须充分挖掘绍兴城市最具个性的水乡特色，做好水文章。

整治后，古城的环城河展现出新的面貌，东西南北，水河淡淡，岸脂天蓝，郁郁清清，亭台楼阁，静影沉壁，族谱岛屿，烟树迷蒙。以河为带，以水为线，市区的旅游资源得到串连和整合，环城河水上

旅游线路成为亮点。现在到绍兴观光的国内外游人络绎不绝，绍兴水城的知名度不断提高。仅环城治理指挥部自建设以来就接待参观者 200 多批 7 000 多人次[1]。

2.1.2.3　成功经验

1)高起点、高标准、高质量的规划、设计和建设

环城河综合整治工程围绕建设经济强市、文化名市、旅游大市的总体目标，严格按照高起点规划、高标准设计、高质量建设、高效能管理的总体要求进行运作。①高起点规划。使整治工程与城市建设总体规划相适应，既要绿化、美化、亮化城市，又要充分体现水乡古城风貌。②高标准设计。城市规划区防洪标准要达到 100 年一遇，绿化配套按“花园城市”建设标准，堤岸形成一条旅游观光带。为达到高起点规划、高标准设计两项要求，邀请国际国内具有较高设计能力的设计单位进行规划设计方案竞标，请浙江大学、同济大学和省内外知名专家进行方案评选，从中选优。③高质量建设。如筑堤的条石不仅统一尺寸、统一色彩，还要统一加工成外表拉毛。④高效能管理。依据市场化运作的办法，本着公开、公正、公平的原则对工程设计、建设、管理的每一个环节实施招投标，同时落实业主责任制、工程监理制、质量监督制等三项制度，强化质量监管，为营造精品工程奠定了基础。

重视规划编制工作，规划中结合新的城市发展总体规划和建设山水园林生态城市要求，着力打造城市水网，实现“显山露水”目标。对新纳入城市总体规划的新城区和工业园区，要按照水网化要求，保护现有河道水系，开挖流水必需的河道，提出河岸宽度的控制线。在充分考虑防洪、排涝、水体环境改善的同时，坚持防洪与城市道路相结合，与历史文化内涵相结合，与美化绿化环境相结合，以满足人们入河戏水、欣赏自然美的要求，拓宽市民活动、休闲空间。

2)运用市场化、社会化、企业化筹资模式

如果按照过去单纯依靠财政拨款的方法筹集资金，如此庞大的工程即使在经济发达的绍兴市也是无法实施的。为此，绍兴市按“举社

会之力，治古越河道”的总体思路，运用市场机制、发挥政策优势，走市场化、社会化、企业化多元筹措建设资金，推进城市水利发展的新路子。①市场化。把与环城河相关的各种资源作为资产来经营，使其发挥出最大的效益。通过城市河道整治后周边土地价格的提升，培植级差地租，沿河拆迁土地开发出让，进行开发筹资。②社会化。工程动工前，在市委宣传部的统一布置和协调下，《绍兴日报》、绍兴电视台等市级各强势媒体，图、文、声三管齐下，话意义、绘美景、树典型，使环城河综合整治工程家喻户晓、深入人心。动员和激励干部、群众发扬坚忍不拔的拼搏精神，脚踏实地、知难而进，尽早完成环城河的综合治理。市委、市人大、市政府、市政协领导带头为环城河整治捐款，全市迅速掀起了捐款热潮，3 年之间共有 22 万人次向环城河整治工程捐款，共捐款 2.2 亿元，创下了绍兴市捐款史上之最。③企业化。组建绍兴市河道综合整治投资开发有限公司，负责资金筹集。公司向银行贷款，公司按照以河带地、以地养河、滚动开发的原则进行运作，其还贷采用土地出让(由市土地拍卖中心进行统一运作)，整个工程市政府划拨土地 40 hm^2，土地升值后，市水利局除偿还建设贷款外还盈利 2 亿元。环城河综合整治工程投资 12 亿元，其中有 2.2 亿元为社会捐款，政府财政投入只有 5 000 多万元，政府投资发挥了四两拨千斤的作用。

由此可见，对于要求高、投资大、功能多的城市防洪工程，单靠财政投入已远远不能满足要求，政府财政投入只能作为引导。工程建设资金要通过财政安排、社会捐款、沿河拆迁土地开发出让、定向筹集、向上争取等多渠道筹集的思路，要运用经营城市的理念，建立业主式开发治理机制，通过市场运作，把沿河土地和水域等政府性资源、公共性资源转化为经济资源。例如：依据防洪工程建成后会提升土地价值的市场要素，积极创造级差地租，采取“以地抵资”、“招商引资”的方式从市场上多方筹资，做到以河带地、以地养河、滚动开发，实现城市水利的良性运行。

3)整合工程建设的管理职能，明确实施主体

绍兴市环城河综合整治工程成立了以市长为组长，由各相关职能

部门和相关一级政府为成员单位的领导小组，在市水利局设立领导小组办公室，并从主要部门抽调精兵强将具体负责组织协调和具体实施工程建设，协调各部门单位步调一致。

城市防洪工程涉及面广、牵涉部门多，如果按照部门职能的要求各自负责实施，就会出现互相扯皮、相互推诿、重复建设和各自为政的状况。因此，在建设中要成立以市领导挂帅的综合整治工作领导小组，明确市水利局为建设责任主体，全面负责水、坎、堤、岸、路、桥、景等工程建设的实施，各职能部门做好配合工作，市计委、财政局负责做好立项、审批和财政资金筹集工作；电力、电信等部门负责做好涉及杆线下地等工作，全力支持水利局工作。这样，既能充分发挥建设责任主体的主观能动性，避免相互扯皮、推诿，还有利于群众监督。在明确责任主体的基础上，其他部门要按各自职责，积极配合，形成政府总抓、部门配合、齐心共建的格局。

4)规范工程建后管理

绍兴市按照建管并重的思路和要求，实行“管养分离”，采用“政府、事业、市场”的办法，即政府领导、事业管理、市场运作。对管理项目实行“管护招标、经营招租、人员招聘”的办法。管理内容分为三个层次，政府的 10 名事业编制人员，除水利局安排几名骨干外，其余人员向社会招聘专业对口的大学本科毕业生；办公室下设的 50 名监管员也实行公开招聘，且一年一聘，第二年回聘率不超过 80%；绿化养护，设施、设备管护，河道、河岸和景点的卫生保洁队伍全部实行向社会公开招标，现有 4 位承包者组织了 300 名保洁队员每天 8 小时以上在各管护岗位。同时对可经营的设施如茶室、咖啡屋、小卖部等物业资产、水上旅游和路边广告等实行公开招租，所得收入抵冲管护费。

5)充分挖掘特色历史文化，提升城市品位

绍兴被誉为一座“没有围墙的博物馆”，在环城河综合整治中，无论是关注历史文化的高度，还是重视的程度、投入的力度，在绍兴的城市水利史上是前所未有的。时任环城河整治领导小组组长的冯顺桥市长特别指出，要深入挖掘绍兴特别是与环城河有关的历史文化，恢复原有的历史古迹，延续绍兴的历史文脉。“融入文化功能，把它作为环城河综合整治的目标，不仅仅是作为一种点缀，而且把它作为一个工程的目标，工程是一半，还有一半是文化，从某种程度上说，这是绍兴的一个创造”。绍兴市筹建了环城河文化布置组，负责对环城河景点进行通盘的、有计划的一条龙文化布置，西园复建就是一例。西园是古越国时期始建的王家园陵，是民国仅存遗址。在复建中，有关学者检阅史册，恢复了望吴楼、飞盖堂等大部分建筑名位，天台楼阁的匾额迎联全部重新创作布置，特别是龙山丝巢用园中景景中园的手法，园林式布展和史实巧妙融合，既充分挖掘了西园的历史文化，又提升了西园的文化品位。绍兴治水纪念馆则是全新布置的杰作，走进绪厅，就仿佛走进了治水的历史氛围中。大禹治水工具耒锸的抽象造型，立起绪言碑；从民间千方百计搜集来的珍碑林立四周，对一些有重要意义的碑也进行了复制；还有楼上的 10 块水利人物碑，记录了绍兴历史上重大的水利事件和工程建设。杰出的水利人物无不体现出绍兴治水历史的深远与厚重。如果说环城河整治重现了水乡美景，那么文化布置的画龙点睛则提升了美景的文化品味，从而凸现出绍兴的历史文化，体现了绍兴作为历史文化名城应有的风貌[2]。

2.1.3 张家港市的水利发展

张家港市位于长江下游南岸，北滨长江，南近太湖，是中国沿海和长江两大经济开发带交汇处的一个新兴港口工业城市。近年来，张家港市抢抓机遇，全市第一、第二、第三产业协调发展，经济高速增长，基础设施全面配套，城乡面貌日新月异，综合实力大幅度提高。在发展经济的同时，张家港市全面深入推进生态城市的创建工作，先后获得首批国家卫生城市、首家全国环保模范城市、全国创建文明城市工作先进城市、中国人居环境范例奖、全国科技实力百强县(市)、全国生态示范区、国家园林城市等 50 多个国家级荣誉称号。张家港市优美的城市环境、舒适的生活环境、良好的投资环境又为其经济持续快速的发展创造了条件，提供了新的机遇。

张家港市获得的诸多荣誉得益于其优美的城市环境，反过来城市环境的改善又为其经济提供了发展的空间和机遇。张家港市属典型的平原感潮河网地区，全市境内河网密布，河道纵横，因此水环境的优劣对于整个城市环境的好坏起着决定性作用。张家港市委、市政府充分认识到水环境改善对整个城市环境的改善及对经济的推动作用，近几年来以全面、协调、可持续发展为原则，对日益突出的水问题进行了分析研究，加大了对水环境治理的力度，并充分利用滨江优势和江南水乡的特点，做出了独具匠心的水文章，使全市展现出了一幅人水和谐的画面。张家港市治水的成功经验可总结为以下四点。

2.1.3.1　经济发展的同时重视水环境保护

保护水环境的问题是如何处理人与水的关系问题。20 世纪 90 年代，张家港市经济进入大发展时期，可行路难、用水难、居住难及城乡环境落后等突出问题也摆在市民的面前。市委、市政府多方征求发展意见和建议，果断决策，率先在全国喊响了“既要金山银山，更要绿水青山”的科学发展口号。为了不辜负“鱼米之乡、水乡泽国”的美誉，充分体现水乡的特色，张家港市在发展经济的同时，十分重视水环境保护，并将良好的水环境作为投资资源加以重视，这一点走在了全国的前列。市政府及时调整、充实加强了以市长为主任的市环境保护委员会，各镇也调整了以一把手镇长为主的环保分管领导，强化了全市环境保护领导网络，加大了对环境治理的力度。近年来，尽管全市经济总量保持 30%以上的高速增长，但与此形成鲜明对比的是，全市污染物排放总量呈逐年下降的趋势，饮用水源地水质优于国家地表水Ⅲ类水标准，主要河道水质指标均达到地表水功能区Ⅲ类到Ⅳ类标准。

在我国目前的政治体制下，任何工作，领导重视是关键。水环境改善关系整个城市经济建设大局，忽视或放松水环境的保护和改善，终将阻碍经济发展，并产生连锁反应，影响其他事业的发展。正是因为张家港市委、市政府领导意识到这一点，并及时做出科学、合理、切实可行的水环境治理的决策，才使张家港市走出了一条人水和谐、经济与环境可持续发展的道路。因此，将水环境问题纳入政策、规划和管理各个进程，建立水环境与发展的综合决策制度，是新的历史条件下政府转变决策方式的必然选择，是政府转变职能的重要体现，这既是从制度上防治水环境污染蔓延和水生态破坏的有效措施，也是实行决策科学化、合理化的重要保障。由此可见，领导重视、制定并实施综合决策是实现水环境与社会经济发展良性循环的基本保证。

2.1.3.2 部门协作，齐抓共管

水环境保护与改善是综合性问题，是一项复杂的系统工程，没有各部门的配合协作，齐抓共管，综合决策将会落空。张家港市在没有实行水务一体化的情况下，完成了由市委书记牵头、分管市长领导、水利部门主持、环保部门协作并得到建设局、交通局、城管局、规划局等市直所有局支持的全市性的水资源综合规划。规划主要包括水资源的开发、利用、配置、节约、保护，水系调整，水运物流，水环境综合治理，防洪排涝，水污染防治，以及水生态、水景观及水文化建设等内容。规划体现了人与自然和谐共处的理念，充分反映了各涉水部门的要求，统筹了所有涉水工程的合理布局。不仅如此，在水环境综合整治的过程中，张家港市委书记等市领导带领市委办、市政府办、水利局、环保局、建设局、交通局、城管局、给排水公司、城投公司、规划局、杨舍镇等部门及乡镇负责人到河道、泵站现场查看，这为水环境综合整治过程中各部门的相互沟通和协调创造了有利条件。因此，在水环境综合规划和整治过程中应充分发挥水利部门在所有涉水部门中的主导作用，并考虑各涉水部门的利益，很好地协调解决不同行政部门间的矛盾，保证对水资源进行全面统筹规划和对规划内容的实施。

2.1.3.3 引入质量管理体系，建立河道长效管理机制

张家港市为加快城市河道整治步伐，依据城市总体规划，大力推进水环境治理重点工程建设，按照“调活水源、净化水质、做美水景”的要求，在全省率先建立了河道长效管理机制，从制度建设入手，先后出台了《张家港市村组河道管理暂行办法》、《张家港市河道管理办法》。在村组河道长效管理中，由市、镇两级财政提供专项经费，加强组织领导，建立健全了市、镇、村三级河道管理网络和水利站—

巡查员—保洁员三级管理考核网络，对村组河道管理工作的职责、任务、人员、经费、考核等进行详细规定，全市村组河道长效管理走上了制度化、规范化轨道。在市级河道长效管理中，张家港还通过 ISO9001 质量管理体系认证，引入全新的国际标准化管理理念，规范和强化内部管理，使河道管理实现从粗放型管理向科学、规范的现代化管理模式转变，实现了内部管理的创新与突破。通过河道的长效管理，张家港市区河道全部达到了“水面无漂浮物、无水生杂物，岸边无乱倒垃圾、无乱搭乱建”的管理标准(图 2-6)。因此，保护和改善水环境，在重视河道疏浚和整治的同时，更应重视河道的长效管理，建立一支规范化、专业化的高素质管理队伍，这样才能巩固河道疏浚和整治的成果，从根本上改变河道的面貌。

图 2-6　水清、岸洁的河道

2.1.3.4　加强风险管理，建立健全城乡供水安全保障预警机制

松花江污染事件为城乡供水安全保障敲响了警钟。确保城乡供水安全，让人民群众喝上放心水，是保障人民群众基本生活和生命健康的必然要求，是各级政府必须履行好的重要职能。加强风险管理，建立城乡供水安全保障预警机制是解决城乡供水安全的有效途径。供水安全预警，是指对由于自然和人类社会的因素引起的重大供水不安全情况进行预期性评价，以提前发现未来有关供水可能出现的不安全问题及其成因，为制定消除或缓解供水不安全的措施提供依据。在城乡供水安全预警机制的具体规划和实施方面，张家港市走在了全国的前列。张家港市在对水资源进行配置研究时，除对未来多种可利用的水源在区域间、用水目标间的水量和水环境容量进行合理调配外，还考虑到了特殊干旱年、连续枯水年和突发事件等非正常供水情况，通过对干旱、污染的监测和预报，建立了抗旱、

图 2-7 调蓄供水的生态湖

抗污决策指挥系统；通过生态湖(图 2-7)的建设和地下水的保护，强化水资源储备，并提出了预防性措施和应急对策预案，建立了水供给预警机制。

由此可见，在经济快速发展和城市化进程中，为保证城乡居民生活用水和正常的生产用水，必须强化城乡供水储备体系建设，加强城乡供水安全危机与风险的预测、评估、管理与应急对策等问题的研究，强化风险管理，建立健全供水安全保障应急机制，做好供水安全的应急预案，努力增强风险预测、监测、评价能力，增强分担风险和承担风险的能力[3]。

2.1.4 余姚市的水利发展

2.1.4.1 余姚市水利发展经历的阶段

1)自然概况

余姚市位于浙江省东部,属浙江盆地低山区和浙北平原交叉地区。地势南高北低，中间微陷。南靠四明山，以低山丘陵为主，最高海拔为 979 m；北濒钱塘江、杭州湾，属于钱塘江、杭州湾冲积平原；中部为姚江冲积河谷平原余姚市；西连上虞市、东接宁波市，面积 1 527 km^2，人口 82 万人。

气候属北亚热带季风气候区，夏秋有干旱、台风、冰雹、大风，冬季有霜(冰)冻、寒潮、大雪等灾害性天气。全市雨量丰沛，一般在 1 263 ~ 1 987 mm/a 之间，且雨量多集中在 4 ~ 6 月的梅雨季节和 7 ~ 9 月的台风季节，形成两个峰值，常发生洪涝。雨量分布自南向北递减。

2)水利基础设施建设

余姚的治水史可以远溯至 7 000 年前的河姆渡文化时期。河姆渡文化遗址出土的人工栽培稻谷、骨耜、水井，证明那时已有农田水利的萌芽。到唐始建水闸，宋筑冷水堰，宋至元兴筑海塘，至明清围垦海涂，水利建设已初具规模。

余姚市河网密布，全市有河道 1 700 多 km，分属四个水系：姚江水系、奉化江水系、曹娥江水系和钱塘江水系。其中姚江水系面积最大，为 918.48 km^2，占全市总面积的近 68.2%，为全市最大的河流，在余姚市境内长度为 55 km。最大的湖泊为牟山湖，蓄水量 400 万 m^3。最大的水库为四明湖，总库容为 1.2 亿 m^3。

由于余姚市的地形、气候特点，旱灾和洪涝灾害频繁发生。旱灾主要出现在 6 月中下旬至 9 月上中旬。较为典型旱灾年份为 1958 年、1961 年、1967 年、1971 年，出现连续干旱 60 天以上。洪涝灾害主要出现在梅雨期，典型年份有 1949 年、1956 年、1961 年、1963 年、1981 年等。这些自然灾害都造成了严重的经济损失，特别是影响了农业生产。

在大规模的水利基础设施建设前，余姚市有雨必灾，每次灾害都造成巨大的经济损失，水利基础设施薄弱成为当时余姚市政府部门的一块心病。后又经历了 1984 年洪水和 1989 年洪水，这两次洪水使余姚市政府坚定了加强水利基础设施建设的决心，因此从 1990 年开始了大规模的基础水利设施建设。这个时期的治水方针是“南拦北排，低抽中蓄”。到 90 年代中后期，基础建设基本完成，一般的暴雨已不会影响居民的生活。

这一时期建成水库、山塘 1 043 座，总库容 2.5 亿 m^3(其中大型水库 1 座，中型水库 2 座，小(一)型水库 13 座)，海塘 23 km，重要江堤 394 km，水闸 765 座，小水电站总装机 2.6 万 kW，抽排站总装机 5.3

万 kW；新建和完善了 6 个水级，初步实现了防汛指挥决策现代化，基本形成了一个以防洪、御潮、除涝、灌溉、供水、发电为主框架的功能较为完备的水利工程体系，为余姚市经济和社会发展提供了重要的基础保障和支撑作用。

3)水利设施的运行管理

经过多年的建设，余姚市已基本可以抵御一般的自然灾害，水利设施基本完善。90 年代中后期，水利部门主要以水利管理为工作重点，加强对基础水利工程的维护和管理，保证水利基础设施的安全正常运行，充分发挥水利基础设施的作用，更好地使其为社会经济服务。由于这个时期余姚市基本消除了洪涝灾害的困扰，政府的工作重点转向了经济建设。可见，前一阶段基础水利设施的建设，为“九五”期间的经济建设打下了良好的基础。

4)城防工程建设

“九五”期间余姚市的经济得到了快速发展，财政状况有所好转。政府的建设重点转向城区建设和城市发展。在城区建设和城市发展过程中，水是整个城市的核心，所有的城市建设紧紧围绕“水”这个轴心，以水利建设为龙头，利用水利建设带动城区建设和城市的发展。

从 2000 年余姚市开始了城市防洪工程建设，总投资约 5 亿元。其主要工程包括：①最良江拓浚与水环境整治工程；②四闸下移工程；③中山河整治工程；④四明湖水库除险加固工程；⑤海塘除险加固及围涂工程等。

(1)最良江拓浚与水环境整治工程。最良江整治工程包括河道拓宽、疏浚、裁弯取直，堤防砌筑，排涝泵闸建造，部分桥梁、道路以及管理用房建设；兰墅大桥主桥建设；南北兰江路和相关桥梁建设；两岸绿化景观工程建设。工程达到 50 年一遇防洪标准和 500 t 级通航要求。

(2)四闸下移工程。老四闸建于 20 世纪 60 年代，当时几座闸均处于城郊，随着城市的发展，现在这几座闸已处于城区，不能适应城市发展的需要，而且这几座闸将姚江分成上下姚江，上姚江水环境较好，而下姚江水环境较差。为了能更有利于水环境的整治、水资源的配置，有利于城市防洪排涝、城市社会经济的发展，对老四闸实施下移工程。四闸下移工程从 2003 年开工，到 2005 年 12 月基本完工。该项工程的完工标志着余姚城市防洪工程经过 4 年多的建设已经告竣，城防工程的建成不但提高了余姚城市的防洪能力，而且促进了余姚的城市发展，大大改善了余姚城区环境。

(3)中山河整治工程。中山河整治工程自 2002 年 12 月开工以来，已完成上游段堤防砌石加固、河道整治，下游段清障、清淤、加固堤防等工程项目的骨干工程建设，累计完成土方 36 万 m^3、石方 1.9 万 m^3、混凝土 0.8 万 m^3，2003 年完成投资 4 450 多万元。通过整治，中山河的防洪能力得到了很大的提高，水环境得到了明显的改善。整治后的中山河如图 2-8 所示。

(4)四明湖水库除险加固工程。四明湖水库除险加固工程包括泄洪闸改建、大坝及非常溢洪道加固、大坝自动化安全监测系统、输水隧洞加固、环境整治等工程。该工程自 2001 年 9 月开工，至 2003 年 5 月基本完工。该工程的完成，有效地提高了余姚市汛期防洪能力，提高了水资源的储蓄、配置能力和水资源的利用率。通过环境整治工程，水库沿线环境得到改善，枢纽工程管理区环境更加优美，加固工程实施后的四明湖如图 2-9 所示。该工程不但缓解了余姚抗旱形势严峻问题，还为今后水库供水功能调整创造了条件。通过水库除险加固工程，实现了“工程安全、设施完备、功能齐全、管理高效、环境优美”的目标。

图 2-8　整治后的中山河

图 2-9　加固工程实施后的四明湖

(5)海塘除险加固及围涂工程。海塘除险加固及围涂工程自 2001 年 12 月开工以来，已围成涂面 866.67 hm^2。海塘除险加固及围涂工程的实施，不仅提高了城市抵御海洋风暴的能力，而且提高了可用土地空间，缓解了土地供需矛盾，提高了社会经济效益。在围涂的同时，还有计划地加强水、电、路、通信等配套设施的建设，通过有针对性的招商引资，把可用的围海土地推出去，让造出来的土地尽快发挥作用，为余姚市发展杭州湾产业带打下坚实的基础。

为进一步加强海塘管理，确保海塘安全运行，余姚市还加强对海塘的管理，明晰产权，明确职责。由市海塘养护所统一负责管理，负责海塘的全日制养护、塘裙绿化、主塘抛石护石、重要备塘维修等。按照海塘管理条例、防洪法等有关法律法规要求，对所有违章建筑物、构筑物、种植物一律清除[4]。

5)水环境整治与水文化建设

过去，余姚市的水利支撑了当地社会经济的发展，但是却忽略了对水环境的保护，城区内的大多河道处于“脏、乱、差”的状态，水环境破坏，水资源不足，严重影响了余姚市的经济发展和居民的生活，也严重影响了城市的形象。余姚市政府部门看到了这一问题的严重性，于是从 2000 年开始在做好城防工程建设的同时，加强了水环境的整治。通过整治建成了余姚市姚江旅游热线(主要以最良江为轴心)、候青公园、兴江广场、临江生态河道，同时还建成了国家财政部、水利部联合命名的全国水土保持生态环境建设示范县(市)以及水利部命名的水利风景区，为余姚市经济社会发展提供了重要的基础保障和支撑作用。

余姚市在水环境整治和水文化建设过程中按照《中华人民共和国水法》、《中华人民共和国环境保护法》和《中华人民共和国防洪法》等相关的法律要求，坚持科学规划、长期打算、分步实施；坚持以《余姚市河道整治规划》为指导，以河网排洪防涝标准为依据，明确河道功能，规范管理要求，使水环境整治工作有计划地进行。在治理过程中，广泛宣传，充分发动群众参与水环境整治，做到治、管并重，坚持长效管理。余姚市水环境整治和水文化建设成效最为突出的是最良江[5]。最良江是余姚市的母亲河，横穿余姚市区，也是姚江水系最大的一条排涝通道。2000 年以前这条孕育余姚人的河流，随着陆上交通发展和水库的修建，交通功能和饮用水功能逐渐丧失，河道被随意侵占，沿途或圈围养鸭，或倾倒垃圾，或横七竖八地停放一些船只，举目看到的尽是污水和飘浮的垃圾。最良江整治前状况如图 2-10 所示。

图 2-10　最良江整治前状况

2001 年余姚市由市水利局负责，开始对最良江进行水环境整治和水文化建设。整个工程以河姆渡文化和江南水文化为主题，分为“一村陶然”、“源远流长”、“幽兰生境”、“古运明月”、“古河吐新”五段，又分别布置“十里梅香”、“杏帘春色”、“流水芬芳”、“秋叶晨霜”、“桂馨清远”、“层林千杆”和“梅林傲雪”等景点。经过两年的治理和建设，最良江的水环境得到了极大的改观，江面开阔，江水变清。从舜江名苑码头出发，沿线河岸景观各异。在护岸结构上，单一结构和复式结构相结合，直线与曲线相连，高岸与平台相映，既保护了河岸的稳定性，又强化了水体的生态功能，丰富了人水相亲的元素(图 2-11)。在绿化配置上，当地物种与引进物种相结合，木本植物与草本植物相结合，季节性植物与常绿性植物相结合。植物种类共计 120 多种，充分考虑生物多样性，以当地植物为主，适当引进外地苗木，并对树木的冠幅、树干直径、树木高度等提出了严格的要求。在景点设置上，自然与人工相结合，古代与现代相结合，既有河姆渡等古代景点，又有五光十色的音乐喷泉、线条优美的兰墅大桥等现代景点，其中音乐喷泉是 140 m 长的变频跑泉一组。沿江公园与广场点缀其间(图 2-12~图 2-16)。沿线安装有各式景观灯具 1 000 余套、光带约 5 km，最良江夜景如图 2-17 所示。通过水环境整治和水文化建设，既给市民提供了良好的休憩娱乐的场所，又给游人提供了更丰富的旅游景点，提高了社会经济效益，提升了城市的文化底蕴。

图 2-11　最良江断面结构的多样性

图 2-12　河姆渡

图 2-13　音乐喷泉

图 2-14　兰墅大桥

图 2-15　候青公园

图 2-16　兰江广场

图 2-17　最良江夜景

2.1.4.2　余姚市水利发展过程中的创新之处

1)管理模式的创新

(1)一体化管理体制。余姚市水利发展过程中，不同时期的水利管理体制各不相同，在“八五”、“九五”期间，水利工程的建设由水利部门完成，城区的河道建设由环境、城建等部门负责，多头管理导致管理效率低下。从 2000 年开始，余姚市在城市建设、水环境整治过程中，以水利部门为龙头，河道的工程建设、工程管理、后期管理工作均由余姚市水利局统一完成。针对不同的工程，专门设立不同的工程建设管理指挥部，如最良江工程指挥部、四明湖工程管理指挥部、四闸下移工程建设管理指挥部等，这些工程建设管理指挥部全面负责工程的建设和后期管理，不仅包括水利工程的建设，还包括道路、桥梁、景观、绿化、照明等方面的建设，以及工程建成后的河道、基础设备的维护管理。这种管理模式大大提高了管理效率，成果显著。

(2)加强管理的制度化和法制化。为有效地对水资源进行管理、保护和利用，提高管理效率，做到有法可依，余姚市制定了《余姚市河道管理办法》、《余姚市水利局行政许可审批办法》。该办法将全市河道按水系、功能、行政区域等因素划分为市级、镇级、村级三类河道，理顺了河道管理体制、管理范围、管理责任，并明确了考核、监督责任。

(3)改进管理方式。余姚市对河道工程建设实行行政审批制度。河道管理单位在河道长效管理中宣传和贯彻执行有关河道管理的法律、法规；建立河道保洁队伍，做好河道常年保洁工作；建立河道巡查制度，开展河道日常巡查；及时制止擅自填堵、覆盖、缩窄河道等违法行为，把涉河违法案件消灭在萌芽状态；及时制止向河道内倾倒生活、建筑等废弃物；加强堤防养护，确保堤防安全；全面落实河道长效管理，做到人员、经费、责任三落实。为了使市政府广场和沿江绿化景观管理工作有序进行，确保工程效益的发挥，最良江整治工程指挥部专门成立了最良江绿化景观管护办公室，调配人员对电器、线路以及喷泉进行操作管护；组建了秩序、安全监督队，聘用 12 名员工昼夜巡查；同时，对广场及沿岸保洁工作进行公开招标，最后由余姚绿洲保洁公司中标承担保洁任务。管护办公室为便于管理，制定了广场活动“十不准”和公园游览“六不准”，着重对广场、江边公园秩序和安全进行全天候监督管理和保洁。

2)投融资模式的创新

余姚市虽是县级市，但每年水利投资都保持在 4 亿元左右，其中财政投入仅占约 1 / 3。余姚市通过理念转换，机制创新，成功解决了水利投入问题，使水利工程成为优质资产，使水利走上良性发展之路。

余姚水利投资主要采用公司运作，于 2001 年创新性地设立了“余姚市水资源投资开发有限公司”，简称余姚市水投公司。该公司由市水利局负责组建，性质为国有独资，按照现代企业制度建立，并成立董事会和监事会。专职人员目前只有 4 人，经营部经理 1 名和主办会计、出纳、驾驶员各 1 名，然而它却承担着筹措全市 90%以上水利资金的任务。公司注册资本 2.6 亿元，其中市财政启动资金 1 000 万元，其余的 2.5 亿元则是两座市管中型水库的评估价。由于将沉淀的固定实物资产变活了，水投公司从一成立就因有雄厚的注册资金而借得进、转得动、还得出。按照公司化运作，水投公司成功投资建设了最良江工程、两水库联通工程、海塘围涂和其他河道的整治等工程，共融资 8.7 亿元，从而大大加快了水利建设和开发步伐。

3)重视水利规划的引领作用

余姚市根据不同时期、不同阶段的特点和要求，分别编制了相应的水利发展规划，如《沿江除险围垦工程规划》、《余姚市骨干河道整治规划》等。

(1)《沿江除险围垦工程规划》。2002 年开始海塘除险加固工程，在实施该工程之前，余姚市进行了详细的规划，编制了《沿江除险围垦工程规划》。在编制该规划中，余姚市进行了大量的科学验证，如为了更科学合理地确定钱塘江指导线，余姚市邀请浙江省河口所，通过水工模型试验验证了原有的指导线可以外移 4km。这一规划指导线的确定为余姚市增加了 1 000 hm^2 土地，使土地资源得到了有效的增长。

(2)《余姚市骨干河道整治规划》。经过“八五”、“九五”期间的建设、整治，余姚市的防洪能力、水资源供给能力得到明显的提高，但是随着社会经济的发展，出现了区域排涝能力不足、水资源紧缺、水质恶化、水环境破坏等方面的问题。余姚市根据存在的问题，制定了《余姚市骨干河道整治规划》，对余姚市“十五”期间河道整治的目标、标准和内容作了明确的规定。

该规划充分体现了“全面规划、统筹兼顾、突出重点、分步实施”的原则。规划要求通过河道的全面整治，明显改善河道水质，恢复和强化河道功能，适应城乡现代化建设和提高居民生活质量的需要，建立一个和谐优美的生态环境，实现“水清、流畅、岸绿、景美”的河道整治总体目标，促进余姚经济社会的可持续发展。规划水平年为 2020 年，规划骨干河道整治实施年限为 10 年，即 2003 ~ 2012 年。

该规划明确了不同区域的整治重点，余姚西北地区以综合整治为重点，坚持提高排涝标准和保护水面率标准并重，建设蓄水型河道。余姚东、南地区以配套完善为重点。河道断面形式以自然生态为主，集镇和工业园区河段适当考虑景观、休闲等需要。同时，规划对防洪标准、排涝标准、水面率控制标准等整治标准进行了详细说明。

4)重视高新技术的应用

余姚市在水利发展过程中十分注重利用高新技术，特别是将计算机技术、数据库技术以及网络技术综合应用到余姚市水资源的调度和配置中，成功地开发了“余姚市防洪调度决策支持系统”(该系统获得浙江省科技进步奖)、“余姚市水资源水质调度系统”。这两个系统的建成，实现了对雨情、旱情、洪水的实时预报以及水资源的优化调度、配置和管理，有效地提高了水信息的管理效率。

2.1.4.3 结论

1)水利规划引领着水利发展

余姚市在水利发展的进程中，根据不同时期的特点和要求，分别制定了相应的水利规划，这些水利规划对余姚的水利发展起着强有力的调控和引领作用，充分体现了“规划是龙头，是生产力”的精神。

因此，要实现科学治水和水利良性发展，首先要从规划做起。只有做好水利规划，创新水利规划思路，才能创新水利发展。水利规划要与社会经济发展的需要相适应，以解决社会经济发展中的水问题为核心，在科学发展观的指导下规划水利发展的远景目标。

2)水利发展的关键是协调发展、统筹发展

新时期余姚市水利建设十分注重水利建设与人文景观建设相协调、水利建设与生态环境保护相协调、水利建设与社会经济发展相协调，充分体现了协调发展的科学发展观。

水利发展不是一个独立的发展过程，而是与其他领域的发展相互联系、相互制约的。只有建立在统筹发展、协调发展基础上的水利发展模式，才是科学的发展模式。

3)高新技术是水利发展的重要手段

余姚市在水利发展过程中，不仅注重传统水利管理方法和手段的应用，还充分利用了现代化的高新技术，有效地提高了管理效率和管理水平。

在内容上，水利不仅包括水利工程、水文、水资源等传统的水利内容，还包括社会、经济、生态、环境等方面相关的内容；在尺度上，水利不仅包括局部小尺度水利，还包括流域、水系等大尺度水利。可见，水利的涉及面很广，依靠传统的技术手段是很难有效完成现代水利建设、水利管理等方面工作的。必须借助计算机技术、网络技术、数据库技术、“3S”技术，对水利信息进行采集、传输、存储、处理和利用，提高水利信息资源的应用水平和共享程度，从而全面提高水利建设及水事处理效能和效益。因此，在水利发展过程中，充分利用高新技术，有效地实现数据信息的畅通、及时性、准确性，真正提高水利建设和管理的效率，充分发挥水利的功能，使其真正为社会经济的发展服务。

2.2　国外经济发达国家的水环境水生态重建

2.2.1　日本的农业生态工学

2.2.1.1　农村水利生态工学产生的背景

日本自 20 世纪 50 年代以来开展了大规模的农村基础设施改造与建设，国家投入了大量的财力对农田水利设施进行了现代化建设，如渠道硬化、河流渠化，土地平整，扩大格田规模，田、渠、路网格化。这些基础设施的建设为二战后日本恢复农业生产能力，快速提升农业生产效率与生产力产生了巨大的推动作用。

但同时日本农村的自然状态也产生了许多意想不到的变化：农村形态单一，大田区规整划一，硬化的渠道河流使大量生物失去了适宜的生存环境。70 年代末 80 年代初，日本大部分农村地区蜻蜓、萤火虫、青蛙、泥鳅等濒临绝迹，河流里适生鱼类、贝类急剧减少；农业机械化、现代化的实现使人们遗弃了适应于二次自然的传统农业耕作法，石油农业消费大量能源，农药化肥的大量使用使河流水质逐渐恶化。与农业、农村状况类似的是全国各行业都产生了较为严重的环境问题，世界上的五大环境公害有三个产生于日本。这一方面是由于当时的科学发展水平的限制，另一方面也说明了经济爆发式增长有时需要付出特殊的代价。

针对这一状况，日本的农村生态工学研究工作者进行了艰难的富有开创性的探索与研究。擅长土木工程的专家们开始学习和钻研生态工学的知识，并将其应用到农村水利工程中，由此产生了农村生态工学这一新的学科——一门生命系统与生产系统相融合的科学[6]。

2.2.1.2　农村生态工学的定义与目标

农村生态工学认为人类不能创造自然；人类的历史是同自然做斗争，同时也是服从自然的历史；可能的情况下人类不应该伤害自然。农村生态工学是一门以创造生命系统与生产系统互相融合的人工自然为己任，并能够很好地保护自然与人工自然的规划、设计、施工、管理的科学。其目标设定为：

(1)为子孙后代留下人与生物共存的农村。

(2)创造具有丰富存在价值与利用价值的农村。

(3)提倡农民与市民共同参加的环境管理。

(4)降低环境负荷有利于生态系统的农法与工法的结合。

2.2.1.3 农村生态工学的研究内容与实践

农村生态工学发展 10 多年来，着力于研究水生生物与环境因子的关系，水生生物的种群以及种群间的关系，资源节约型农业与生物保护的关系；研究确立有利于生态保全的仿自然工法，通过该工法回避工程对生态系统的伤害并使之最小化；研究生态修复措施，从而减轻工程的影响；研究生态损害的补偿措施与途径。在此过程中，通过工程实践积累经验与数据，为学科进一步发展奠定基础。同时，农村生态工学倡导公众参与的规划、建设、管理一体化[6]。

2.2.1.4 农村生态工学的实例

如前所述，如毛细血管一样遍布日本农村的灌溉渠道，从原来的土渠被改造为直线的硬化的渠道，使得这些水体丧失了水生动植物生存的条件；一些管道灌溉和暗管排水技术的采用使得水田地区生物的移动通道被切断(图 2-18，图 2-19)，这些貌似现代化的沟渠形成了“生态断裂带”[7,8]。

图 2-18 整备工程前

(水谷正一等，2001)

图 2-19 整备工程后

(水谷正一等，2001)

例如，在自然状态下，水田—沟渠—河流构成多级层次的水网，生存着众多的水生物。随着季节的转换，一些生物特别是水生动物，根据其生活习性，在各个水网层次之间移动。如泥鳅在清明前后从河渠向田间稻田移动，在稻田享用着丰富的饵食，直到稻田要晒田落干的时候，泥鳅开始从稻田向河渠移动(图 2-20)。但是经过现代化建设的田间工程使这种移动受阻，大量的泥鳅在秋冬季不能回到河渠继续生存、产卵繁衍。由此造成的生物种群与数量的锐减，最终受害的还是人类自己。

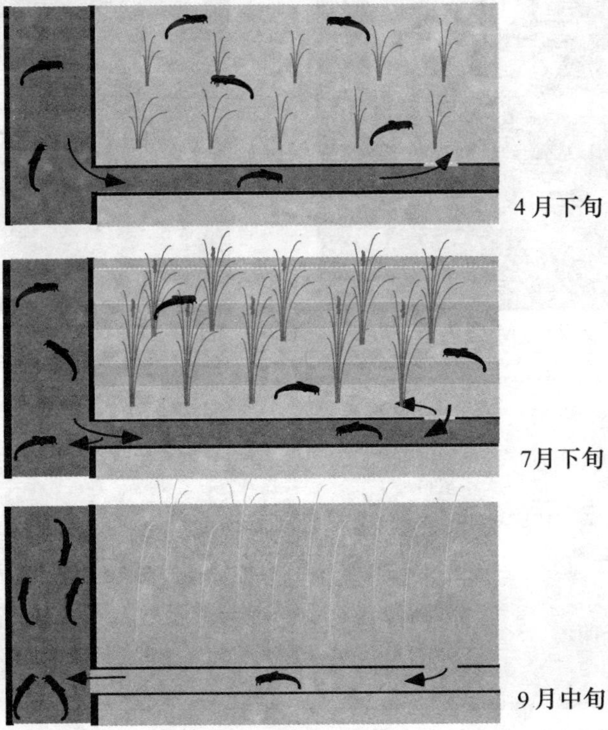

图 2-20　泥鳅的季节性移动示意图(藤咲雅明，2003)

有鉴于此，近年来一部分已到老化年限的混凝土渠道被改建恢复成仿自然的渠道。但大量的农村水利基础设施仍在使用期限内，无法全盘改造。因此，农村生态工学便承担起研究在现有水利设施条件下沟通生物种群移动通道的任务，即开展了微型鱼道的研制工作。

适宜农村、农田、农民使用的微型鱼道必须满足造价低、安装使用方便等要求。经过实验室成千上百次的对材料、坡度、水流量、底面形态等的试验，最后研制成适合不同鱼类的X形鱼道和M形鱼道，很好地解决了现有田间条件下季节转换过程中生物移动的通道问题(图2-21～图2-23)[9]。

图2-21　M型鱼道

图2-22　X型鱼道
(鈴木正貴等，2003)

图2-23　微型鱼道的应用(水谷正一、鈴木正貴等，2003)

2.2.2　日本运用近自然工法改造河川的实践

近自然工法诞生于1970年的瑞士和德国，当时正是环境问题成为国际性关注问题之时。为了恢复被破坏的自然生态系统，近自然工法应运而生。现在，近自然工法作为可持续的区域建设的重要基本概念，被广泛运用于河道修复、森林整备、道路及城市的基础设施建设中。

近自然工法多用于河道滨水区以及森林边缘区之类不同生态系过渡带。自然的过渡带中存在着生态塔形构造，使得生态系统保持物种的多样性，此外由于这样的过渡带存在，各生态系统的独立性才能够得到保证。但是，由于过去的开发，过渡带的环境遭到了严重的破坏。生态系统一旦被破坏，让其自然地恢复到原来的状态就需要漫长的时间。水利工程领域使用的近自然工法的作用就是，将破坏的滨水区自然环境人工地恢复到某种程度，去除阻碍自然发展的因素，尽量扩展自然的领域，并对其进行人工的辅助。

日本曾于1990年由建设省发起了“多自然型河川再建事业”，其后不断在考虑自然要素的河川再建中摸索、发展。1997年日本修正《河川法》，在原来“治水”、“利水”的基础上，对“河川环境的整备与保护”进行了法律规定，赋予了法律地位。自此，反映流域居民意见的生态、亲水的河川整备成为趋势。以下通过实例说明(西日本科学技术研究所，2004)。

2.2.2.1　改变流态的实例

以青森县大佃川为例，1997年单一考虑工程目的的河道工程，采取直线化河岸、单一的河床底面，流态均一(图2-24)，使鱼类丧失了生存的条件。1997年，采用近自然工法对河道工程进行再改造，通过在河道中配置石头，使主流产生蛇行的效果，水流的蛇行使流态多样化(图 2-25)，暴露的石砾在光和水及二氧化碳的作用下，生成藻类，以此为饵的鱼类就重新回到了大佃川。工程完成3周后当地就有“由于近自然工法的采用，(大佃川)出现了秋刀鱼群”的报道。

2.2.2.2　改变护岸形式的实例

以青森县易国间川为例，1998年工程的原貌为直立的混凝土护岸(图2-26)，人们无法接近水流，不论从视觉上还是功能上都不和谐。采用近自然工法，去除原有的混凝土护岸，用大切割的石块构造成屈曲形的护岸(块石斜坡护砌)。护岸的斜坡式入江构造，在高水位时可

图2-24 河道工程使河流流态单调化
(施工前青森县大佃川)
(西日本科学技术研究所，2004)

图2-25 水流控制以及石块的设置使流态多样化(施工后青森县大佃川)
(西日本科学技术研究所，2004)

以成为过水的空间，这样由于深浅不同，流态的多样性就产生了。在浅水区，植物易于生长，同时也为水生昆虫和小鱼提供了生存环境。潜水区开阔的空间还可以成为高水位时的避难场所。斜面设计使得人们能够便利地接近水域，入江近处的坡面放缓，儿童们也能够自由地上下玩耍了(图 2-27)。

图 2-26 溪流的水土保持混凝土护岸
(西日本科学技术研究所，2004)

图 2-27 平缓的块石护岸斜坡，可以作为儿童们玩耍的场所
(西日本科学技术研究所，2004)

2.2.2.3 自然跌水实例

以长野县鸟居川为例，1999 年改修前的直壁式的跌水妨碍了鱼类的上游(图 2-28)，近年设置了鱼道，并且全部改直壁式为斜坡式。改

修后的跌水采用分散式，石块的放置借鉴了瑞士和德国河道施工时采用的拱形石块跌水，采用扇状、雁状布置(图 2-29)，主要适用于有水土保持要求的河道。

图 2-28　施工前

(西日本科学技术研究所，2004)

图 2-29　施工后

(西日本科学技术研究所，2004)

2.2.2.4　通过制造深水区与浅水区，恢复鱼类生存环境的实例

以高知县镜川为例，2003 为了保证高水位时过水断面而开挖的河床，河道开挖的平面与纵横断面、自然形态接近，通过采用近自然工法，制造深水区与浅水区。施工 1 年后，就在浅水区发现了在这条河流里绝迹多年的某种鱼及产在浅水区石头上的鱼卵(图 2-30)。施工 3 年后，河流状况基本接近自然(图 2-31)。

图 2-30　施工 1 年后

(西日本科学技术研究所，2004)

图 2-31　施工 3 年后

(西日本科学技术研究所，2004)

2.2.2.5　自然护岸的恢复实例

以福岗县远贺川为例，2004 年在单调的无机化河道中，为了恢复

河床与河岸的良好生态环境，改善的要点如下：即使是直线形的河道也要恢复一些蛇行的主流，以创造藻类生长、水生昆虫栖息、鱼类贝类产卵的深水与浅水环境。以直线河道为例，试用了单列交错的沙洲以形成深水。改造后的河岸充分利用地形的自然起伏，接近于自然状态的河流。远贺川施工改造前后的状态分别如图 2-32、图 2-33 所示。

图 2-32 施工前
(西日本科学技术研究所，2004)

图 2-33 施工后
(西日本科学技术研究所，2004)

2.2.2.6 居民参与的河道重建活动实例

以滋贺县大石川为例，2005 年由当地“森林再造协议会”开展的“河道重建”活动，以市民为主体，在坚持治水目标与自然环境相协调原则的同时，开展了恢复、再造河鱼、蜻蜓等多种生物能够生存的自然河道活动。人们以极大的热情投入到再现过去那种令人怀念的河川环境恢复、再造的活动中，并取得了预期的效果。

2005 年 2 月，在大石川的部分河段采用近自然工法实施了河道改造(图 2-34、图 2-35、图 2-36)。

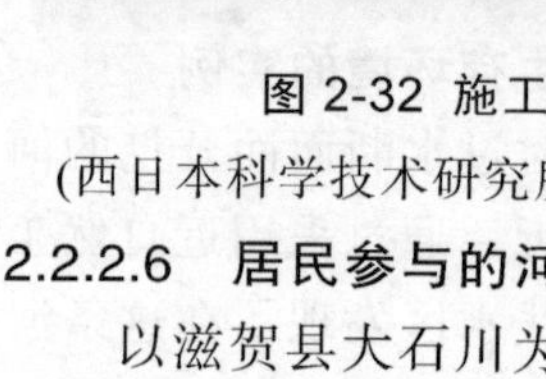

图 2-34 施工前
(日本环境工学株式会社)

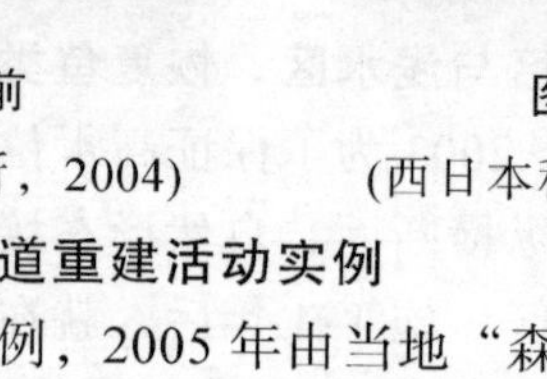

图 2-35 施工中
(日本环境工学株式会社)

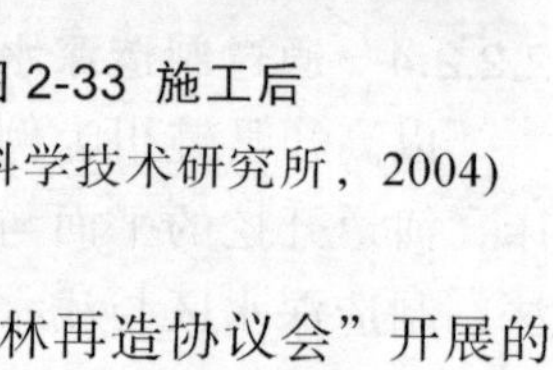

图 2-36 施工后
(日本环境工学株式会社)

2.2.3　英国与日本的 Groundwork 运动

2.2.3.1　英国 Groundwork 运动的发源与发展

Groundwork 运动是一种起源于英国，由企业、市民、行政部门形成伙伴协同关系的托拉斯联盟，其目的是支持、改进区域环境质量和生活品质，恢复区域活力。1980 年初该运动在英国发起，之后在世界各国广泛推广，形成了各有特色的 Groundwork 运动。

英国的 Groundwork 运动的主旨是：通过协同联动的环境改善活动，建立可持续发展的共同体，从而构筑健康安全、充满活力、区域及其环境得到充分尊重、个人与企业都能充分发展的社会共同体。最早的 Groundwork 活动较为单纯直接，主要是以城镇和农村的环境改善为主要内容，现在已经发展为内容十分广泛的活动，包括教育、就业、环境、残疾人支援、犯罪者再生等。目前英国共有 45 个该类托拉斯联盟，雇员 700 人，每年约有 4 万志愿者共同完成约 3 000 个项目。托拉斯联盟通过接受市民与企业的捐赠，以及一部分行政援助以及志愿者的帮助开展事业。

2.2.3.2　日本的 Groundwork 运动

日本的 Groundwork 运动可较为简洁地定义为区域市民、企业、行政部门三者形成伙伴关系，各自从不同的角度形成合力，对周边的环境进行可持续的再生、改善和管理的活动。1995 年财团法人 Groundwork 日本协会设立，其通过多种宣传方式，充分发动居民认识、理解、参加环境保护与改善活动，开展了大量河流环境再生与滨水空间整治、农村亲水公园、迷你公园建设等活动，极大地改善了农村城镇化、城镇工业化过程中所产生的环境生态问题。其特点之一是主要以水为主题开展项目与活动，如图 2-37 示。

下面以日本三岛的 Groundwork 活动为例详细分析。

1960 年以来三岛由于用水剧增导致地下水水位下降、泉水干枯、环境质量急剧下降，原来有“水之都”美誉的三岛的水环境恶化。在经济高速成长的过程中，过去在生活中与水关系密切的居民们，开始远离水，不关心水，垃圾丢弃、污水排放加剧了水环境的恶化(グラウンドワーク三島，2006)。

图 2-37　日本的 Groundwork 运动(西日本科学技术研究所，2004)

面临这一严峻的现实，三岛吸取英国的经验，在原来“三岛泉水会”的基础上最早于 1992 年开始了运动，并取得了举世瞩目的业绩，在日本全国成为有名的示范区。三岛的 Groundwork 活动的特征是，没有停留在讨论和提案，而是将其具体化并加以实现。活动的信条是“有具体的设想，并且必须形成成果与实绩”。在众多的实例中，这里对有典型意义的“源兵卫川的再生工程”进行分析。

1)背景

源兵卫川是一条提供农业用水的河流。上游通过居住区，灌区位于下游。灌区多年来靠土地改良区(一种农民用水自治组织)的管理经费维持。但地下水水位下降以后，居住区居民的垃圾与污水成为源兵卫川污染的最大原因，由此形成了农民与居民的对立。土地改良区一度打算进行暗渠化或改成混凝土衬砌渠道，减小输水断面，以便于管理。原来三岛美景之源的河流面临着被废弃消失的危险。

2)计划

在这种状态中，由三岛市发出了市民参加的源兵卫川的再生整备倡议，自 1989 ~ 1992 年对基本构想、基本计划进行了充分的讨论与商议。

在这一过程中成立了由土木、建筑、园艺等专家组成的顾问小组，以 Groundwork 三岛为中心的 NPO 团体形成一个整体，充分收集区域的环境与历史资料，对居民进行宣传教育，培养居民环境与参与意识，把握有关景观的信息资料，制定了项目计划。在计划中，以生态修复和保全自然景观作为既定方针，将长 1 500 m 的源兵卫川作为“连接都市与农村”的纽带，以“自然风景再生，重温自然”作为基本理念，保全原有的自然风貌，改混凝土护岸为块石护岸。在改修护岸的同时，进行了亲水设施、景观的建设。

在确定方案阶段，Groundwork 三岛组织市民进行了“自然环境调查”，设计了如下调查内容：

(1)河岸有必须保存的树木吗？

(2)水生植物以及河鱼类在什么样的地方较多？

(3)有助于判定水质的作为指标生物的昆虫有哪些？

(4)鸟类较多地在流域的什么地方见到？

(5)过去的自然环境是怎样的？

(6)河里有没有象征性的稀有的生物生存？

通过调查，市民们明确了什么是值得珍惜的，什么是美的、自然的，应该改变什么，应该恢复什么，然后考虑应该做什么怎么做。

最后调查得出这样 5 个指导原则：恢复自然状态的河岸；河底的构造多样化；尽量形成蛇形的多样化的流线；生物繁衍场所的确保；河流沿岸树木种类多样化。

这些原则的制定为恢复原风景的高自然度的滨水环境奠定了基础。

该项目符合政府的“水环境整备事业”的条件，获得了一定的政府援助。此外政府每年拨付 200 万日元经费给 Groundwork 三岛，以便于其开展活动。在 3 年间，共进行了 180 次商讨会，1992 年由市民主导、市民参加的公共事业“源兵卫川亲水绿道设计”终于尘埃落定。由于是市民们亲自设定的方案，方案充分反映了市民们对水的渴望与要求：计划将沿线分为 8 个区，分别考虑各区段的区域特性与环境特性，创造像过去那样自然度高的河流，设置可以在河流中散步的亲水绿道。这一充分反映市民意愿的公共事业计划被形象地称为“有生命的计划”。

3)实施

在项目实施过程中，行政部门按照市民的计划推进工程，同时注意吸取市民们的意见和想法，在工程实施过程中组织了自然观察会、自然学习会等活动增加市民参与的机会，强化市民参与意识。市民们通过 Groundwork 三岛等团体的组织，延续 3 年对污染严重的河流进行了彻底的清扫，恢复了河流的洁净。相关企业回应 Groundwork 三岛的要求，将没有水质问题的冷却水供给源兵卫川，使之一年四季不断流，极大地改善了生态状况。

作为管理者的土地改良区并没有固执地主张水权和土地利用权，而是尊重市民的各种意见，提出了绿道建设的底线：不影响输水，保持河流的绿化美化，确保将来水源供给的稳定，并与各方达成了协议，绿道建成后，管理费也下降了。

Groundwork 三岛作为达成合作的各种利益协调的中介组织，尊重各方的利益与作用，在项目计划与实施过程中，做了以下工作：说服土地改良区及其会员；就计划方案与管理体制与省、市行政部门进行协调；与企业谈判获得冬季补充水源；培养市民们行动的主动性以及滨水环境意识；引导市区工商业者认识滨水环境改善对活跃地区经济的作用；将环境资料、历史资料等作为区域资源进行收集等。

1995 年由滨河市民们组成的“爱源兵卫川会”成立，其从土地改良区接管了通过三岛市的那一段河流，义务履行对这一段河流清淤、打扫及正常维护等日常管理工作。

4)经验要点

(1)行政部门充分依靠市民的力量，尊重市民的意愿，通过市民参与，环境保护事业从过去行政主导的“公共事业”转变为市民与各 NPO 协同联动的“公协事业”。

(2)Groundwork 三岛成为组织市民、发动市民、引导市民、协调各方关系的重要组织。

(3)市民们通过收集历史与环境资料，培养了热爱家园、美化家园的主动性和参与性，培养了环境意识。市民参与、反映了市民愿望、凝聚了市民汗水与心血的生态复原与环境保护事业是有“生命”的事业，是可持续的。

(4)通过市区的河段交给市民组织自治管理。

参 考 文 献

[1] 舒高红，王运先. 绍兴市城市防洪环城河综合整治工程的几点启示[J]. 江西水利科技, 2004.

[2] 邱志荣. 论绍兴历史上水利与艺术的完美结合[J]. 中国水利, 2004.

[3] 张家港市水利局，河海大学，等. 江苏省张家港市水资源综合规划开发研究报告[R]. 2004.

[4] 宁波市水利水电规划设计研究院. 余姚市城东新区河道专项规划[R]. 2004.

[5] 余姚市水利局. 余姚市水利发展“十一五”规划[R]. 2005.

[6] 水谷正一. 水田生態工学へのアプローチ. 農業土木学会講演要旨集. 2002.

[7] 丸山利輔，中曽根英雄，水谷正一，等. 水利環境工学. 朝倉書店. 2005.

[8] 藤咲雅明，水谷正一，鈴木正貴，後藤章. 魚類の生活史からみた水域ネットワークの重要性. 農業土木学会講演要旨集. 2003.

[9] 鈴木正貴，水谷正一，遠藤幸太，後藤章. 小規模魚道による水域ネットワークの再構築が生息魚に及ぼす効果の検証. 農業土木学会講演要旨集. 2003.

第 3 章 利水水利模式下的指标体系

3.1 指标框架的构建体系

3.1.1 与经济发展水平相结合的水利发展进程划分

2004 年度统计数据表明，长江三角洲地区创造了 18.7%的国内生产总值、全国 22%的财政收入和 18.4%的外贸出口，并且 2004 年度全国城市综合竞争力排名前 10 名(上海、北京、深圳、广州、苏州、杭州、天津、宁波、南京、温州)中长江三角洲地区城市占一半，其中上海位居第一，苏州和杭州分列第五、第六，宁波和南京分列第八、第九。长江三角洲地区 16 个城市中有 10 个城市位居全国 611 个城市中人均 GDP 前 50 名。由此可见，长江三角洲地区是拉动全国经济增长的重要贡献地区，且长江三角洲城市群在互相辐射带动作用下成为中国经济发展最快的地区。

但是，由于受自然条件、发展基础、历史积淀等多种因素的影响，长江三角洲地区 16 个城市的经济发展水平存在较大差距(见表 3-1)，可按人均 GDP 归为三类，即超过 5 000 美元向 10 000 美元发展的地区，如苏州、上海、无锡；超过 2 500 美元向 5 000 美元发展的地区，如杭州、宁波、嘉兴、绍兴、南京、常州、镇江等；接近于 2 500 美元的地区，如扬州、南通、泰州。

表 3-1　长江三角洲地区城市 2004 年人口、经济状况一览表

城　市	人口(万人)	GDP(亿元)	人均 GDP(美元)
上　海	1 352.39	7 450.27	6 656
苏　州	598.85	3 450.00	7 000
无　锡	447.19	1 910.00	6 349
南　通	773.79	1 226.06	1 910
扬　州	454.89	788.13	2 102
泰　州	502.77	705.20	1 695
南　京	583.60	2 350.00	3 993
常　州	348.90	1 100.60	3 826
镇　江	267.21	781.16	3 535
杭　州	651.68	2 515.00	4 242
宁　波	552.70	2 158.04	4 718
嘉　兴	333.90	1 313.87	3 807
绍　兴	434.72	590.70	3 655
湖　州	257.20	1 173.79	2 775
台　州	555.92	212.04	2 559
舟　山	97.12	1 050.6	2 643

对三类城市的发展趋势进行预测，以三类城市中经济发展处于中等水平城市为例，按年增长 8%计，则 2010 年上海、南京、南通人均 GDP 将分别达到 10 562 美元、6 336 美元、3 030 美元，分别进入 10 000 美元、5 000 美元、2 500 美元以上的行列。因此，2 500 美元、5 000 美元、10 000 美元的分段可以反映各地区之间经济发展水平的阶段性。

水利是经济社会发展的重要支撑，在较大程度上受地区经济发展的影响与制约，其发展水平也呈现出多样化的特点。因此，本指标体系按照水利发展与经济社会发展相协调的原则，将长江三角洲地区的经济发展划分为“人均 GDP 达到 2 500 美元”、“人均 GDP 达到 5 000 美元”和“人均 GDP 达到 10 000 美元”三个不同的地区，并以此为依据参考不同地区的水利发展水平提出相应的水利发展指标标准，以期为各个地区的水利发展提供客观而现实的引导、规范作用。

为便于阐述,下文将人均 GDP 在 2 500 ~ 5 000 美元之间的区域定为“一类区”，人均 GDP 在 5 000 ~ 10 000 美元之间的区域定为“二类区”，人均 GDP 超过 10 000 美元的区域定为“三类区”。

3.1.2 区域性质划分

为统筹城乡协调发展，改善城乡人居环境，促进经济社会全面、协调、可持续发展，长江三角洲地区水利发展必须改变传统的“城乡分而治之”的局面，建立城乡水利统筹发展的新格局，即建立城乡一体化供排水体系、城乡水环境建设体系和城乡防洪减灾体系等。本指标体系将行政区划分为居住区(包括城市、中心集镇和农民集中居住区)、工业集中区(包括工业开发区、工业园区)、农业生产区(包括生态旅游区、生态林区)三部分，并制定统一的水利发展标准。

3.1.3 指标体系的层次结构

根据长江三角洲地区水利发展现状，按照经济发展与资源、环境相协调的原则，提出了利水水利模式下“水供给、水环境、水安全、水生态、水文化、水管理”六位一体的水利发展指标体系，并作为一级指标。其含义分别为:

(1)水供给：指在节约用水的前提下，符合用水户用水质量需求的水量供给能力，达到保障满足人们物质和精神生活以及工农业等生产活动对水量、水质要求的程度。

(2)水环境：指收集、处理生活、生产及其他生物产生的废污水的能力，达到使区域水体符合水功能区质量标准的程度。

(3)水安全：指防洪、排涝、降渍和应急供水的安全能力，达到保障人们生命、财产安全的程度。

(4)水生态：指供应和形成适应区域适生的动物、植物、微生物的水量和水面积、湿地面积、滨水地带及区域空间湿度的能力或条件，达到符合科学的区域生物多样性的程度。

(5)水文化：指保护涉水文物、涉水景观，挖掘涉水文化遗产和创造、赋予、解读涉水工程文化内涵的能力，达到满足人们对涉水环境、景观及文化等方面精神需求，提升人们生活品质、区域品位和拉动区域文化产业、旅游经济发展的程度。

(6)水管理：指水规划、水资源、水建设、水工程、水信息等方面的管理能力，达到保障规划执行、水资源优化配置和推进节水的程度，达到保障水工程建设按计划推进、工程质量和标准、完成工程后评估的程度，达到保障已建水工程设施完好和科学调度运用的程度，以及达到确保水利信息收集、利用的程度。

3.1.4　指标选取的原则

指标体系的构成力图体现利水水利发展模式中最基本和最必要的控制性要素，因此指标的选取应遵循适用、有效、导向和可操作的原则，并考虑部分反映水利在特定发展阶段所具有的特殊指标。

3.2　水供给指标

根据供水方式，将水供给指标分为管道供水与河渠供水两类，分别进行设定与说明。

3.2.1　管道供水能力

3.2.1.1　生活用水

1)居民生活用水量指标(综合生活用水量指标)

居民生活用水量指使用公共供水设施或自建供水设施的居民家庭日常生活的用水量。综合生活用水量指居民家庭日常生活用水量和公共建筑用水量之和，不包括浇洒道路、绿地、市政用水量和管网漏失水量。居民生活用水量指标是主要依据《城市居民生活用水量标准》(GB/T50331—2002)、《城市给水工程规划规范》(GB50282—98)和《室外给水设计规范》(GB50013—2006)中所规定的用水量标准，并根据对国内外现状用水量及发展趋势的调查分析，结合长江三角洲地区的具体情况研究提出的。其主要参考依据如下：

(1)《中国城市节水 2010 年给水进步发展规划》[1]规定 2010 年公

共事业用水指标为 75～108 L/(人·d)。

(2)《城市居民生活用水量标准》(GB/T50331—2002)将全国分区域给出城市居民生活用水量标准，见表 3-2。

(3)《室外给水设计规范》(GB50013—2006)则考虑城市规模对用水的影响，结合分区给出居民生活用水定额和综合生活用水定额，见表 3-3 和表 3-4。

(4)欧洲 15 个国家平均家庭生活用水水平(包含住宅区小商业用水)1980 年为 154L/(人·d)，1991 年为 161L/(人·d)，平均年递增 0.41%[2]，以此推算 2005 年应为 171 L/(人·d)。我国目前的居民用水水平高于比利时和西班牙，基本与芬兰、德国和匈牙利持平，略低于法国、英国和挪威，低于瑞士、奥地利、意大利、瑞典、卢森堡、荷兰、丹麦。国内外部分城市居民生活用水量见表 3-5，国内外部分城市 2000 年的综合生活用水量和居民生活用水量见表 3-6。

表 3-2　城市居民生活用水量标准

地域分区	日用水量(L/(人·d))	适用范围
一	80～135	黑龙江、吉林、辽宁、内蒙古
二	85～140	北京、天津、河北、山东、河南、山西、陕西、宁夏、甘肃
三	120～180	上海、江苏、浙江、福建、江西、湖北、湖南、安徽
四	150～220	广西、广东、海南
五	100～140	重庆、四川、贵州、云南
六	75～125	新疆、西藏、青海

注：1. 表中所列日用水量是满足人们日常生活基本需要的标准值。在核定城市居民用水量时，各地应在标准值区间内直接选定。

2. 城市居民生活用水考核不应以日作为考核周期，日用水量指标应作为月度考核周期计算水量指标的基础值。

3. 指标值中的上限值是根据气温变化和用水高峰月变化参数确定的，一个年度当中对居民用水可分段考核，利用区间值进行调整使用。上限值可作为一个年度当中最高月的指标值。

4. 家庭用水人口的计算由各地根据本地实际情况自行制定的管理规则或办法。

5. 以本标准为指导，各地视本地情况可制定地方标准或管理办法组织实施。

表 3-3　居民生活用水定额　(单位：L/(人・d))

城市规模	特大城市		大城市		中、小城市	
分区	最高日	平均日	最高日	平均日	最高日	平均日
一(长江三角洲)	180～270	140～210	160～250	120～190	140～230	100～170
二	140～200	110～160	120～180	90～140	100～160	70～120
三	140～180	110～150	120～160	90～130	100～140	70～110

注：1. 居民生活用水指城市居民日常生活用水。
2. 特大城市指市区和近郊区非农业人口 100 万人及以上的城市。大城市指市区和近郊区非农业人口 50 万人及以上，不满 100 万人的城市。中、小城市指市区和近郊区非农业人口不满 50 万人的城市。
3. 一区包括：贵州、四川、湖北、湖南、江西、浙江、福建、广东、广西、海南、上海、云南、江苏、安徽、重庆；二区包括：黑龙江、吉林、辽宁、北京、天津、河北、山西、河南、山东、宁夏、陕西、内蒙古河套以东和甘肃黄河以东的地区；三区包括：新疆、青海、西藏、内蒙古河套以西和甘肃黄河以西的地区。
4. 经济开发区和特区城市，根据用水实际情况，用水定额可酌情增加。

表 3-4　综合生活用水定额　(单位：L/(人・d))

城市规模	特大城市		大城市		中、小城市	
分区	最高日	平均日	最高日	平均日	最高日	平均日
一(长江三角洲)	260～410	210～340	240～390	190～310	220～370	170～280
二	190～280	150～240	170～260	130～210	150～240	110～180
三	170～270	140～230	150～250	120～200	130～230	100～170

注：综合生活用水指城市居民日常生活用水和公共建筑用水，但不包括浇洒道路、绿地和其他市政用水。

表 3-5　国内外部分城市居民生活用水量

国别	城市	居民生活用水量(L/(人・d))	资料年份
中国	台北	188	1997
	香港	213	1996
日本	东京	190	1998
德国	柏林	117	1999
	法兰克福	171	1999
美国	洛杉矶	308	1996
	费城	341	1996

注：香港的数据不含海水用量(平均 95 L/(人·d))。该表转引自《上海节约用水规划》(上海市水务规划设计研究院、同济大学、水利部南京水利科学研究院，2003)。

表 3-6 国内外部分城市 2000 年的综合生活用水量和居民生活用水量

(单位：L/(人·d))

城 市	综合生活用水量	居民生活用水量
莫斯科	495	260
旧金山	555	394(含户外)
大阪	432	258
台北	356	235(台湾省)
厦门	380	196
深圳	375	161
广州	515	290
上海	246	141
杭州	296	111

根据以上数据分析，考虑长江三角洲地区的人均水资源状况，按照建设节水型社会的要求，分别设定三个类型区的生活用水指标。

一类区：居民生活用水量达到 120～160 L/(人·d)，综合生活用水量达到 180～260 L/(人·d)。

二类区：居民生活用水量达到 160～180 L/(人·d)，综合生活用水量达到 240～310 L/(人·d)。

三类区：居民生活用水量达到 180～220 L/(人·d)，综合生活用水量达到 290～360 L/(人·d)。

2)生活用水保证率

生活用水保证率指能够向居民正常提供生活用水的概率，它体现了保证向居民正常提供生活用水的程度。根据长江三角洲地区目前生活用水保证率已达到较高水平的状况，设定一类区生活用水保证率达到 98%，二类区达到 98%～100%，三类区达到 100%。

3)自来水普及率

自来水普及率指一定区域内使用自来水的常住人口数量占常住人口总数的比率。计算公式如下：

$$\text{自来水普及率(一定区域内)}=\frac{\text{使用自来水常住人口数}}{\text{常住人口总数}}\times 100\%$$

普及自来水是居民获取卫生安全的饮用水的基本保障，因此设定三种类型的地区自来水普及率均应达到 100%。

3.2.1.2　工业(含工厂化农业生产区)用水

万元工业增加值取水量、工业用水重复利用率等指标反映了工业用水水平的高低，其指标标准分别参考国内节水领先水平、中等发达国家节水水平、发达国家节水水平确定。

1)万元工业增加值用水量

万元工业增加值用水量等于工业年用水总量除以工业年增加值。计算公式如下：

$$万元工业增加值用水量=\frac{工业年用水总量}{工业年增加值}$$

2000 年发达国家万元工业增加值用水量见表 3-7。国内部分城市水利规划中万元工业增加值用水量的规划标准见表 3-8。

表 3-7　2000 年发达国家万元工业增加值用水量

国家	人均 GDP(美元)	万元工业增加值用水量(m^3/万元 RMB)
日本	34 770	18.8
美国	35 045	39.2
德国	22 806	43.1
法国	22 432	76.5
韩国	9 675	60.1

表 3-8　国内部分城市水利规划中万元工业增加值用水量

来　源	万元工业增加值用水量
松江区水利现代化规划[3]	2002 年已达到 56 m^3/万元，到 2010 年要小于 25 m^3/万元，2020 年小于 15 m^3/万元
上海郊区水利现代化指标体系研究[4]	到 2020 年小于 20 m^3/万元
江苏省张家港市水资源综合规划开发研究报告[5]	2010 年达到 41 m^3/万元,2020 年达到 22 m^3/万元,2030 年达到 14 m^3/万元

根据上述参考依据设定：一类区，工业集中区万元工业增加值用水量应低于 120 m^3/万元；二类区应低于 80 m^3/万元；三类区应低于 50 m^3/万元。

2)工业用水保证率

工业用水保证率指能够向工业正常供水的概率，它体现了保证向工业正常供水的程度。参考国内部分城市水利规划中的工业用水保证率规划标准（见表 3-9），进行设定：一类区工业供水保证率应达到 90%～95%，一般工业供水保证率达到 90%，重要工业达到 95%；二类区、三类区均应达到 95%以上。

表 3-9 工业用水保证率

来 源	工业用水保证率
余姚市水利发展“十一五”规划[6]	到 2010 年重要工业达到 95%，一般工业达到 90%。
江苏省张家港市水资源综合规划开发研究报告[5]	现在已达到 95%以上
泰州市“十一五”水利发展规划[7]	到 2010 年达到 95%以上
南通水利发展“十一五”规划	到 2010 年达到 95%以上

3)工业用水重复利用率

工业用水重复利用率指在一定的计量时间(年)内，生产过程中使用的重复利用水量与总用水量(生产中取用的新水量与重复利用水量之和)之比。计算公式如下：

$$\text{工业用水重复利用率}=\frac{\text{重复利用水量}}{\text{生产中取用的新水量}+\text{重复利用水量}}\times100\%$$

《节水型城市目标导则》中规定工业用水重复利用率≥75%。西方发达国家 20 世纪七八十年代为 75%～85%。长江三角洲地区部分城市工业用水重复利用率规划标准见表 3-10。

表 3-10 工业用水重复利用率

来源	重复利用率
松江区水利现代化规划[3]	2010 年达到 70%以上,2020 年达到 80%
江苏省张家港市水资源综合规划开发研究报告[5]	2002 年为 50%,2010 年达到 65%,2020 年达到 75%，2030 年达到 80%
泰州市“十一五”水利发展规划[7]	到 2010 年达到 80%以上

根据上述参考依据设定：一类区工业用水重复利用率达到 65%，二类区达到 70%，三类区达到 75%。

3.2.1.3　供水管网

供水管网应保证生活、工业、生态用水，随着经济实力的增强、节水措施的落实、对管网维护的投入加大，管网漏失量将逐步减小。

1)铺设率

供水管网铺设率指一个地区已经铺设的供水管网长度与规划要求铺设的供水管网长度之比。计算公式如下：

$$\text{供水管网铺设率} = \frac{\text{已经铺设的供水管网长度}}{\text{规划要求铺设的供水管网长度}} \times 100\%$$

设定:一类区居住区和工业集中区的供水管网铺设率应达到 98%，二类区和三类区均应达到 100%。

2)漏失率

漏失率是漏失水量(供水总量与有效供水量的差)与供水总量之比。计算公式如下：

$$\text{漏失率} = \frac{\text{漏失水量}}{\text{供水总量}} \times 100\%$$

由于管道漏失水量较难精确计算，因此国外常采用未计量水即供水总量与售水量的差额来代替漏失量，通过其间接反映漏失状况。计算公式如下：

$$\text{漏失率} = \frac{\text{供水总量-售水总量}}{\text{供水总量}} \times 100\%$$

未计量水包括管网漏损(管网漏损是指在供水管网中漏掉的水量)、管网自用水(冲刷管网用水)，水表计量误差，部分消防、绿化、环卫用水，以及无计量的违法用水、漏收等用水，其中，供水管网的漏损占主要部分。从某种意义上，我们所说的漏失率实质就是未计量水的比率。1995 年我国统计的一些城市的供水管网漏失率[8]见表 3-11。

表 3-11　1995 年我国一些城市的供水管网漏失率　(单位：%)

城市	北京	上海	南京	重庆	沈阳	武汉	广州	成都	西安	哈尔滨
漏失率	8	7.8	15.4	7	11.6	12	10.9	8	7.1	13.8

由表 3-11 可知，缺水地区的漏失率相对较小，丰水地区的漏失率较大。供水管网的更新是一项耗资巨大的工程，长江三角洲地区水量相对丰富，改造管网的能动性较弱。

根据上述参考依据设定：一类区供水管网漏失率应不超过 10%~15%，二类区应不超过 8%~10%，三类区应小于 5%。

3.2.2 河渠供水能力

3.2.2.1 农业用水

1)农业用水保证率

农业用水保证率指能够向农业生产区正常供水的概率，它体现了保证向农业正常供水的程度。长江三角洲地区部分城市农业用水保证率规划标准见表 3-12。根据上述参考依据设定：一类区和二类区的农业用水保证率应达到 75%~90%，三类区应达到 85%~95%。此外，作物以旱作为主的地区取小值，以水稻为主的地区取大值；作物经济价值不高的地区宜取小值，作物经济价值高的地区宜取大值。

表 3-12 农业用水保证率

来源	农业用水保证率
松江区水利现代化规划[3]	2000 年上海松江区灌溉保证率已达到 95%以上
农村水利现代化指标体系(水利部、扬州大学，2005)	水量丰富的南方圩区、水网地区和平原区灌溉设计保证率应在 75%~95%之间
余姚市水利发展“十一五”规划[6]	要求余姚市灌溉设计保证率在 85%~90%之间
江苏省苏南现代化农村水利建设标准和评价研究[9]	要求苏南地区达到水利现代化时灌溉设计保证率应达到 95%以上
《灌溉与排水工程设计规范》(GB50288—99)	要求湿润地区或水资源丰富地区作物以旱作为主时灌溉设计保证率取 75%~85%，以水稻为主时取 80%~95%

2)灌溉水利用系数

灌溉水利用系数是一定时期内灌区实际灌溉面积上有效利用的水量(不包括深层渗漏和田间流失)与渠首进水总量的比值。通常以 $\eta_{水}$ 表示。它反映全灌区各级渠道输水损失和田间用水状况，是衡量灌溉工程状况、灌溉能力、灌溉管理水平和田间灌溉水平的一项综合指标。我国常用的灌溉水利用系数的确定方法主要有以下两种。

(1)传统方法。灌溉水利用系数等于渠道水利用系数乘以田间水利用系数。该方法适用于灌区内灌溉水重复利用比例较小的情况。计算公式如下：

$$\eta_{水}=\eta_{干}\eta_{支}\eta_{斗}\eta_{农}\eta_{毛}\eta_{田}$$

式中：$\eta_{水}$为灌溉水利用系数；$\eta_{干}$、$\eta_{支}$、$\eta_{斗}$、$\eta_{农}$分别为各级渠道的水有效利用系数；$\eta_{田}$为田间水有效利用系数。

(2)水量平衡法。灌溉水利用系数等于田间有效总用水量与灌区总灌溉引水量的比值。计算公式如下：

$$\eta_{水}=\frac{A_{总}\times m_{净}}{W_{总}}$$

式中：$\eta_{水}$为灌溉水利用系数；$A_{总}$为灌区总灌溉面积；$m_{净}$为灌区平均净灌溉定额；$W_{总}$为灌区总灌溉引水量。

西方发达国家 20 世纪七八十年代灌溉水利用系数就已经达到 0.7～0.8。《节水灌溉技术规范》(SL 207—98)规定我国大型灌区灌溉水利用系数不低于 0.5、中型灌区不低于 0.6、小型灌区不低于 0.7。我国目前农业用水浪费严重，全国农业灌溉水利用系数大多只有 0.4 左右。

设定：一类区灌溉水利用系数达到 0.6，二类区达到 0.7，三类区达到 0.8。

3)节水灌溉面积率

节水灌溉面积率是实施节水灌溉的灌溉面积与有效灌溉面积的比值。计算公式如下：

$$节水灌溉面积率=\frac{实施节水灌溉的灌溉面积}{有效灌溉面积}\times 100\%$$

《农村水利现代化指标体系》(水利部、扬州大学，2005)中要求农村水利达到基本现代化时，节水灌溉推广面积应占有效灌溉面积的 80%以上。《松江区水利现代化规划》[3]要求到 2010 年使节水工程控制面积占有效灌溉面积的 80%以上。节水灌溉面积率参考数据见表 3-13。

表 3-13 节水灌溉面积率

来源	节水灌溉面积率
松江区水利现代化规划[3]	到 2010 年达到 80%以上
农村水利现代化指标体系	要求达到 80%以上
江苏省苏南现代化农村水利建设标准和评价研究[9]	要求达到 80%以上

依据上述参考数据设定：一类区节水灌溉面积率达到 70%，二类区达到 80%，三类区达到 90%。

4)作物水分生产率

作物水分生产率指作物消耗单位水量的产出，其值为作物产量(一般指经济产量)与作物净耗水量或蒸发蒸腾量的比值。计算公式如下：

$$WPc=Y/(M+P+d)$$

或

$$WPc=Y/ET$$

式中：WPc 为作物水分生产率，kg/m^3；Y 为作物产量，kg/hm^2；M 为净灌溉水量，m^3/hm^2；P 为有效降水量，m^3/hm^2；d 为地下水补给量，m^3/hm^2；ET 为作物蒸发蒸腾量，m^3/hm^2。

设定：一类区平均作物水分生产率达到 1.0 kg/m^3，二类区达到 1.5 kg/m^3，三类区达到 2.0 kg/m^3。

3.2.2.2 生态、环境用水

生态条件指确保自然生物(指人、动物、植物、微生物)能维持生存、发展所存在的各种因素构成的综合体，其维持生态系统水分平衡所需用水，就叫生态用水。生态用水有广义和狭义之分。从广义上讲，生态用水是指维持全球生物地球化学平衡(如水热平衡、源汇库动态平衡、生物平衡、水沙平衡、水盐平衡等)所消耗的水。通常所说的是狭义的生态用水，即为使生态条件不再恶化并逐步改善而需要消耗的水资源总量。生态用水主要包括水土保持用水、植被建设(含保护)用水、维持河流水沙平衡用水、维持陆地水盐平衡用水、保护和维持河流生态系统的生态基流用水、区域蒸发用水、回补超采地下水所需水量、城市生态用水等方面。环境用水是指满足人类物质、精神双重需求，在生态用水的基础上更高层的需水，如人居环境用水、景观休闲用水、文体活动用水和空气湿度水体水质改善用水。

生态、环境用水保证率指能够保证生态、环境正常用水的概率，它体现了保证生态、环境正常用水的程度。鉴于生态环境对于水利可持续发展的重要性，最低生态、环境用水量应优先得到满足。

设定：一类区生态、环境用水保证率应达到 95%，二类区应达到 98%～100%，三类区应达到 100%。

3.3　水环境指标

3.3.1　雨污分流能力

排水体制可分为雨污合流制和雨污分流制，排水体制的选定必须与排水系统终端的雨水、污水的处理方式和环境质量要求相结合，同时受现状排水系统条件的限制。新建地区应采用分流制，建成区可仍维持原有的排水体制，有条件的合流制地区可逐步向分流制过渡。

雨污分流管网覆盖率指一个地区已经实现雨污分流的排水管网长度与该地区排水管网总长度之比。计算公式如下：

$$\text{雨污分流管网覆盖率} = \frac{\text{已经实现雨污分流排水管网长度}}{\text{排水管网总长度}} \times 100\%$$

针对长江三角洲地区城市雨污分流铺设现状，设定：一类区雨污分流管网覆盖率达到 60%，二类区达到 70%，三类区达到 80%。

3.3.2　污水处理能力

3.3.2.1　污水管网铺设率

污水管网铺设率指一个地区已铺设的污水管网长度与规划应铺设的污水管网总长度之比。计算公式如下：

$$污水管网铺设率=\frac{已铺设的污水管网长度}{应铺设的污水管网总长度}\times 100\%$$

目前，英国、法国、德国污水管网铺设率都在 90%以上。针对长江三角洲地区城市污水管网铺设现状，设定：一类区，居住区污水管网铺设率应达到 70%以上，工业集中区应达到 90%以上；二类区，居住区污水管网铺设率应达到 80%以上，工业集中区达到 95%；三类区，居住区污水管网铺设率应达到 90%以上，工业集中区应达到 100%。

3.3.2.2 污水处理率

污水处理率指污水处理量与污水排放总量的比率。计算公式如下：

$$污水处理率=\frac{污水处理量}{污水排放总量}\times 100\%$$

污水处理量指污水处理厂和处理装置实际处理的污水量，包括物理处理量、生物处理量和化学处理量。

污水排放总量指生活污水、工业达标排放的污水总量，包括从排水管道和排水沟(渠)排放的污水量。污水排放总量按每条管道、沟(渠)排放口实际观测的日平均流量与报告期日历日数的乘积计算。污水处理厂的处理量以抽升泵站的抽升量计算。

根据国务院国发[2000]36 号文的要求，2005 年 50 万人口以上的城市，污水处理率应达到 60%以上，到 2010 年应不低于 70%。直辖市、省会城市、计划单列市以及重点风景旅游城市的污水处理率不低于 70%。杭州湾工业新城区污水处理率 2001 年达 75%，规划污水处理率 2020 年达 95%。

国外污水处理状况如下：

澳大利亚供排水事业发达，污水处理程度高，1996 年已经有 90%的污水经过污水厂处理。

德国几乎 100%的城市废水都得到了处理。

荷兰 1970 年《地表水污染法案》开始实施。法案规定，在没有获得允许的情况下，任何人不能向地表水中排放污染物或有毒的物质。现在，全荷兰共有 400 多个污水处理厂。90%的污水在排放之前均可以在这些处理厂得到净化。

1994 年，加拿大的污水处理系统中大约有 93%的污水至少达到一级污水处理的标准。

目前，西班牙全国城市污水集中处理率达 70%，其瓦伦西亚等大城市达到 80%。

英国、法国污水处理率都在 90%以上，伦敦、巴黎、柏林等西欧国家首都已实现城市污水 100%的处理率，而且大部分作为回用水源。

日本的城市污水处理率已达到 100%，零散农村村落的污水处理率也已达到 80%左右。

参照上述依据，设定：一类区，居住区污水处理率应达到 70%以上，工业集中区应达到 75%以上；二类区，居住区污水处理率应达到 80%以上，工业集中区达到 85%以上；三类区，居住区污水处理率应达到 90%以上，工业集中区应达到 95%以上。

3.3.2.3　工业污水达标排放率

工业污水达标排放率指达到国家工业污水排放标准的工业污水排放量与工业污水排放总量之比。计算公式如下：

$$\text{工业污水达标排放率} = \frac{\text{工业污水达标排放量}}{\text{工业污水排放总量}} \times 100\%$$

污水达标排放执行国家《污水综合排放标准》(GB8978—1996)，污水排入内河水系，应同时执行当地污水综合排放标准，并满足水体自净能力和其他规定的要求。《泰州市“十一五”水利发展规划》[7]要求到 2010 年工业污水达标排放率达到 95%以上。

工业污水达标排放率对水环境的改善有较大影响，因此设定：一类区，工业集中区工业污水达标排放率应达到 95%以上，二类区和三类区均应达到 100%。

3.3.2.4　畜禽粪便处理率

随着农业分工的不断细化，养殖业已经成为农业 GDP 的重要贡献者。随之而来的问题是未经处理的畜禽粪便污染河流和地下水。因此，加强畜禽粪便的处理，是防止农业生产区河流水质进一步恶化、防止地下水污染的重要措施。畜禽粪便处理率指报告期内畜禽粪便处理量与畜禽粪便产生总量的比率。计算公式如下：

$$畜禽粪便处理率=\frac{畜禽粪便处理量}{畜禽粪便产生总量}\times 100\%$$

设定：一类区畜禽粪便处理率达到70%，二类区达到80%，三类区达到90%。

3.3.3 水功能区水质状况

生活饮用水水源区、工业用水水源区、农业用水水源区水质均应达到《地表水环境质量标准》(GB3838—2002)的规定。

3.3.3.1 饮用水源区水质达标率

饮用水源区水质达标率指集中式饮用水水源地取水量中，其地表水水质达到《地表水环境质量标准》(GB3838—2002)Ⅲ类和地下水水质达到《地下水质量标准》(GB/T14848—93)Ⅲ类的数量占饮用水取水总量的百分比。计算公式如下：

$$饮用水源水质达标率=\frac{各饮用水水源地取水水质达标量之和}{各饮用水水源地取水量之和}\times 100\%$$

饮用水源区水质关系人们生命安全，因此设定三种类型地区的饮水水源区水质达标率均应达到100%。

3.3.3.2 工业用水区水质达标率

工业用水区水质达标率指在工业用水区取水量中符合工业用水水质标准的数量占工业取水总量的百分比。计算公式如下：

$$工业用水区水质达标率=\frac{各工业用水区取水水质达标量之和}{各工业用水区取水量之和}\times 100\%$$

设定：一类区工业用水区水质达标率达到85%，二类区达到90%，三类区达到95%。

3.3.3.3 农业用水区水质达标率

农业用水区水质达标率指在农业用水区取水量中符合农业用水水质标准的数量占农业取水总量的百分比。计算公式如下：

$$农业用水区水质达标率=\frac{各农业用水区取水水质达标量之和}{各农业用水区取水量之和}\times 100\%$$

设定：三种类型地区的农业用水水质达标率均应达到 100%。

3.3.4　垃圾处理能力

3.3.4.1　垃圾集中处理率

垃圾集中处理率指报告期内垃圾集中处理量与垃圾产生总量的比率。计算公式如下：

$$垃圾集中处理率=\frac{垃圾集中处理量}{垃圾产生总量}\times 100\%$$

设定：一类区垃圾集中处理率应达到 80%，二类区应达到 90%，三类区应达到 100%。

3.3.4.2　农村秸秆利用率

农村秸秆利用率指秸秆有效利用量与产生的秸秆总量的比率。计算公式如下：

$$农村秸秆利用率=\frac{秸秆有效利用量}{产生的秸秆总量}\times 100\%$$

设定：一类区农村秸秆利用率应达到 80%，二类区应达到 85%，三类区应达到 90%。

3.4　水安全指标

3.4.1　防洪能力

3.4.1.1　防洪重现期

防洪重现期主要依据国家《防洪标准》(GB50201—94)中有关规定及长江三角洲地区的社会经济地位确定。城市、工业集中区的设计暴雨重现期主要依据《城市排水工程规划规范》(GB50318—2000)和《室外排水设计规范》(GBJ14—87)中有关规定及城市性质、重要性确定。农业生产区的除涝、降渍标准主要参照《灌溉与排水工程设计规范》(GB50288—99)和《农田排水工程技术规范》(SL/T4—1999)有关规定，并参照长江三角洲地区、国外现状和发展趋势确定。

以美国为例，20 世纪 50 年代美国土壤保持局设定农村地区防洪标准为25年一遇，城市地区为100年一遇。20世纪60年代，美国城市采用100年一遇以上标准，农村基本上采用50年一遇以下标准。1978年，美国水资源委员会规定美国联邦医疗单位、紧急服务设施、危险物品储存设施选址时，应考虑采用500 年一遇防洪标准。防洪标准相关参考依据见表3-14。

表3-14 防洪标准

来 源	防洪标准
松江区水利现代化规划	到2000年，现代农田水利示范区规划防洪采用50年一遇的标准
农村水利现代化指标体系	保护区耕地面积2.0万～6.67万 hm^2 的设计重现期为20～30年，小于2万 hm^2 的为10～20年
发达国家	对大多数经济发达国家而言，并不把防洪标准定得非常高，如日本农业地区的堤防标准一般为50年一遇

设定：一类区，防洪设计重现期城市为100年，工业集中区为50年，农业生产区为 20～30 年；二类区，防洪设计重现期城市为 100年，工业集中区为100年，农业生产区为50年；三类区，防洪设计重现期城市为200年，工业集中区为200年，农业生产区仍为50年。

3.4.1.2 地面纵向控制标高符合规划要求面积率

地面纵向控制标高主要针对居住区和工业集中区的建筑面积设定。

计算公式如下：

地面纵向控制标高符合规划要求面积率=

$$\frac{\text{达到规划要求的地面纵向控制标高的面积}}{\text{规划要求达到地面纵向控制标高的总面积}}\times 100\%$$

设定：一类区地面纵向控制标高符合规划要求面积率为70%，二类区为80%，三类区为90%。

新建的居住区和工业集中区该指标应达到100%。

3.4.2 除涝降渍能力

3.4.2.1 除涝重现期

除涝标准参考依据见表3-15。

表 3-15　除涝标准

来源	除涝标准
松江区水利现代化规划[3]	到 2000 年，现代农田水利示范区规划标准要求治涝采用日雨 200 mm24 小时排出不受涝的 20 年一遇的排涝标准；工业区采用城市排水标准按 1 年一遇小时暴雨排水能力计
农村水利现代化指标体系	排水设计重现期农田采用 5~10 年
余姚市水利发展“十一五”规划[6]	2010 年，平原农田采用 20 年一遇，圩区采用 10 年一遇
江苏省苏南现代化农村水利建设标准和评价研究[9]	20 年一遇
泰州市“十一五”水利发展规划[7]	通南地区采用 20 年一遇，里下河地区采用 10 年一遇
发达国家	日本等发达国家的农田排涝设计重现期一般为 15 ~ 20 年
农田排水工程技术规范(SL/T4—1999)	1.设计暴雨重现期可采用 5 ~ 10 年； 2.设计暴雨的历时和排出时间，应根据治理区的暴雨特性、汇流条件、河网湖泊调蓄能力、农作物的耐淹水深和耐淹历时(按本规范附录 D 选用)及对农作物减产率的相关分析等条件确定。旱作区可采用 1 ~ 3 d 暴雨 1 ~ 3 d 排除，稻作区可采用 1 ~ 3 d 暴雨 3 ~ 5 d 排至耐淹水深

设定：一类区，居住区和工业集中区采用城市排水标准，按 2 年一遇小时暴雨排水能力计(即每小时排水 44 mm)，农业生产区一般为 10 ~ 20 年，其中平原区采用 20 年一遇 24 小时降雨一天排除不受涝，圩区采用 10 年一遇 24 小时降雨 1 ~ 2 天排除(蔬菜田当日排出)；二类区，居住区和工业集中区按城市排水标准 3 年一遇小时暴雨排水能力计(即每小时排水 50 mm)，农业生产区采用 20 年一遇 24 小时降雨一天排除不受涝；三类区，居住区按城市排水标准 5 年一遇小时暴雨排水能力计(即每小时排水 56 mm)，工业集中区按城市排水标准 3 年一遇小时暴雨排水能力计，农业生产区排涝重现期仍为 20 年。

3.4.2.2　达标排水管网(沟)布设率

达标排水管网布设率指一个地区已经铺设的达标排水管网的长度

与规划要求铺设的达标排水管网总长度之比。计算公式如下：

$$达标排水管网布设率=\frac{已布设的达标排水管网(沟)长度}{规划要求布设的达标排水管网(沟)总长度}\times 100\%$$

排水管网布设率应在编制排水工程规划中明确规定，一般要求规划期末在排水工程规划范围内都应达到100%。

设定：一类区，居住区排水管网布设率达到75%，工业集中区达到90%，农业生产区排水沟配套率达到75%以上；二类区，居住区排水管网布设率达到90%，工业集中区达到95%，农业生产区排水沟配套率达到85%以上；三类区，居住区排水管网布设率达到100%，工业集中区达到100%，农业生产区排水沟配套率达到95%以上。

3.4.2.3 降渍标准

大量的国内外试验资料表明当地下水水位在地面0.8～1.0 m以下时，作物基本无渍害，且此时的土壤承载力不会影响农业机械适时、高效的田间作业。降渍标准相关的参考依据见表3-16。

表3-16 降渍标准

来源	除涝标准
松江区水利现代化规划[3]	到2000年，现代农田水利示范区规划标准要求降渍采用旱作物生长期确保田间地下水水位降到田面以下0.6 m左右的控制标准
农村水利现代化指标体系	农田地下水位在雨后2～3 d内降至田面0.80～1.0 m以下
江苏省苏南现代化农村水利建设标准和评价研究[9]	控制在0.8 m以下，这样基本可防止渍害
《农田排水工程技术规范》(SL/T4—1999)	1. 降渍排水工程应以满足农作物全生育期要求的最大排渍深度为工程控制标准，一般可视作物根深不同而选用0.8～1.3 m。旱作区在渍害敏感期间可采用3～4 d内将地下水埋深降至0.4～0.6 m；稻作区在晒田期3～5 d内降至0.4～0.6 m；淹灌期的适宜渗漏率可选用2～8 mm/d，黏性土取较小值，砂性土取较大值 2. 农业机械作业对排水要求的排渍深度一般应控制在0.6～0.8 m，排渍时间可根据各地的耕作要求确定

设定：农业生产区降渍标准为地下水水位在雨后 2 ~ 3 d 内降至田面 0.8 ~ 1.0 m 以下。

3.4.2.4 其他

防洪排涝工程是基础设施的重要组成部分。堤防工程的建设在保证防洪安全功能条件下，应向多功能方向发展，尽可能地结合城市规划的交通、景观、生态、旅游、商业等多方面的要求，做到一堤多用。

区域排水的核心是确保区域在规划标准暴雨条件下不积水，因此必须控制河网最高水位，而河网最高水位与区域水面率密切相关，可参见本书第 2 章 2.1.1 节上海市闵行区经过水力模型计算得出的外围排涝泵站规模、面平均水位与水面率的关系曲线(图 2-2、图 2-3)。因此，在社会经济发展过程中必须严格保护现存河道，按规划疏拓整治骨干河网，梳理保护现存支河，做到“连、通、畅、活”，以增加河网调蓄、输水能力。

区域排涝模式有强排水模式和缓冲式排水模式。排涝模式的确定取决于水面率、水位、地面高程、河网的密度、排水体制等因素。水面率在 8%左右、河道间距不超过 700 ~ 800 m、地面与水面高差超过 0.8 ~ 1.0 m 的，一般可采用缓冲式排水模式。

3.4.3 应急备用安全供水能力

3.4.3.1 生活备用水源保有率

生活备用水源保有率指一个地区具备生活备用水源的供水设施数量占该地区供水设施总数的比例。计算公式如下：

$$生活备用水源保有率=\frac{具备生活备用水源的供水设施数}{生活供水设施数}\times 100\%$$

设定：一类区生活备用水源保有率应达到 70%，二类区应达到 80%，三类区应达到 90%。

3.4.3.2 工业生产备用水源保有率

工业生产备用水源保有率指一个地区具备工业备用水源的供水设施数量占该地区实际工业供水设施总数的比例。计算公式如下：

$$工业生产备用水源保有率=\frac{具备工业备用水源的供水设施数量}{工业供水设施数}\times 100\%$$

设定：一类区工业生产备用水源保有率应达到60%，二类区应达到70%，三类区应达到80%。

3.5 水生态指标

3.5.1 水体

3.5.1.1 清澈河渠率

河渠水体应符合《地表水环境质量标准》(GB3838—2002)规定的基本要求，即所有水体不应有非自然原因导致的下述物质：能形成令人感观不快的沉淀物的物质；令人感官不快的漂浮物，诸如碎片、浮渣、油类等；产生令人不快的色、臭、味或浑浊度的物质；对人类、动植物有毒、有害或带来不良生理反应的物质；易滋生令人不快的水生生物的物质。

清澈河渠率指清澈水体面积与水体总面积之比，它反映了水体符合《地表水环境质量标准》(GB3838—2002)规定的基本要求的程度。计算公式如下：

$$清澈河渠率=\frac{清澈水体面积}{水体总面积}\times 100\%$$

随着经济的发展，如果没有先进的管理意识和长效的河道管理机制，基础设施建设的滞后以及人们卫生习惯与公益意识的淡薄，将使进入水体的污水排放量和固体垃圾增多，这不但影响河渠的清澈度，甚至容易形成黑臭河段。消除河流的黑臭、恢复河流的清澈需要较长的时间和较大的财力，如上海近3年来共投入63亿元资金，才基本消除了中心城区河道的黑臭。就现状来说，经济欠发达地区清澈河渠率较高，而经济高度发达地区清澈河渠率较低，但其治理的力度、财力也较大。因此，综合考虑经济发展程度与环境的关系，清澈河渠率在三种不同类型的地区均应维持在85%以上。

3.5.1.2　活水河渠率

古人云，“流水不腐，户枢不蠹”。环境科学的相关研究结果表明，水体的动力特性是影响水域纳污和自净能力的直接的、重要的因素之一。流动的水体其自净能力高于静止的水体。根据引江济太的实践经验，受水区水体流动速度加快、水量增加，水体的稀释和自净能力提高，水体水质明显改善，因此水的流动性对于维持水体的正常功能具有重要意义。此外，研究还表明当水体流速达到 0.09 m/s 时，就不会孳生蚊蝇。可以通过河渠整治、河网沟通等工程措施，创造富有生机活力的活水。因此，设定河道水体最低流速为 0.1 m/s。

活水河渠率指流速达到 0.1 m/s 的河渠长度与总长度之比，它反映水体的置换速度和自净能力。计算公式如下：

$$\text{活水河渠率}=\frac{\text{水流速达到0.1 m/s的河渠长度}}{\text{河渠总长度}}\times 100\%$$

设定：一类区活水河渠率应达到 70%，二类区应达到 85%，三类区应达到 95%以上。

3.5.2　水系

3.5.2.1　水面率(不含长江)

水面率指水域面积占地区总面积的比例。计算公式如下：

$$\text{水面率}=\frac{\text{水域面积}}{\text{地区总面积}}\times 100\%$$

城市水面率直接关系到城市空气的湿度和温度、人群的适宜度和“亲水”度，是城市生态的重要指标。同时，水面率与区域排涝能力有密切的联系。因此，应禁止填堵各类河道，切实加强水面积的保护，因建设需要填堵河道的，按“以水还水”的原则，以一定比例来补充填埋的水面积。例如上海准备利用 15 年时间将水面率由 8%恢复到 11.1%，泰州也正在努力将水面率由 13.3%提高到 16.1%。大阪的水面率在经济高速发展的 50 年中始终维持在 10.0%左右，充分反映了日本决策机制的科学和环境理念的成熟。因此，在城市建设过程中，应通过对水系的调整、河道的疏浚拓宽和水面的保护使水面率恢复到 20

世纪 80 年代初的水平，并保持稳定。

3.5.2.2 湿地面积率(含长江)

《国际湿地公约》把湿地定义为天然或人工的、永久性或暂时性的沼泽地、泥炭地和水域，蓄有静止或流动、淡水或咸水水体，包括低潮时水深浅于 6 m 的海水区。所有季节性或常年积水地段，包括沼泽地、泥炭地、湿草甸、湖泊、河流及泛洪平原、河口三角洲、滩涂、珊瑚礁、红树林、水库、池塘、水稻田以及低潮时水深浅于 6 m 的海岸带等，均属湿地范畴。

湿地面积率指单位区域面积上的湿地面积。计算公式如下：

$$\text{湿地面积率}=\frac{\text{湿地面积}}{\text{地区总面积}}\times 100\%$$

湿地是重要的国土资源和自然资源，与森林、耕地、海洋一样具有多种功能。湿地与人类的生存、繁衍、发展息息相关，是自然界最富生物多样性的生态景观和人类最重要的生存环境之一，它不仅为人类的生产、生活提供多种资源，而且具有巨大的环境功能和效益，在抵御洪水、调节径流、蓄洪防旱、控制污染、调节气候、控制土壤侵蚀、促淤造陆、美化环境等方面有其他系统不可替代的作用。湿地所产生的效益在所有自然生态中是最高的。据美国科学家研究，每公顷湿地生态系统每年创造的价值达 4 000 美元至 14 000 美元以上，分别是热带雨林、农田系统的 2 ~ 7 倍和 45 ~ 160 倍(联合国环境署，2002)，我国单位面积湿地的生态价值约为其他生态系统平均水平的 10 倍。因此，为了充分发挥湿地的环境功能和经济效益，在快速的城市化进程中必须保护和恢复湿地，使湿地面积率尽量恢复到 20 世纪 80 年代初的水平，并保持长期稳定。

3.5.2.3 水网密度指数(不含长江)

水网密度指数指被评价区域内河流总长度、水域面积和水资源量占被评价区域面积的比重，用于反映被评价区域水的丰富程度。计算公式如下：

$$\text{水网密度指数}=A_{riv}\times\text{河流长度}/\text{区域面积}+A_{lak}\times\text{湖库(近海)面积}/\text{区域面积}+A_{res}\times\text{水资源量}/\text{区域面积}$$

式中：A_{riv} 为河流长度的归一化系数；A_{lak} 为湖库面积的归一化系数；A_{res} 为水资源量的归一化系数。

在 2003 年的生态环境质量评价中，江苏、浙江、上海两省一市的水网密度指数及评价等级见表 3-17。随着经济的发展和人们环境意识的加强，通过对水系的调整、疏通和恢复，设定水网密度指数在一类区大于 70，二类区大于 80，三类区大于 90。

表 3-17　2003 年江苏、浙江、上海两省一市的水网密度指数及评价等级

省份	水网密度指数	评价等级	说明
江苏	80.01	优	全省 13 个省辖市水网密度指数分布在 57.94～100 之间，其中长江三角洲地区城市中泰州、南通、苏州、扬州和常州 5 市水网密度指数评价等级为优，南京、镇江、无锡评价等级为良
浙江	80.39	优	
上海	97.45	优	

3.5.2.4　水系连通率

水系连通率指连通河道长度与河道总长度之比，用于反映水系的连续、整体和通畅的程度。计算公式如下：

$$\text{水系连通率}=\frac{\text{连通河道长度}}{\text{河道总长度}}\times 100\%$$

沟通分散、孤立的水体，形成流动、循环的水系，可以改善水系生态环境，调节地区小气候和温湿度。

设定：一类区，应将分散和孤立的水系联成流动循环的水网系统，满足城镇的水生态、防洪安全和景观舒适度要求，水系连通率达到 80%；二类区，水系应基本实现连续、整体和通畅，水系连通率达到 90%；三类区，应形成完善的水系网络，整体推进水系的有效循环和流动，满足沿河生产、生活、经济社会的亲水要求，为水生态和水景观建设提供支撑和保障，水系连通率达到 95%以上。

3.5.3 河岸带

3.5.3.1 植被覆盖指数

河岸带植被覆盖指数指河坡、堤坡、滨河管理区内植被覆盖的面积与河岸带面积之比，反映河岸带绿化美化的程度，影响着其涵养水源、调节气候和防止水土流失的能力。计算公式如下：

$$\text{河岸带植被覆盖指数}=\frac{\text{河坡植被面积}+\text{堤坡植被面积}+\text{滨河管理区植被面积}}{\text{河岸带总面积}}\times 100\%$$

设定：河岸带植被覆盖指数一类区应达到 70%，二类区应达到 80%，三类区应达到 90%。

3.5.3.2 生态护岸率

生态护岸指既具有护岸工程的功能，又具有近自然的构造，形成植被葱郁、生物生境优良的生态化的水陆边界，具备亲水条件，使水－生物－人得以在一个适生的水生态条件和优美的生态环境中相融共生的工程形式。因此，生态护岸必须具备护岸、亲水、生态和景观 4 种功能。日本在近20年的生态恢复与重建实践中产生了“仿自然工法”，即用生态的手段以及与自然状态最接近的方法设计完成工程的功能。生态护岸率指生态护岸长度与河岸总长度之比。计算公式如下：

$$\text{生态护岸率}=\frac{\text{生态护岸长度}}{\text{河岸总长度}}\times 100\%$$

设定：一类区生态护岸率应达到 70%，二类区应达到 80%，三类区应达到 90%。

3.5.4 陆地

3.5.4.1 水立体交换能力——植被覆盖指数

透水面积可以反映水的立体交换能力。考虑裸地面积占透水面积的比例较小，用植被覆盖指数代替透水面积率，间接地反映陆地的水立体交换能力。

植被覆盖指数指被评价区域内林地、草地、农田、建设用地和未利用地 5 种类型的面积占被评价区域面积的比重，用于反映被评价区域植被覆盖的程度和水的立体交换能力。

根据《生态环境状况评价技术规范(试行)》(HJ/T 192—2006)，植被覆盖指数的权重见表 3-18：

表 3-18　植被覆盖指数权重

植被类型	林地			草地			农田	
权重	0.5			0.3			0.2	
结构类型	有林地	灌林地	疏林地	高覆盖度草地	中覆盖度草地	低覆盖度草地	水田	旱田
权重	0.6	0.25	0.15	0.6	0.3	0.1	0.7	0.3

注：北方干旱地区旱田的权重为 0.15。

植被覆盖指数计算公式如下：

植被覆盖指数=*Aveg*×(0.5×林地面积+0.3×草地面积+0.2×农田面积)/区域面积

式中：*Aveg* 为植被覆盖指数的归一化系数。

随着城市化进程的加快，流域中不透水下垫面的增加导致了洪峰流量的增加，加重了区域防洪压力。研究表明，流域中不透水下垫面占 10%～15%时会对城市排水和河流条件造成严重的负面影响(水利部人事劳动教育司、水利部水资源司、中日合作 JICA 中国水利人才培训项目，2004)。因此，居住区、工业区在不影响土地使用的前提下应尽量保留透水面积，并在条件允许的情况下进行绿化。如日本的停车场多为粒径为 0.5 cm 的粗沙地面，以增加透水面积，体育场的地面高程稍低于路面也是为了增加透水时间，提高水的立体交换功能。

在 2003 年的生态环境质量评价中，江苏、浙江、上海两省一市的植被覆盖指数及评价等级见表 3-19。随着人们生态意识的增强，区域的植被覆盖指数应逐步增大。

设定：一类区的植被覆盖指数应达到 40，二类区应达到 60，三类区应达到 85。

3.5.4.2　水土保持达标率

水土保持达标率指区域内已达标治理的水土流失区域的面积占应达标治理的水土流失区域的面积的比例。计算公式如下：

表 3-19　2003 年江苏、浙江、上海两省一市的植被覆盖指数及评价等级

省份	植被覆盖指数	评价等级	说　明
江苏	33.83	一般	全省 13 个省辖城市植被覆盖指数分布在 21.7～39.6 之间，评价等级为较差～一般。南通市植被覆盖指数最高，其农田等效面积占国土面积比例达 55.5%
浙江	100.00	优	
上海	29.07	一般	

$$\text{水土保持达标率}=\frac{\text{已达标治理的水土流失区域的面积}}{\text{应达标治理的水土流失区域的面积}}\times 100\%$$

设定：水土保持达标率在一类区应达到 85%，二类区应达到 90%，三类区应达到 95%。

3.6　水文化指标

水文化工程在满足工程要求的前提下，通过挖掘、展示、表现涉水文化内涵，使原本仅有引排、防洪功能的水工程成为弘扬先进文化、彰显地域文化、突出个性文化、展示特色文化的载体，通过水文化工程的建设与宣传，提升水利的社会地位，加强人们对水利、涉水文化的了解，激发人们爱水、亲水、节水的热情，从而达到提高人居环境品味，提高人民文化素质，调整人们治水用水理念的目的，在实现水利其他功能的同时，创造充满历史文化韵味的亲水空间。水环境只有突出文化品味，才能满足人们的精神文化生活需要；水景观只有注入文化内涵，才更有魅力，才更能展示水的个性。因此，提高水文化品味已成为现代水利建设的重要内容之一。

3.6.1　水工程文化内涵的要素

3.6.1.1　对历史文化遗产的挖掘、再现

通过对涉水历史人物、历史事件、水事活动、民俗习惯的挖掘、再现与解读，将水以及与水有关的历史文化遗产展现出来，让人们了

解人类发展与水的密切关系,以及在艰辛的发展过程中所产生的文化,激发人们亲水、爱水的情怀。通过建设、再现与历史文化有关的临水亭台楼阁、曲径桥栏，镌刻碑志诗文，重现当年临水古街风貌等方式充分保护和挖掘历史文化遗产。

3.6.1.2　对自然景观的挖掘、表现

城市中心河流的周边地区应建设一些开放式的公共水景空间，使其成为休闲娱乐场所；非中心区域的河道或乡村河道应以回归自然为主，为人们提供舒适的休闲郊游空间和水域环境。在濒水景观的设计与建造过程中重要的是对自然景观的巧妙组合、挖掘，对其进行内涵的赋予与解读，并通过临水建筑、灯光组合、水景相借等手法加以表现。

3.6.1.3　水事活动(水文化节)

一些传统的水事活动，如姜堰的“中国溱潼会船节”、傣族的“泼水节”，以及在全国各地广泛存在的端午赛龙舟等活动，传承和延续了地域的历史文化。近年来时有所闻的“水文化节”等活动，或以水为媒介或以水为主体，借助水工程，注入经济、文化、环境、生态的多种元素，创新和发展了水文化的内涵底蕴。这些传统和创新的水事活动是构成水文化的重要内容。

3.6.2　水工程文化内涵的指标

3.6.2.1　挖掘率、赋予率、解读率和社会认可度

水工程文化内涵的定量评价主要针对一些重大工程，可以通过水工程文化的挖掘率、赋予率、解读率和社会认可度来进行。计算公式如下：

$$挖掘率=\frac{挖掘水文化的工程数}{工程总数}\times100\%$$

$$赋予率=\frac{赋予水文化的工程数}{工程总数}\times100\%$$

$$解读率=\frac{已解读的水工程文化内涵数}{赋予水文化的工程总数}\times100\%$$

$$社会认可度=\frac{认可（褒扬）人数}{参与调查人数}\times100\%$$

设定：一类区，水工程文化内涵挖掘率达到15%，赋予率达到10%，解读率达到80%，社会认可率达到60%；二类区，水工程文化内涵挖掘率达到25%，赋予率达到20%，解读率达到100%，社会认可率达到65%；三类区，水工程文化内涵挖掘率达到30%，赋予率达到30%，解读率达到100%，社会认可率达到70%。

水文化工程文化内涵的解读可以通过景观命名、碑文、铭记、对联(横批)、景点说明等表现。水文化工程的建设，最直接的受益者是广大居民。水文化工程的功能是否合理以及水文化内涵表现是否得当、是否为广大群众所喜闻乐见、是否反映了群众亲水休闲娱乐的要求、是否具有人气集聚效应等，是检验水文化工程社会认可程度的重要内容。可以通过访问水文化工程的日均人数、问卷调查、抽样调查等形式进行测度。

3.6.2.2 涉水文化工程对(旅游、休闲)经济拉动率

通过沿河景点的合理设置，将赋有文化品味、文化内涵支撑的水利建筑展现于世，用以改善自然人文环境，提升城市品味。注入文化内涵的水景观建设，可以增加和提升地域旅游资源，带动旅游业的发展，拉动地方经济建设，产生所谓人流带动物流、资金流的效应。

3.7 水管理指标

3.7.1 规划管理

3.7.1.1 规划编制、修订率

水利规划工作是水利工作的基础和龙头，是水利工程建设的依据，适应水利现代化规划的编制和修订关系水利事业的整体发展，所以必须及时做好水利规划(综合、分项)的编制和修订。水利规划编制、修订率指已编制、修订的水利规划占应编制、修订的水利规划的比例，反映规划编制、修订的程度。计算公式如下：

$$\text{水利规划编制、修订率}=\frac{\text{已编制、修订的水利规划}}{\text{应编制、修订的水利规划}}\times 100\%$$

设定：一类区水利规划编制、修订率应达到85%，二类区应达到

95%，三类区应达到 100%。

3.7.1.2　规划项目实施率

水利规划项目在规划期内的落地实施是水利工作的重点，也是衡量水利发展水平的重要指标。规划项目实施率指实施的规划项目与总规划项目的比率，反映规划项目实施的程度。计算公式如下：

$$规划项目实施率=\frac{实施的规划项目}{总规划项目}\times 100\%$$

设定：一类区水利规划项目实施率应达到 80%，二类区应达到 90%，三类区应达到 95%。

3.7.2　工程建设管理——“三项制度”

随着社会主义市场经济体制的不断完善，水利工程建设应全面推行“三项制度”，“三项制度”的执行可以规范工程项目管理，提高工程质量，保证投资效益。

3.7.2.1　业主负责制执行率

业主负责制执行率指实行业主负责制的项目数与建设工程项目总数的比例，反映水利工程建设过程中业主负责制执行的程度。计算公式如下：

$$业主负责制执行率=\frac{实行业主负责制项目数}{建设工程项目总数}\times 100\%$$

设定：一类区业主负责制执行率应达到 60%，二类区应达到 75%，三类区应达到 90%。

3.7.2.2　招投标制执行率

招投标制执行率指实行招投标制项目数占建设工程项目总数的比例，反映水利工程建设过程中招投标制执行的程度。计算公式如下：

$$招投标制执行率=\frac{实行招投标制项目数}{建设工程项目总数}\times 100\%$$

设定：一类区招投标制执行率应达到 85%，二类区应达到 90%，三类区应达到 95%。

3.7.2.3　施工监理制执行率

施工监理制执行率指实行施工监理制项目数占建设工程项目总数

的比例，反映水利工程建设过程中施工监理制执行的程度。计算公式如下：

$$施工监理制执行率=\frac{实行施工监理制项目数}{建设工程项目总数}\times100\%$$

设定：一类区施工监理制执行率应达到到 90%，二类区应达到 95%，三类区应达到 100%。

3.7.2.4 工程验收优良率

工程验收优良率指评估年工程验收优良项目数占建设工程项目总数的比例，反映水利工程建设质量的优劣程度。计算公式如下：

$$工程验收优良率=\frac{工程验收优良项目数}{建设工程项目总数}\times100\%$$

设定：一类区工程验收优良率应达到 50%，二类区应达到 70%，三类区应达到 90%。

3.7.3 建设与管理资金

3.7.3.1 公共财政投入到位率

公共财政投入的对象主要是公益性工程和准公益性工程的建设及其管理，公共财政投入到位率指已到位的公共财政投入占应到位的公共财政投入的比例。计算公式如下：

$$公共财政投入到位率=\frac{已到位的公共财政投入}{应到位的公共财政投入}\times100\%$$

设定：一类区公共财政投入到位率应达到 90%，二类区应达到 95%，三类区应达到 100%。

3.7.3.2 社会资本投入到位率

社会资本投入的对象主要是准公益性工程和经营性工程。社会资本投入到位率指已到位的社会资本占应到位的社会资本的比例。计算公式如下：

$$社会资本投入到位率=\frac{已到位的社会资本}{应到位的社会资本}\times100\%$$

设定：一类区社会资本投入到位率应达到 90%，二类区应达到

95%，三类区应达到 100%。

3.7.4　工程运行管理

3.7.4.1　工程设施完好率

工程设施完好率指设施完好的工程数占运行中工程总数的比例。计算公式如下：

$$工程设施完好率=\frac{设施完好工程数}{运行工程总数}\times 100\%$$

设定：一类区工程设施完好率应达到 85%以上，二类区应达到 90%以上，三类区应达到 95%。

3.7.4.2　工程良性运行率

工程良性运行率指良性运行的工程数占运行工程总数的比例。计算公式如下：

$$工程良性运行率=\frac{良性运行工程数}{运行工程总数}\times 100\%$$

设定：一类区工程良性运行率应达到 80%，二类区应达到 90%，三类区应达到 95%。

2.7.4.3　经营性工程收费到位率

经营性工程收费到位率指评估年已收到经营性费用占应收经营性费用的比例。计算公式如下：

$$经营性工程收费到位率=\frac{已收到经营性费用}{应收经营性费用}\times 100\%$$

设定：一类区经营性工程收费到位率应达到 90%，二类区应达到 95%，三类区应达到 100%。

3.7.5　工程后评估管理——工程项目后评估率

开展项目后评估工作，是对项目的立项、投资控制、建设过程、效益发挥和对生态环境影响的综合检查，通过全面评价项目建设的绩效，总结经验教训，提高决策水平。工程项目后评估率指开展后评估的工程项目数占工程项目总数的比例，反映项目后评估工作开展的情况。计算公式如下：

$$\text{工程后评估率}=\frac{\text{开展后评估的工程项目数}}{\text{工程项目总数}}\times 100\%$$

设定：一类区工程后评估率应达到 75%，二类区应达到 85%，三类区应达到 95%。

3.7.6 人力资源管理——人才结构达标率

人才结构达标率指人才结构达标的单位占单位总数的比例。计算公式如下：

$$\text{人才结构达标率}=\frac{\text{人才结构达标的单位}}{\text{单位总数}}\times 100\%$$

设定：一类区人才结构达标率应达到 60%，二类区应达到 70%，三类区应达到 80%。

3.7.7 自动化信息化管理

3.7.7.1 工程自动化、信息化管理率

工程自动化、信息化管理率指实现自动化、信息化管理的工程数占工程总数的比例。计算公式如下：

$$\text{工程自动化、信息化管理率}=\frac{\text{实现自动化、信息化管理的工程数}}{\text{水利工程总数}}\times 100\%$$

设定：一类区工程自动化、信息化管理率应达到 60%，二类区应达到 70%，三类区应达到 80%。

3.7.7.2 信息共享率

信息共享率指实现共享的信息系统数占信息系统总数的比例。计算公式如下：

$$\text{信息共享率}=\frac{\text{实现共享的信息系统数}}{\text{信息系统总数}}\times 100\%$$

设定：一类区信息共享率应达到 80%，二类区应达到 90%，三类区应达到 100%。

3.7.8　水资源管理——用水定额管理执行率

城市用水定额是城市建设行政主管部门编制下达用水计划和衡量用水单位、居民用水的节约用水水平的主要依据，是推进城市节水工作的重要手段。《城市用水定额管理办法》中用水定额是规定单位的用水量。用水定额的制定应根据各单位的生产产量或产值来考核。

城市用水定额管理执行率指执行用水定额管理的单位数占用水单位总数的比例。计算公式如下：

$$\text{用水定额管理执行率}=\frac{\text{执行用水定额管理的单位数}}{\text{用水单位总数}}\times 100\%$$

设定：一类区用水定额管理执行率应达到 75%，二类区应达到 85%，三类区应达到 100%。

长江三角洲地区利水水利模式下的水利发展指标体系见本书附录一。

参考文献

[1] 侯捷.中国城市节水 2010 年技术进步发展规划[M]. 上海：文汇出版社，1998.
[2] 谢祖国. 加强城市节约用水与对策[J]. 城镇供水，2001(2)：44～45.
[3] 上海市松江区水务局，河海大学. 松江区水利现代化规划[R]. 2004.
[4] 刘昌明，汪松年，刘晓涛，等. 上海郊区水利现代化指标体系研究[M]. 北京：气象出版社，2005.
[5] 张家港市水利局，河海大学，张家港市环保局. 江苏省张家港市水资源综合规划开发研究报告[R]. 2004.
[6] 王祥林，张松达，等. 余姚市水利发展“十一五”规划[R]. 余姚：余姚市水利局. 2005.
[7] 泰州市水利局. 泰州市“十一五”水利发展规划文本[R]. 2005.
[8] 关伟平，潘东升，孙学清. 城市管网漏失分析研究[J]. 林业科技情报，2000，29(1)：69～70.
[9] 徐俊仁，陈存桢，蔡勇，等. 江苏省苏南现代化农村水利建设标准和评价研究[R]. 南京：江苏省水利厅农水处，1998.

第 4 章 利水水利模式下的城市水利

4.1 城市经济发展对水利的新要求

4.1.1 城市河流在城市发展中的作用

河流在城市形成和发展过程中具有重要的地位和作用。自古以来城市河流就是城市的水源地、物资运输通道和动力源。进入近代工业化阶段，城市河流还成为重要的污染净化场所。20 世纪 50 年代以来，河流的生态功能成为城市建设的重要元素，城市河流在提高城市品质、拓展城市发展空间方面显示出不可替代的作用。城市河流作为重要的资源和环境载体，直接影响着城市的生存与发展，塑造着城市的风格与文化。特别是随着人们物质生活水平的提高，精神文化需求也在不断高涨，产生了对城市河流的环境、生态、文化功能的巨大需求。

城市河流的主要功能有供水功能、蓄泄洪涝功能、生活岸线功能、景观功能、生态功能、减弱城市“热岛效应”功能、净化污染功能、交通运输功能等。

4.1.1.1 供水功能

城市的形成与发展离不开水源。远古时代人们“濒水而居”，借助河流的各种便利条件，聚居地渐渐发展成为物质与文化的集散地，最后形成城市。世界各国无一例外地在河流的沿岸分布着最先进最发达的城市。形成这种格局的主要原因就是河流具有供水功能。随着城市的发展和人们生活水平的提高，人均用水量不断增大，2002 年我国城市人均日生活用水量就已达到 219 L。近河取水具有投资少、成本低、稳定性高等诸多优势。地下水虽可以作为城市的水源，但过量开采将形成地下水降落漏斗，造成地面沉降，建筑物开裂、倾斜，影响安全，而且大多数地下水的补给仍来源于城市河流，城市河流水量的减少、水质的恶化均会影响到地下水水量的时空分布和水质[1]。至于远距离调水，则受到供水成本高且有许多限制条件的约束。由此可见，相比较而言城市河流是城市供水的最价廉且稳定的水源。

4.1.1.2　蓄泄洪涝功能

作为穿越城市的流动介质，蓄泄洪涝是城市河流的重要功能。但在城市化进程中，由于与水争地、填埋河道、束窄河道、分割河网的现象时有发生，河流正常的自然循环过程被打乱、水面率下降、水网密度降低；此外，由于对城市河流疏于治理或治理措施不力，河道淤积严重，河床淤高，输水能力及调蓄能力降低，严重影响河流蓄泄洪涝功能的发挥。由于城市水文循环系统各要素的变化，区域成洪时间缩短、地面径流量增大，城市水灾害发生的频率增加、强度增大，对城市河流排洪蓄洪能力提出了更高的要求。

4.1.1.3　生活岸线功能

“生活岸线”是指“一个城镇得以生存的各种条件的综合体”。对于河网密布的长江三角洲地区来说，生活岸线往往与水陆交接的岸线重叠，成为包括居住、商业、旅游、购物、休闲、娱乐等功能在内的综合性的滨水岸线[2]，进而成为城市居民文体娱乐、亲近自然的场所。因此，除了河流两岸的自然景观为人们提供亲近自然、放松心情的场所外，水上各种运动的开展也可为居民提供新的文体娱乐形式，城市河流两岸周边的空间及水面成为最引人入胜的休闲娱乐空间。此外，河流带给人们的不仅仅是进行多种娱乐活动的场所，还可以提供城市自然教育的标本。例如，城市学校往往处于高楼包围中，这使得学校的自然知识教育课程不得不在人造标本的辅助下呆板地完成，如果能将自然知识教育在欣赏自然的过程中完成，则这些知识可以生动而清晰地印在学生的脑海中，使教育效果得到明显的提升。同时，它还具有环境教育功能，如将城市河流所具有的环境教育功能经过适当的开发和组织，城市河流可成为城市公民环境意识提高的辅助渠道[1]。

此外，河流还可以带给人们安逸性、运动性、持续性和舒适性的美学享受和精神体验。例如，黄浦江提供的生活岸线功能主要表现在：

(1)美学文化教育功能。上海既有富于都市情趣的外滩滨水景观，也有小桥流水人家的江南水乡古镇风光,能带给人们多样的美学享受；同时丰富的湿地资源也为教育、科研事业提供了基地。

(2)休闲娱乐功能。一类是以水体为主的娱乐活动，如划船、滑水、游泳、垂钓等；另一类是沿河岸进行的休闲活动，如露营、野餐、远足休闲和摄影等。这些活动既有强身健体的功效，又具有减轻人类各种生活压力、改善人们精神健康状况的功能。

4.1.1.4 景观功能

河流景观是城市景观的重要组成部分,强烈地影响着城市的个性。每个城市都有自己的地域文化背景，并以此使当地居民产生文化认同感，同时也使外来游客领略到当地文化所特有的风采。在河网密布的长江三角洲地区，河流对于城市结构的意义重大，往往影响到城市肌理，左右着城市形态，限制或引导着城市的发展方向，有时它的结构作用甚至是决定性的[2]。例如绍兴市环城河的综合整治既拓展了城市空间、改进了城市结构、改善了投资环境，又带动了旅游业的发展、拉动了绍兴市的经济发展。

在长江三角洲地区，河道景观以及标志性的水上建筑为人们辨认城市环境提供了良好的参照体系。河道是城市内部的连续性空间体系，能起到连接的作用,常把城市的几个主体部分及重要景观连接在一起。而滨水步道往往会成为城市的主要观光路线，它为人们的户外活动提供观赏视点。在这一连续性体系中，形式各异甚至带有特殊文化内涵及历史意义的水上桥梁是重要的焦点景物，它们散落在城市的各个角落，成为城市的一道特殊的风景线。如泰州市凤凰河上以凤凰为主题的形态各异的桥梁，展示着泰州凤城的历史文化韵味。

城市河流的景观功能除表现在视觉、感观上以外，还可以为临河经济发展带来很好的效益与机遇。河流周围房地产的开发就是一个很好的例子。优美的水环境可以改善周围的居住环境、提高房产的档次、抬升房价。随着人们生活质量的提高，人们对周边环境的要求也会越来越高，经调查分析，水环境良好的水景住宅的房价比水环境一般的水景住宅的房价高出 5%～10%，水环境一般的水景住宅的房价比不邻近水体的住宅的房价高出 5%～10%[3]。水景住宅对周边房产价格的提升示意见图 4-1。除此之外，河湖周围房地产业的发展也会促进批发和零售贸易、餐饮业、交通运输、仓储及邮电通信业、社会服务业以及其他行业的发展，形成一条连带的发展产业链。

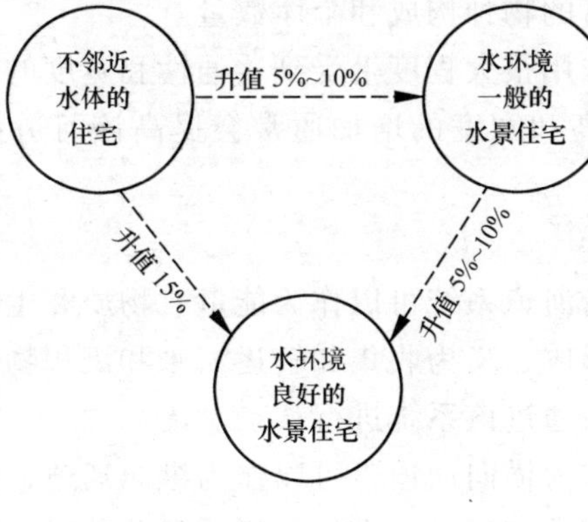

图 4-1　水景住宅对周边房产价格提升示意图

4.1.1.5　生态功能

与河流生态功能密切相关的因素是连通性、河流宽度和水质，它们构成了河流生态系统的重要结构特征。

连通性是评判河道或缀块区域空间连续性的依据。河流的连通性对物质和能量的循环流动以及动物和植物的生存极为重要。

河流宽度指横跨河流及其临近的植被覆盖地带的横向距离。影响宽度的因素有边缘条件、群落构成、环境梯度以及能够影响临近生态系统的扰乱活动(包括人为活动)。良好的水质量是河流保有生态功能的重要基础。生态功能包括栖息地功能、通道作用、过滤和屏障作用、源汇功能等方面[4]。

1)栖息地功能

栖息地为生物和生物群落提供生存所必需的一些要素，比如空间、食物、水源以及庇护场所等。河流可以为诸多物种提供适合生存的条件，这些物种利用河道来进行生长、繁殖以及形成重要的生物群落。

河道一般包括两种基本类型的栖息地结构：内部栖息地和边缘栖息地。内部栖息地相对来说是更稳定的环境，生态系统可能会在较长的时期保持着相对稳定的状态。边缘栖息地是两个不同的生态系统之间相互作用的重要地带，处于高度变化的环境梯度之中，比内部栖息地环境有着更丰富的物种构成和个体数量。

栖息地功能作用很大程度上受到连通性和宽度的影响。在河道范围内连通性的提高和宽度的增加通常会提高该河道作为栖息地的价值。

2)通道作用

通道作用是指河道系统可以作为能量、物质和生物移动的通路。河道由水体流动形成，又为收集和转运河水和沉积物服务。有很多其他物质和生物群系通过该系统进行移动。

河道既可以作为横向通道也可以作为纵向通道，供生物和非生物物质向各个方向移动和运动。有机物物质和营养成分从高处漫滩流入低洼的漫滩而进入河道系统内的溪流，从而影响到无脊椎动物和鱼类的食物供给。对于迁徙性野生动物和运动频繁的野生动物来说，河道既是栖息地又是通道。生物的迁徙促进了水生动物与水域发生相互作用，例如：鲑鱼产卵期间溯河到达河流上游地段，不仅实现了自身的繁殖，而且垂死的大量成熟鱼种为河流提供了营养物质输入，进一步促进了生物量的增加，河流上游源头地区也可以从海洋中获得营养物质。因此，连通性对于水生物种的移动是十分重要的。

河流通常也是植物分布和植物在新的地区扎根生长的重要通道。流动的水体可以长距离地输移和沉积植物种子；在洪水泛滥时期，一些成熟的植物可能也会被连根拔起、重新移位，并且会在新的地区重新沉积下来存活生长。野生动物也会在整个河道系统内的各个部分通过摄食植物种子或携带植物种子而形成植物的重新分布。

河流也是物质输送的通道。结构合理的河道会优化沉积物进入河流的时间和供应量，以达到改善沉积物输移功能的目的。

河道以多种形式成为能量流动的通道。河流水流的重力势能不断地雕刻流域的形态。河道可以充分调节太阳光照的能量和热量，进入河流的沉积物和生物量在自然中通常大部分是来自周围陆地，携带了大量的能量。宽广的、彼此相连接的河道可以起到一条大型通道的作用，使得水流沿着河道的横向方向和纵向方向都能进行流动。

3)过滤和屏障作用

河道的屏障作用是指阻止能量、物质和生物运动的发生，或是起到过滤器的作用，允许能量、物质和生物有选择地通过。河道的过滤和屏障作用可以减少水体污染、最大程度地减少沉积物转移。

影响系统屏障和过滤作用的因素包括连通性(缺口出现频率)和河道宽度。一条宽广的河道会提供更有效的过滤作用，而且一条相互连接的河道会在其整个长度范围内发挥过滤器的作用。这使得沿着河道移动的物质也会被河道选择性地滤过。在这些情况下，边缘的形状是弯曲的还是笔直的将会成为影响过滤功能的最大因素。

物质的输移、过滤或者消失，总体来说取决于河道的宽度和连通性。在整个流域内，向大型河流峡谷流动的物质可能会被河道中途截获或是被选择性滤过。地下水和地表水的流动可以被植物的地下部分以及地上部分滤过。

河道的中断缺口有时会造成该地区过滤作用的漏斗式破坏。例如，在沿着河道相互连接的植被中出现一处缺口，就会降低其过滤功能作用，增加进入河流的地表径流，造成侵蚀、沟蚀，并且会使沉积物和营养物质自由地流入河流之中。

4)源汇作用

源的作用是为其周围流域提供生物、能量和物质，汇的作用是不断地从周围流域中吸收生物、能量和物质。

河岸和泛滥平原通常是向河流供给泥沙沉积物和吸收洪水的“源”。当洪水在河岸处沉积新的泥沙沉积物时它们又起到“汇”的作用，降低下游洪水泛滥，为土壤和水体生物提供营养源。在整个流域规模范围内，河道是流域中其他各种斑块栖息地的连接通道，在整个流域内起到了提供原始物质的“源”的作用。

另外，河道又是生物和遗传基因的“源”和“汇”。由于河道具有丰富的物种多样性，很多生物在此处聚集、繁殖、生长，又有一些生物长成后迁移至别处生存，因此此处又是生物的“源”。

4.1.1.6 减弱城市“热岛效应”功能

随着城市用地性质的变化，下垫面发生了巨大的变化，工业和民用供热以及机动车辆的大量排热，使城市“热岛效应”强度正变得越来越大。城市河流水体的高热容性、流动性以及相对开敞的空间、河道风的流通性，对减弱城市“热岛效应”具有明显的作用，城市夏天温度剧烈升高和冬天温度剧烈降低的幅度在城市水体的抑制下变得较为缓和。

城市河流除具有上述六种功能外，还为城市绿地建设提供了有利的自然条件，如伦敦的泰晤士河、巴黎的塞纳河便是成功的典范。同时，城市河流两岸的岸堤以及城市河流穿市而过的分布格局、大面积的开敞空间，为城市交通建设提供了路基，也为防止交通线两侧的大气、噪声污染提供了环境容量。国内许多城市河流两岸的交通线已经成为城市交通主干线，未来的城市交通建设如能充分利用城市河流空间，将起到节约投资、提高效率、保护环境的作用。

4.1.2 城市化对水的负面影响

城市化与水是密切相关的，如经济的发展和城市化进程的加快导致了城市面积扩大、居民生活方式的改变、人口高度集中和土地的高度利用，直接结果就是不透水面积增加，工业废水和生活污水增加，水面、绿地的减少和水系的紊乱等，破坏了城市的水循环，导致水环境恶化。恶化的水体反过来又会成为城市经济增长的负面因素，最终束缚城市经济的发展。

4.1.2.1 城市化对下垫面的影响

由于城市的发展，城市建设不断向郊区、空中、地下扩展，原来是林地、草地、农田、牧场、水塘的自然生态环境，被以水泥、沥青、玻璃、金属等为材料建造起来的人工地貌所取代。城市化前保持着自然地貌特征的区域，在城市化后被用来建工业区、商业区和住宅区；原先的城市街道、单位、庭院、公园场地等都变成了不透水或透水系数很小的区域，从根本上改变了城市区域下垫面的热力学、动力学特征。不透水面的降雨损失(渗、吸)水量少，大部分降水转化为地表径流。相关实验结果表明[5]，不同下垫面对降雨后损失的水量存在着很大的差别，如表 4-1 和图 4-2 所示。

表 4-1 不同下垫面 1 h 内的降雨损失水量 (单位：mm)

下垫面种类	新沥青路面	旧沥青路面	混凝土方砖	土地面	草地
1 h 内的降雨损失水量	2.8	5.4	9.2	20.4	46.4

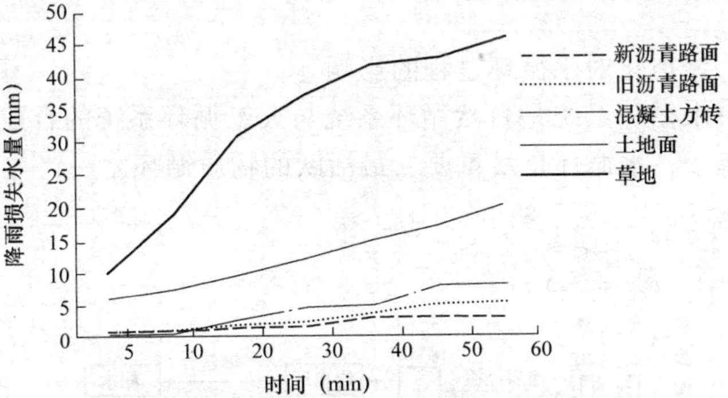

图 4-2 不同下垫面 1 h 内的降雨损失量

4.1.2.2 城市化对径流的影响

由于水循环各要素及下垫面变化引起的城市“热岛效应”和“雨岛效应”，城市降雨强度明显加大、地表水滞泄和下渗能力大大减弱、降水转变为地表径流的部分增加、地表径流形成时间缩短，同时城市排水管网和排水泵站的兴建，增大了城市化地区的排水能力，致使汇流速度加快、滞时缩短，暴雨径流总量增大、洪峰流量增高、洪峰出现时间提前、行洪历时缩短。城市化前后流量过程线的变化如图 4-3 所示[6]。城市雨洪径流的增加和流速的加快，将导致市内低洼地区淹没积水，甚至会引起洪涝灾害，威胁到人民生命、财产的安全。

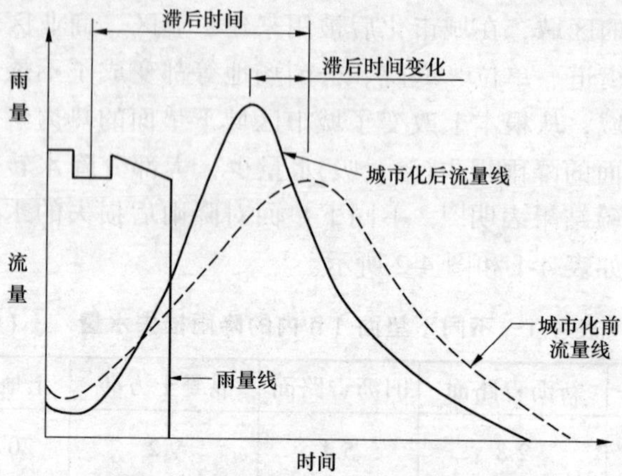

图 4-3 城市化前后流量过程线变化

4.1.2.3 城市化对水循环过程的影响

城市水循环系统是自然循环系统与人工循环系统的合成体[7]，如图 4-4 所示，水循环是最重要、最活跃的物质循环之一，与人类有密切的关系。

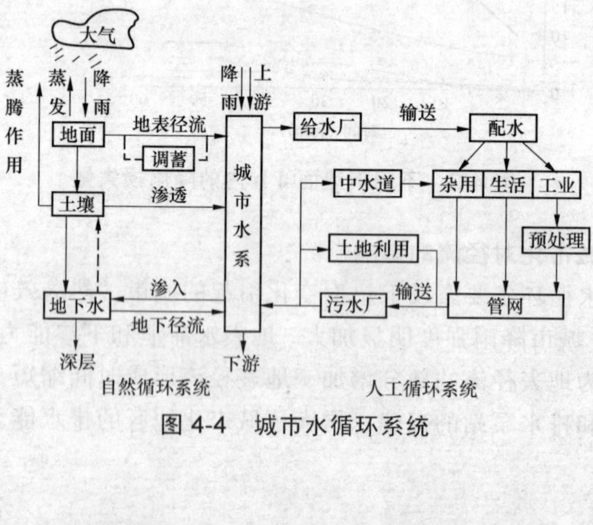

图 4-4 城市水循环系统

城市化显著影响了水循环系统中各要素的分配，尤其是城市下垫面不透水面积的增加导致了下渗量减小、地表径流增大。根据北美洲安大略环境资料，城市化前，当下垫面多为自然地被植物时蒸发量占40%，地表径流量占 10%，入渗地下水占 50%；城市化过程中，当下垫面不透水面积增大到 75%～100%时蒸发量占 30%，地表径流量占55%，入渗地下水占 15%。城市化过程中下垫面不透水面积、地表径流及入渗地下水之间的关系如图 4-5 所示[8]。

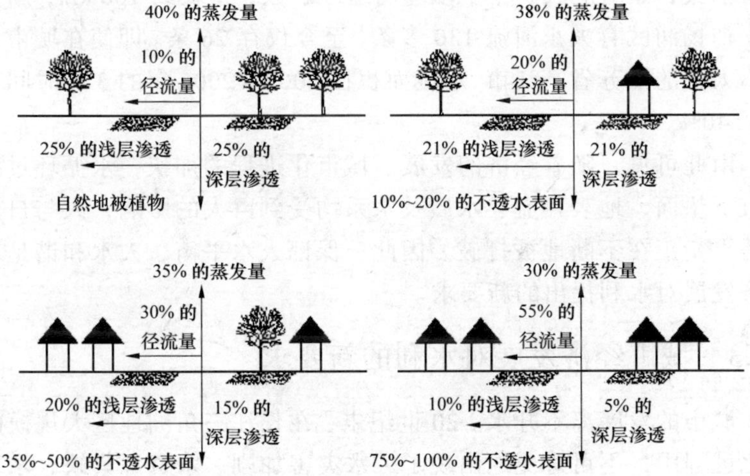

图 4-5　不透水面积、地表径流及入渗地下水之间的关系

4.1.2.4　城市化对水质的影响

城市化给人类带来了良好的生活和工作环境，但是由此产生的污染物也给城市水环境造成了极大的危害。随着城市经济的发展、城市人口的激增、人类活动强度的加大，大量未经处理或处理不充分的生活污水和工业废水直接排入城市河道，大大超出了城市河道的纳污自净能力，破坏了水体的生态平衡，水体受到严重污染，许多河流变成了臭水沟。雨水对生活垃圾和堆置的大量固体废弃物的淋洗、冲刷，在很大程度上也影响了水质。

4.1.2.5 城市化对水系的影响

城市化在影响水质的同时，城市的扩展也在很大程度上影响了水系的数量和形态。随着城市化进程的加快，城市人口不断膨胀，城市基础设施建设相对滞后，由于缺乏总体规划与长远规划的指导和约束，土地开发建设与水争地的矛盾日益突出，导致大量河道被挤占甚至被填埋，河网密度、河流长度及水系弯曲度均减小，使本来连通的水系遭到严重破坏，严重威胁着水生态系统。上海在城市化过程中，大量河道消失，如南汇区 7 年中填埋河道 321 条，全长约 168 km；新中国成立初杨浦区有大小河流 130 多条，至今仅存 26 条。即使在城市化进程不太快的江苏省靖江市，水域面积在 2002 ~ 2005 年的 3 年时间里减少了 40%。

由此可见，随着经济的发展、城市化进程的加快，水循环过程、城市下垫面、地表径流、水质及水系均受到巨大的影响，人与自然之间的平衡正在不断地被打破。因此，保证人水平衡、人水和谐是城市经济发展对水利提出的新要求。

4.1.3 城市经济发展对水利的新要求

城市的发展离不开水。20 世纪末，在长江三角洲地区大规模的城市化进程中，不可避免地出现了“水灾害加剧、水资源紧缺、水环境恶化”等城市型水问题。在城市经济发展和城市化进程中，如果不同步加强城市水利建设，则水的问题必将日趋严重，甚至引发水危机，严重地制约着社会经济的可持续发展。随着社会经济的发展与水问题的日趋严重，人们的水安全忧患意识、节水意识、水环境保护意识开始增强，水问题综合治理的技术实力与经济实力也在不断提高，相应的法规体系与执法体系逐步健全，从根本上又为克服水危机创造了条件[9]。据有关资料统计，20 世纪 50 年代我国(城乡综合平均)每 1 km^2 的淹没损失约 21.9 万元，至 20 世纪 90 年代发展至 134.5 万元，增加了 5 倍多。如果单以城市计算上升的幅度将增大。

因此，在城市经济发展过程中，针对“水灾害加剧、水资源紧缺、水环境恶化”的问题，城市水利应加强城市型水灾害的防治、扩展城市供水途径、改善城市水环境以及加强风险管理并建立预警机制，保证人水的平衡与和谐。

4.1.3.1　加强城市型水灾害防治

如前所述，城市化过程中，城市河流的水文特性发生了巨大的变化，相应的城市洪涝与成灾机制也发生着显著的变化，如：城市不透水面积的增加，城市“热岛效应”、“雨岛效应”的作用，排水系统的改善等，使地表径流增加、暴雨径流总量增大、洪峰流量增高、洪峰出现时间提前、行洪历时缩短，导致已有堤防的防洪标准相对降低；大规模城市面积扩张，新增市区过去为农业用地，防洪排涝标准较低，相对洪涝风险较大；同时，由于局部水系紊乱，河道与排水管网淤塞，部分河道被填埋，人为降低了城市防洪排涝能力；以往城外的行洪河道变成了市内的排水渠沟，加重了防洪负担。

不仅如此，随着城市经济的发展和城市化进程的加快，城市人口、资产密度提高，在同等淹没情况下，城市遭受的损失增加。例如，城市空间立体开发，一旦洪涝发生，不仅各种地下设施易遭灭顶之灾，高层建筑由于交通、供水、供气、供电等系统的瘫痪，损失亦在所难免；城市资产类型复杂化，水灾之后，即使洪水退去，诸如计算机网络的破坏等所造成的损失不可估量，恢复更加困难；城市对生命线系统的依赖性及其在经济贸易活动中的中枢作用加强，一旦遭受洪水袭击，损失影响范围远远超出受淹范围，间接损失甚至超过直接损失[9]。

由此可见，城市洪涝成灾机制的变化与城市化进程之间存在明显的相关关系，并且城市的防洪排涝关系到城市的安全，影响到城市的经济发展。因此，在城市化进程中，必须增大治水的投入和力度，提高城市的防洪排涝标准，确保城市防洪排涝安全，以免造成水灾损失急剧增长的恶性局面，恶化水体和滨水环境。

4.1.3.2　扩展城市供水途径

长江三角洲地区虽然河网密布，但同样面临着水多、水少、水脏的问题，水质型缺水已成为困扰长江三角洲地区经济发展和人民生活的突出问题，因此扩展城市供水途径对于解决长江三角洲地区缺水问题具有重大意义。扩大城市供水的途径除修建平原水库、中水回用、雨水处理塘、透水停车场和透水马路之外，还可以修建地下水库、建立屋顶雨水直接回收利用系统、开发海水淡化技术等[10]。

地下水库的修建对于寸土寸金的长江三角洲地区意义重大。地下水库除工程造价较高外，具有许多优点，如不占地、水体不易被污染、可以铲除蚊子的产卵源等。如果能够利用某些闲置的地下工程，则工程造价将会大大降低。

长江三角洲地区地处亚热带季风区，雨量充沛。充分利用雨水资源，对于缓解该地区的缺水问题具有重要的意义，因此应该加强雨水利用设施的建设。屋顶雨水直接回收利用设施就是一个很好的雨水利用系统，它的主要思路是将屋顶的雨水通过一套专用系统直接汇集到地下水库或其他汇水设施，而不是排入城市排水系统中。由于屋顶的不透水性，其径流系数基本可达 100%。屋顶雨水的水质简单处理后即可达到生活用水标准。屋顶雨水的直接回收还有两个好处：一是可减轻雨水对建筑物基础的冲刷；二是可减轻城市排水和防洪的压力，从而降低排水系统的成本。因此，加强雨水利用的研究，实现城市雨水的综合利用，将成为城市可持续发展的重要措施之一。

长江三角洲地处沿海，有很长的海岸线，具有丰富的海水资源。为了缓解水资源缺乏的矛盾，可以利用海水淡化工程，把海水转化为人们可以直接利用的淡水。

4.1.3.3 改善城市水环境

随着城市化进程的推进，人们的生存质量和生活质量有了明显的提高，并且随着生活水平的提高，人们更注重城市的现代化水平、文明程度和环境质量，并对其提出了更高的要求。良好的水环境和河流景观已经成为现代化城市的重要标志。因此，随着城市经济的发展，应通过工程和非工程措施，紧密结合防洪除涝工程，通过水污染防治、水景观建设、水生态修复等，在满足河道防洪、排涝、供水基本功能的前提下，控制污染、改善水质，把河道建成自然、生态、景观、亲水、人文的河流，为居民创造一个舒适宜人的工作和生活环境。城市水环境的改善主要包括以下几方面：

(1)城市水污染的防治。“城市河流犹如城市的脸面”，水环境质量的好坏不仅关系到城市的形象，而且直接关系到城市居民生存空间的质量，甚至关系到城市经济、社会、环境的协调与可持续发展。随着工业废水和生活污水排放量的增加，水污染已成为影响水环境的关键因素，因此解决城市水环境的问题首先应从水污染防治抓起。防治水污染主要是通过工程措施和非工程措施改善水质。工程措施主要有铺设污水管网、新建污水处理厂和调水清污、河道疏浚及水系调整等；非工程措施主要是通过推广清洁生产减少废污水排放量，通过监督管理实施达标排放，通过宣传教育、公众参与等方式提高公民节水和环保意识。在根治排污的基础上，还应辅以生物、生态等环保措施，彻底改善水体水质，治理水环境。总之，水污染防治根本在于控制污染源，尽可能地防止各种污染物进入水体，同时树立用水的环境意识，最大限度地保护城市水环境和水资源，缓解水资源的供需矛盾。

(2)城市水景观的建设。建设现代城市水景观，为城市居民提供更多的亲水空间，满足城市居民愉悦身心的需求，已成为城市景观建设的核心。因此，在规划利用水系时，应使其与城市规划、建设和改造以及当地的历史文化和自然条件相协调。良好的水景观应根据水体自身的动力特性，尽可能恢复河流的自然本色，即建立浅滩、深潭并存，河流、湖池并存，水生动、植物并存的“三并”的水生态系统；运用美学、园林规划、城市规划等相关学科，将城市的历史、人文、民风、民俗、典故、传说等文化内涵融入城市水利工程建设中，使市民受到水文化的熏陶[11]。因此，非中心区域的河道要以回归自然作为水景建设的主流，以维护水生态系统的连续性、保护生物多样性、维护生态系统平衡、构筑生物栖息的生态廊道，为人们提供舒适的休闲郊游空间和水域环境；城市中心区的河流景观建设应在保证防洪安全的前提下，尽可能控制与降低市区防洪堤的高度，避免市区出现与其他景观要素极不协调的高大堤、墙，建设一些与城市整体景观相和谐的河流公园、水景游廊等开放式的公共水景空间，使城市河流两岸周边的空间成为最引人入胜的休闲娱乐空间[12]。水景观建设在保证自然生态优先和环境承载力允许的前提下，尽可能满足市民的亲水需求，创造人与水接近的条件，如建设亲水平台、亲水广场，设置文化、健身、娱乐和观景场所等，使人与水进行亲切的交流。河流的景观设计应当考虑到整体景观的和谐、景观的个性化、景观的透视效果、景观的内涵和居民的接受程度，与城市相协调的景观设计要有助于生态修复，尊重历史与传统文化。

(3)城市水生态的修复。当前我国许多城市的河道被人工化、渠道化，这样不仅不利于地表水和地下水之间的交换，阻断了水土之间的多种生化过程，而且破坏了水生动植物的生存环境，造成河道水环境功能质量下降、生态系统功能降低、景观功能丧失。因此，以城市河流水系和居住区人工水景为代表的水生态系统的恢复和建设正成为目前生态型现代城市建设的重要部分。对城市河道进行生态修复，应尽量恢复城市河道的自然形状，采用有利于河道生态功能修复的建筑材料，建设与生态环境友好的水工建筑物，积极为水生生物创造良好的生活空间。城市水生态修复的最终效果是城市水安全功能的加强、水环境质量的提高、水生态功能的改善及水景观功能的重塑等。

(4)城市水文化的挖掘。“水是人类文明的一面镜子”。优秀的水文化可以促进人水关系的协调。因此，水文化的保护和建设是城市水利工作的主要内容之一。河流流经不同的地域所被赋予的文化内涵是不同的，水文化的建设要尽量体现这种区域文化特色。江南的“吴越文化”、北京的“皇家文化”、广州的“岭南文化”、上海的“海派文化”等都是客观的自然地理和文化优势，这些优势又与城市的繁荣交相辉映，是城市之间相互区别的主要标志。在具体的城市河流景观建设过程中，如何展露这些地域特色，是城市水文化建设的重要内容[11]。

4.1.3.4 加强风险管理，建立健全水供给预警机制

确保供水安全，让人民群众喝上放心水，是保障人民群众基本生活和生命健康的必然要求。但是，在城市发展过程中，人们仍然必须面对超标准的水旱灾害的侵袭和突发性水污染事故。例如，2004年3月2号，四川沱江发生水污染事件，从3月2~27日下午6时恢复供水，历时26天，严重影响了人民的生产生活，不仅对内江招

商引资环境造成了严重损害，而且对该市工业、农业，尤其是餐饮娱乐行业造成了重大损失。在这次沱江水质污染事件中，该市沿江受灾乡(镇)32 个、行政村 266 个，受灾单位和企业 7 641 个。初步测算，截至 3 月 27 日，该市直接经济损失超过 3 亿元。无独有偶，2005 年 11 月 13 日发生的震惊全国的松花江污染事件，又给我们敲响了水供给预警的警钟。这次事件给黑龙江造成了巨大的损失，直接威胁到沿江数百万群众的生活和生产用水，造成了恐慌，哈尔滨市 400 万市民抢购饮用水和食品，更有人决定离市避难，给社会稳定带来了严重的压力；哈尔滨城区内有 29 家重点工业企业被迫停产，23 家减产，日减少产值近亿元，给生产经营带来了重大损失；同时旅游业、会展业、渔业、畜牧业等行业也受到巨大的冲击，仅渔业就使全省渔民少收入 18 亿元,并且很多潜在的损失都无法用数字来衡量。

从这两例水污染突发事件可以看出，一旦城市供水难以保障，将对人们的正常生活和工农业生产产生极大的影响，由此造成的损失难以估量。因此，城市水供给除需要对多种可利用水源在区域间、用水目标间的水量和水环境容量进行合理调配外，还必须建立预警机制，指定保护应急水源。城市供水危机一方面是由于特殊干旱年、连续枯水年形成的当地水资源匮乏；另一方面是由自然灾害或人为因素引发的突发事件(水污染、地震、战争等)破坏了水源或损毁了输水管渠，进而造成的水质恶化或断水。

因此，在城市化进程中必须加强水供给风险的预测、监测和评估，建立健全风险管理机制，兼顾局部与整体、眼前与长远的利益，避免人为加重风险，做好水供给危机的应急预案，增强应对风险的能力。

1)预防性措施

(1)干旱、污染的监测和预报。结合城市实际情况，建立供水水源地的水文水质安全预警自动化监测系统，使之与地下水情遥测系统联网；配置监测船，对全市的水源地和监测断面实施移动式动态监测，提高监测的时效性和合理性；开发市区水环境水质信息化管理系统[12]。

(2)建立抗旱、抗污决策指挥系统，加强防灾、减灾指挥的组织和应变能力。

(3)加强资源储备。一是建设生态湖。生态供水既可以满足景观要求，改善生态环境，又可以作为天然蓄水池调蓄水量，在特殊干旱年发挥供水功能。如张家港最大的生态湖(暨阳湖)和拟建的福泉湖将作为张家港市的后备供水水源。二是地下水储备。2000 年江苏省人大常委会颁布了《苏锡常地区限期禁止开采地下水的决定》,规定了在 2005 年前苏锡常地区全面禁采深层地下水。浙江省人民政府办公厅做出了《关于加强杭嘉湖地区地下水管理的通知》的决定，划定了地下水限采区和禁采区，采取了封井限采、地下水回灌等措施，严格控制地下水的开采总量。上海市已推出“高楼控制、回灌地下水”等措施，并计划于 2010 年基本实现采灌平衡。江、浙、沪两省一市做出的决定及采取的措施为长江三角洲地区地下水的储备提供了条件。总体来说，长江三角洲地区地下水资源较丰富，可作为特殊时期战略性资源进行储备，特别是应急备用供水。

2)应急对策预案

(1)开采地下水。长江三角洲地区大部分城市的供水水源为地表河流。一旦发生战争、污染等突发事件时，可将水质较好的地下水作为首选备用水源。如张家港市 2000 ~ 2005 年计划封填深井 577 口，其中有 200 口机井封而未填，在紧急情况下，可将部分封存机井取水设备重新放入井内，迅速采取措施进行洗井，抽取地下水，以维持一定时期的全市基本需水要求。南京市目前在长江上建有 6 个水厂供全市用水，但一旦南京段长江水质遭受污染，6 个取水口将都无法取水，因此南京市水利局已将仙林地区的优质地下水作为应急备用水源[13]。值得注意的是，地下水的开采必须经上级部门批准，在不造成地质灾害的前提下进行。

(2)引长江水。由于长江水体的流量大、流速快、稀释自净能力强，除了战争等重大突发事件外，一般不会发生全流域性的污染。长江三角洲地区紧靠长江，故当遭遇特枯年或局部区域受到污染时可引长江水作为应急调度措施，减少缺水造成的损失。

(3)从人工生态湖、淡水湖取水。当地的人工生态湖和淡水湖可以作为应急备用水源，以缓解供水压力。

(4)压缩部分行业的用水。在特枯年和连续枯水年，在保证满足重点行业用水要求的基础上，可以酌情压缩一般行业的用水需求。根据各部门保证率的高低，确定供水的优先顺序，有选择地供给，以保障重点部门的正常秩序的运行。如城镇和农村的生活及相关用水，饮用水、副食品生产用水等，用水保证率在98%以上，特枯年份按照最低需水要求首先对其尽可能予以保障；其次要保证重要工业用水，重点工业用水保证率为 95%，特枯年份可在保证生活用水的条件下予以安排；农业用水保证率为 75%，特枯年份可以不予充分保障，但可视情况提供农作物生长所需的关键水。

(5)调剂使用部分生态环境用水。一旦遇到连续枯水年或特枯年，挤占生态环境用水也可以成为应急预案中的一项紧急措施，但前提是不造成生态环境不可逆转的破坏，下限是在一定时期内能够恢复。

4.2　水系调整及布置

4.2.1　三条控制线的确定

为保护和合理利用城市水环境资源，通过制定水体的界线、保护线和开发控制线(即蓝线、绿线和黄线)来控制和指导城市对水域和滨水地区的开发建设。

4.2.1.1　河道蓝线

河道蓝线，即河道规划控制线，它是保护、建设和管理河道，以及保护水资源的重要依据之一。河道蓝线范围包括河道水域、沙洲、滩地、堤防、岸线以及河道管理范围外侧因河道拓宽、整治、生态景观、绿化等目的而规划预留的河道控制保护范围。

1)河道蓝线编制原则

(1)遵循流域水利规划和区域水利规划的原则。这是河道蓝线编制的依据。流域水利规划是全流域内社会经济发展战略的组成部分，是为全流域社会经济发展服务的，而区域水利规划是流域规划在一定区域的具体化，它必须服从流域水利规划[14]。

(2)遵循与城市总体规划相协调的原则。城市总体规划是城市建设发展的方向和基本依据，河道蓝线的编制应充分体现河道服务社会的基本功能，遵循与城市总体规划相协调的原则。因此，河道蓝线的规模和走向除应满足流域水利规划要求外，还应满足城市总体规划中对河道功能的要求，如防洪、排水、航运、引水、城市景观等功能。城市总体规划也应为河道提供必要的空间通道条件，协调河道规模、走向与城市总体规划中道路、铁路(包括地铁、轻轨)、电力、港口、居住、商业等城市功能规划布局的相互关系。即河道蓝线的编制要与城市总体规划中其他基础设施规划相互协调，充分发挥河道的综合功能。

(3)遵循以人为本，坚持科学性、合理性、可行性的统一，体现生态型河道的原则。河道蓝线的编制一方面应尽量考虑现状河湖水网生态系统，使之保留传统河网水乡的地方特色，另一方面应体现现代社会的人水和谐关系。河道治理不仅要满足防洪、供水、水环境等功能要求，还要满足人们的亲水要求，使河道更符合现代都市特色，形成传统和现代共存的河网格局，充分发挥河道水网系统的综合功能。

2)河道蓝线编制的基本技术要素

河道蓝线的编制要素不仅包括河道的河口规划控制线，还应包括河道管理范围和河道安全运行以及河道配套工程的规划控制线，在河道立面上也应进行控制[14]。

(1)河道蓝线的平面控制要素。河道蓝线的平面控制主要指三条线，即河道中心线、河道两侧河口控制线、河口控制线外侧的河道安全防护控制线。

(2)河道立面控制要素。河道立面控制主要是指河道断面控制，是根据水利规划确定的河道过水能力要求而拟定最小河道断面，其设计要素主要包括河底高程、河底宽度、河道边坡和河口高程等。对有过水能力要求的河段，可以通过优化断面形式，结合陆上规划进行局部断面放大。提倡设置亲水边坡和实行生态护岸。有通航要求的河道还应根据航道等级来考虑河道断面，取其中较大的断面要素作为河道规划控制断面。

(3)河道附属工程控制线。河道附属工程主要有水闸、泵站和河道管理房(站)等，这些附属工程是确保河道工程正常运转并发挥综合效益的关键性工程，与河道工程共同构成一个整体，在河道蓝线编制工作中应进行规划控制。

3)河道蓝线的规划管理

河道蓝线规划由水行政主管部门提出，经规划部门综合平衡后报县(市)人民政府批准实施。河道蓝线一经划定，不得擅自调整。市管河道和主城区内主要河道的蓝线方案由市水行政主管部门提出，经市规划局批准后施行；中心城区外其他河道的蓝线方案，由区(县)河道行政主管部门提出，经区(县)规划行政管理部门批准后施行，报市水利(务)局、市规划局备案[15]。

河道蓝线规划与管理的具体措施、手段和规定参见《河道蓝线管理办法》(建设部令第 145 号)(详见附录二)及各个城市制定的河道蓝线管理办法。

4.2.1.2 城市绿线

城市绿线指城市各类绿地范围的控制线。城市的绿地类型主要包括公园绿地、生产绿地、防护绿地、附属绿地等。本书的绿线主要指在河道、湖泊水体周边的一定区域，作为城市建设区与河道、湖泊水体之间的缓冲带而设置的绿化保护带。通过绿线的划定和绿化保护带的建设，水体周边地区的汇流雨水在排入水体之前可经过绿化保护带的截留和过滤，在一定程度上减少初期雨水所挟带的污染物直接排入水体，这对城市内自净能力差的河道和小型湖泊的意义尤为重大。而且，绿化保护带能为水栖和陆栖生物提供稳定的生存环境，有助于维持滨水区的生态环境和生物多样性、维护滨水空间的共享性。滨水地区通常是城市中景色最优美、最能反映城市特色的区域，因而易被以各种理由占据，绿线的控制在滨水区形成公共空间，可以有效地防止各类建筑物挤占和破坏岸线[16]。

城市绿线一般由市人民政府组织市园林绿化、规划、国土、林业、水利等行政主管部门，根据城市绿化的现状、风景名胜、自然地貌和已批准的城市绿地系统规划等进行划定，经市人民代表大会或常务委员会审查同意后，报省人民政府审批确定。批准的城市绿线应向社会公布，接受公众监督。任何单位和个人都有保护城市绿地、服从城市绿线管理的义务，有监督城市绿线管理、举报投诉城市绿线管理违法行为的权利。绿线内的土地只准用于绿化建设，除国家重点建设等特殊用地外，不得改为他用。

城市绿线的规划与管理参见《城市绿线管理办法》(建设部令第112号)(详见附录三)及各个城市制定的城市绿化规划管理办法。

4.2.1.3 城市黄线

城市黄线是指对城市发展全局有影响的、城市规划中确定的、必须控制的城市基础设施用地的控制界线。对滨水区域，黄线主要指在绿线以外的城市建设区控制线。对水网密布的长江三角洲地区，城市滨水黄线的制定主要是指从滨水区的开发利用与保护的角度对城市建设进行的控制和指导。通过对黄线区域的土地利用规划和城市设计，塑造出独具特色的滨水城市景观。

城市黄线应在制定城市总体规划和详细规划时划定，应遵循以下原则：与同阶段城市规划内容和深度保持一致；控制范围界定清晰；符合国家有关技术标准、规范。城市黄线一经批准，不得擅自调整。任何单位和个人都有保护城市基础设施用地、服从城市黄线管理的义务，有监督城市黄线管理、对违反城市黄线管理的行为进行检举的权利。

城市黄线的规划与管理参见《城市黄线管理办法》(建设部令第144号)(详见附录四)及各个城市制定的城市用地规划。

4.2.2 水系规划原则

工业文明的核心价值是注重经济效益，而生态文明的核心价值是人与自然的和谐相处。城市水系规划应以人水和谐、人与自然和谐相处为核心理念，重视城市河湖的多种功能，尊重河湖的自然规律，以环境生态建设为中心，恢复其生命活力和水体自净能力，使之自然化、生态化、人文化。因此，在城市水系规划中应遵循以下原则[17]：

(1)注重水系的自然性原则。水系治理的自然性有两方面的含义。一方面，水系正常的物质、能量和生命代谢遵循着其固有的迁移、转化和进化规律。因此，对水系的治理应顺其自然动力，因势利导。另一方面，自然性是水系景观功能的重要特征，尤其在城市里，人工化、单调化的水系的景观价值远低于其他的水系。因此，保持水系的自然性对维持水体的循环再生活力、增强水体自净能力、增加水系景观价值均具有重要意义。

(2)注重水系的多样性原则。水系的功能是由它的结构决定的。如果水系的河道形式单一，其间的水流形态、生物栖息条件、岸坡环境和景观功效也将单调化，所构成的河流生态系统将是一个不稳定的系统。因此，城市水系治理应尽量保持和营造水系多样化的结构形态，如岸线的不规则变化、过水断面的宽窄不一、下垫面的起伏、周边植物覆盖等，以水系形态的多样性保证其功能的多样性。

(3)注重水系的连续性原则。连续性包括河道沿纵向(上、下游)、横向(横断面)、垂向(水深)三个方向的连续性，水体的连续性是水系生态系统完整性的前提之一。作为生态系统中能量、物质的流动载体和水生物栖息的场所，水系的连续性如果受到破坏，与之相关的生物链接关系就会中断。例如，在河道中修建坝、闸等工程，一定程度上阻断了河道水流在上、下游之间的连续性，对生态与环境会产生负面影响。

(4)注重水系的系统性原则。水环境是一个开放的动态变化的系统。水环境的诸多要素(如水量、水流、水质、岸坡形态、水生物等)，在空间和时间上均不孤立，而是相互关联、相互影响的。单一要素或条件的变化将会对整个系统产生直接或间接、近期或远期的不同程度的影响。同时，水环境治理涉及水利、环境、城市规划、生态、社会、经济、文化等多学科领域，不同学科的技术特点和管理目标侧重点不同，需要在水环境系统中进行协调、统筹考虑。

4.2.3　水系调整控制要素

4.2.3.1　水系平面布置要素集

城市水系是社会—经济—自然复合的生态系统，它担负着城市排洪、蓄洪、供水、纳污、景观、生物多样性等重要作用。科学合理的水系平面布置能有助于解决城市防洪排涝、生态用水、水环境质量和水景观建设等问题，并有助于维护河流生态系统的组织结构和生态稳定性。因此，在城市发展过程中，河道应尽量保持其形态的多样性，并通过工程措施将河道间距控制在一定的范围内，使水系网格化。

1)保持河流形态的多样性

城市化过程中，由于用地紧张以及片面强调水系的排洪、泄洪功能，河道通常被“裁弯取直”，在增强了河道过水能力的同时，却产生了一系列负面作用：入江(海)路径被人为缩短减少了周围地区可利用的水资源量；水体中原有的不同流速带消失，导致部分水生生物灭绝；河道的人为缩短使生存于其中的微生物的数量减少，大大减弱了水体的自净能力；直线形的河道失去了圆润的曲线和变化的美感。因此，从环境学、生态学和景观学的角度考虑，应尽可能地恢复河道的自然弯曲形态，恢复水体流动的多样性，以保持水域生态系统的生物多样性，增强水体的环境容量。在城市水系平面布置时，慎重实施改道裁弯工程，对于骨干河道根据需要可以局部“裁弯取直”，对于中小河道则尽量保持自然弯曲。

2)水系网格化

近年来，由于城市污水的持续排放导致水体水质严重污染，而相对于日益增长的污水排放，城市污水收集与处理设施的建设大大滞后，难以在规划期限内达到其功能区划要求。在此困境中，人们受“流水不腐”自然现象的启示而提出“变死水为活水”的水网概念[18]。对于水系丰富、水体众多的长江三角洲地区，将多个水体连通，进而构成具有较高连通度的水系网络，对于缓解水环境污染具有较好的作用。

4.2.3.2 水位控制

水位控制对于城市防洪、通航、水上活动和滨水景观至关重要，在城市中可以通过建设水闸调节水位，修坝以蓄水，通过蓄、排手段让河水保持在适当的水位升降幅度内。水系整治规划中应明确水位控制的要求并提出水位控制的方法和措施，使高、低水位的高差控制在1 m之内，河、湖的常水位与岸线地面高差控制在0.3 ~ 0.8 m为佳，在常水位时手脚能触及水，高水位时水不漫上岸，低水位时可通过三、五级石阶也能接触到水面[18]。

城市河道还可以通过合理布置排水管网来有效地控制水位。城市排水管网应布置在排水区域内地势较低或便于雨、污水汇集的地带，同时能够承载控制区域内雨水管道及部分坡面径流的全部来水量。雨水管道出水口的管口高程，最好定为河道的多年平均水位，使管道出流既通畅，又处于常水位以下，不影响河道景观效果，当管道的最小坡降不能满足时，还可适当降低。

4.2.3.3　水面率的合理设定

近年来，随着社会经济的快速发展和城市化进程的加快，土地资源日益稀缺，与河争地的现象愈演愈烈，致使河道数量锐减，河网大面积萎缩，剩下的河道也存在不同程度的“断头浜”现象。水面率的下降直接导致内河最高水位的攀升，最终加重区域内涝的威胁；“断头浜”不仅破坏了水系的连通性，阻碍了河道水体的流动，增加了城市雨洪在河道中的停留时间，加剧了区域防洪排涝的难度，而且水系结构的破坏扰乱了水体的自然循环，降低了水体自净能力，一定程度上破坏了生物多样性。因此，保持一定的水面率对城市的防洪排涝建设、河流生态功能和景观效应等均具有重要意义，在城市的控制性法规中必须明确水面率指标，并采取有效措施加以保护。

水面率的设定需要一定的依据。各地因所处的地理位置、水文条件各异，适宜的水面率也各不相同，因而水面率的定量计算是一项十分复杂的系统工程。目前河道的生态、景观等功能因国家和地方缺乏相应的规范难以定量计算，故选择国家和地方均有明确规范的河道排涝排水要求作为水面率计算的依据。

水力计算按照水量平衡的基本原理，采用河网非恒定流水力学模型，根据不同的下垫面状况和上下游边界条件，计算产流、汇流、调节外排的全过程，从而确定河湖水面率、水位、工程布局及规模。水动力模型的基本方程采用一维非恒定流的圣维南方程组，即

$$\frac{\partial Q}{\partial x}+B_t\frac{\partial Z}{\partial t}=q$$

$$\frac{\partial Q}{\partial t}+2u\frac{\partial Q}{\partial x}+(gA-Bu^2)\frac{\partial Z}{\partial x}-u^2\frac{\partial A}{\partial x}|_z+g\frac{n^2|Q|Q}{AR^{1.333}}=0$$

式中：x 为沿程坐标，m；t 为时间坐标，s；Q 为过水断面流量，m^3/s；Z 为断面水位，m；A 为过水断面面积，m^2；B 为水面过水宽度，m；B_t 为断面过水总宽度，m，$B_t=B+B_w$，其中 B_w 为河道两侧调蓄水面宽度，m；R 为水力半径，m；q 为单位河长的旁侧入流量，m^3/s；u 为过水断面平均流速，m/s；n 为糙率系数；g 为重力加速度，m/s^2。

河网计算可归结为节点水位求解。以节点水位为基本未知量，对整个河网的每一个节点建立水量平衡方程，通过河网联解，可得关于节点水位的代数方程组，当河网中各边界处的水位或流量已知时，即可唯一地解出河网所有节点的水位，然后回代求解各断面的水位和流量，进而得出排水模数、河湖水面率及断面平均水位三者之间的定量关系，根据城市的雨水排水规划确定城市的水面率[19]。

4.2.3.4 水网密度的合理设定

城市化进程的加快导致水面率的急剧下降，水网的密度与分布也遭到较严重的破坏。合理的水网密度不仅有利于城市防洪排涝，更有改善城市水环境、调节城市小气候、增加生物多样性等多种生态环境效应。因此，在城市水系综合整治规划中必须明确水网密度值，确保水系结构不致过于简单，保障河流生态系统的健康发展。

在传统的城市水系和水资源状况的统计中，水网密度均指单位区域面积上的河流长度，该方法计算简单，但未考虑湖库(近海)水域和水资源量对本地区防洪排涝、生态环境效应的影响。长江三角洲地区水网密度的确定，可以参考《生态环境质量评价技术规定》选用水网密度指数。水网密度指数的定义和计算方法可参见第3章3.5.2节。参考生态环境质量分级标准，水网密度指数分级见表4-2。

表 4-2 水网密度指数分级

级别	优	良	一般	较差	差
指数	≥75	55 ~ 75	35 ~ 55	20 ~ 35	<20

4.2.3.5　河道水体最低流速的确定

水体流动的过程相当于不断曝气的过程，大气中的氧气不断地向水体中扩散，增加了水体对污染物的净化能力。同时，流水还可以冲刷带走可能沉积下来的污染物质，以免这些污染物在河道中堆积形成二次污染，所以流动的水体的纳污和自净能力明显高于静止的水体。

引江济太的实践经验表明，受水区水体流动速度加快、水量增加，水体的稀释和自净能力提高，水体水质明显改善，因此水的流动性对于维持水体的正常功能具有重要意义。此外，研究还表明，当水体流速达到 0.09 m/s 时，就不会滋生蚊蝇。在城市水体中，由于人为影响和地形的限制，水流速度一般不会很大，通常选择 0.1 m/s 作为河道水体最低流速的参考值。在水系的综合整治过程中可以通过疏拓河渠、沟通水系、引清纳污等工程措施，创造富有生机活力的水体流动条件。

4.2.4　加强水面保护和管理

4.2.4.1　加快编制河道系统规划，将水面率指标纳入控制性详规

随着社会主义市场经济体制的不断完善，政府实施对资源配置的调控主要依靠统一的规划。国家和地方法律、法规明确规定，城市规划和各类专业规划是城市建设的依据。目前，新一轮五年总体规划正在修编，各城镇的水利发展“十一五”规划亦正在开展，因此应加快编制城市河道水系规划，并将其纳入城市总体规划。在河道水系规划的编制过程中，应明确水面率指标，将其纳入控制性详细规划，并且在确保水面率总量的前提下，为适应城市集中建设和产业布局，还需量化确定各个区域规划河道的规模、功能、布局，发掘和提升城市河道的综合功能，使其与社会经济可持续发展协调一致。河道系统规划的编制应按照人水和谐、恢复生态平衡的原则，规划城乡一体、江河湖相互连通、生态功能完善稳定的水网系统，确保城镇泄洪排涝安全，保障城市河道的水源功能以及环境、生态、景观与文化功能。

4.2.4.2　完善河道规划管理，保障河道规划的落地实施

(1)实行分级管理，明确各级水行政主管部门组织规划编制的职

责。编制河道水系规划，应实行分级管理，明确各级水行政主管部门河道规划编制的责任分工。河道规划的编制应由水行政主管部门会同相关部门组织编制，市水利(务)局负责组织全市性的骨干河道、跨行政区河道的规划，制订全市性河道规划技术大纲，并负责区(县)河道规划的技术审核和边界河道的规划协调。各区(县)水利(务)局按照市水利(务)局统一技术大纲要求，组织编制本行政辖区内的河道规划[19]。

(2)划定的河道蓝线向公众公开。如前所述，河道规划蓝线是满足河道功能需求并符合河道规划的河口、两岸陆域范围的控制线，任何沿河、跨河建筑物均需符合河道蓝线要求，同时，河道蓝线也是保障河道规划用地的基本措施。河道蓝线的公开，一方面有助于有效地控制河道用地；另一方面也方便社会各界知晓涉及河道的相关事宜，并对河道蓝线的保护进行监督。

(3)建立与城市规划协调的互动机制，滚动调整河道规划。河道水系规划属专业、专项规划，河道蓝线规划是城市用地规划的一项指标，总体上也应服从城市总体规划的调整安排。如果城市总体规划发生变更，则河道规划也应做相应的调整，而建立与城市总体规划联动的工作机制，可从程序上保证河道规划适应城市经济社会的发展需求，河道规划自身才更具可操作性和可实施性。

4.2.4.3 综合管理，禁止随意填堵现有河道

在20多年来的城市化进程中，绝大部分城市的河道由于水质污染严重、水生动植物绝迹而成为黑臭的死河，因此部分人迁怒于河，并以此为借口与河争地、填堵河道。河道的随意填堵，通常会造成连锁反应和恶性循环。因此，为有效保护现有河道，必须采取严格的措施，综合管理，严禁随意填堵现有河道。

1)严格审批程序，防止擅自填河和越权批准

如需填堵城市河道，建设单位应向河道行政主管部门提出申请，经河道行政主管部门审核，报有关部门审批后，方可实施填堵。

2)制订水系调整的科学论证制度，保证水系调整方案的技术可行性

建立审批填堵河道的技术论证制度，将河道的正常填、废与河道的

系统规划有机结合。各建设单位申请填河时，应同步提供下述资料：

(1) 城市用地规划相关资料。

(2) 建设项目立项资料。

(3) 填堵河道的规划论证报告。

(4) 水系调整或水功能补偿方案。

3)明确填河单位的相关责任，研究实施的操作性规定

经批准填堵的河道，按照“以水还水”的原则，异地补偿开发水面。建设单位应承担水系调整或水功能补偿的义务，并按照下列规定予以实施：

(1) 若填堵河道涉及水系调整或者水功能补偿的，应在填堵河道前，按技术论证审查要求，完成水系调整或者水功能补偿的建设项目。

(2) 填堵河道前，若暂时无法实施水系调整或水功能补偿，应与市河道管理处或者区(县)河道行政主管部门签订协议，确定实施水系调整或者水功能补偿的期限，并预交水功能补偿的费用。

(3)若未按期实施水系调整、水功能补偿，或因客观原因无法实施水系调整、水功能补偿，由市河道管理处或者区(县)河道行政主管部门代为组织实施。

(4)经批准填堵的河道，市、区(县)河道行政主管部门应依法加强跟踪监督和管理，确保水系调整或水功能补偿到位，保障地区防汛排涝安全和水环境改善。

4)建立反馈机制，实时监控填堵河道行为

在快速的城市建设中，通常出现部分人随意填堵河道或各级政府越权审批填堵河道的现象，而作为最终审批部门的市水务(利)局无从知晓或及时发现，待发现时已成为既定事实。针对面广量大的河道，仅靠各级水行政主管部门现有的执法力量是难以做到早发现、早制止的，因此可设立专用电话、专用网站，对擅自填堵河道者进行有奖举报，借助全社会的力量形成较为严密的监控网络，增强河道管理的有效性和及时性[19]。

关于水面积的保护，上海市闵行区有一个较成功的实例，关于保护闵行区水面积的实施意见可参见附录五。

4.3 水污染防治

4.3.1 现状

2004 年度统计数据表明，长江三角洲地区以占全国 1%的土地和 5.8%的人口，创造了占全国 18.7%的国内生产总值、22%的财政收入和 18.4%的外贸出口，已经成为拉动全国经济增长的重要贡献地区。从人均 GDP 看，长江三角洲地区已经整体进入工业化的中期和中后期阶段，而上海已经步入工业化的高级阶段。但长江三角洲地区在经济高速增长的同时，所付出的代价是水资源的掠夺式开发利用，工业废水和生活污水排放量逐年增长，水质恶化的趋势尚未得到有效控制。

以江苏省为例，通过 2003 年与 2004 年下半年度各水功能区达标状况对比(见表 4-3)，全省水功能区达标率 2004 年下半年比 2003 年下半年下降 3.9%，总体呈恶化趋势，其中保护区达标率上升 14%，呈好转趋势；保留区达标率上升 0.7%，略呈好转趋势；但饮用水源区达标率下降 9.2%，恶化幅度较大；缓冲区达标率下降 14.7%，恶化幅度更大。2004 年 1 月与 2005 年 1 月江苏省各水功能区水质监测状况和达标状况比较分别见表 4-4 和表 4-5。由表 4-4 和表 4-5 可知，2005 年 1 月超Ⅲ类水断面占总监测断面比例比 2004 年 1 月上升 12.1%，淮河流域上升 12.1%，太湖流域上升 36.3%，长江流域上升 5.9%，均呈恶化趋势；饮用水源区淮河流域达标率下降 19.3%、长江流域下降 7.5%，呈恶化趋势，而太湖流域上升 1.9%，略呈好转趋势。据资料统计，浙江省和上海市的水质状况与江苏省的水质状况一样，呈恶化趋势。

4.3.2 成因分析

4.3.2.1 废污水排放量逐年增大

通过对江、浙、沪两省一市 2003 年和 2004 年污水排放量的纵向对比(表 4-6)发现，2004 年污水排放总量均比 2003 年有不同程度的增

表 4-3　江苏省 2003 年与 2004 年下半年度各水功能区水质达标状况对比

监测时间	功能分区									
	全省		保护区		保留区		缓冲区		饮用水源区	
	监测数/达标数	达标率(%)	达标数	达标率(%)	达标数	达标率(%)	达标数	达标率(%)	达标数	达标率(%)
2003 年 7 月	270/74	27.4	12	23.1	14	43.8	17	21.5	31	29
2003 年 9 月	259/104	40.2	24	47.1	21	63.6	22	27.8	37	38.5
2003 年 11 月	263/124	47.1	24	50	21	63.6	27	34.2	52	50.5
2003 年平均	264/101	38.3	20	39.7	19	57.7	22	27.8	40	39.2
2004 年 7 月	262/53	20.2	18	39.1	17	44.7	6	7.7	12	12
2004 年 9 月	252/93	36.9	28	58.3	21	60	12	15.6	32	34.8
2004 年 12 月	121/71	58.7	26	65	14	87.5	5	23.8	26	59.1
2004 年平均	212/72	34	24	53.7	17	58.4	8	13.1	23	30
2004 年与 2003 年对比	–52/–29	–4.3	4	14	–2	0.7	–14	–14.7	–17	–9.2
评价		恶化		好转		好转		恶化		恶化

表 4-4　江苏省 2004 年 1 月与 2005 年 1 月各水功能区水质监测状况比较

监察时间与分析	功能区类别									
	全省 (268/312 个)		保护区 (51/55 个)		保留区 (33/44 个)		缓冲区 (79/86 个)		饮用水源区 (105/127 个)	
	达标数	达标率(%)	达标数	达标率(%)	达标数	达标率(%)	达标数	达标率(%)	达标数	达标率(%)
2004 年 1 月	99	36.9	19	37.3	18	54.5	15	19	47	44.8
2005 年 1 月	102	32.7	26	47.3	18	40.9	14	16.3	44	34.6
对比	+3	–4.2	+5	+10	0	–13.6	–1	–2.7	–3	–10.2
分析	增加	恶化	增加	好转	0	恶化	减少	恶化	减少	恶化
说明	饮用水源区中达标率：淮河流域(59.3–30.0)，下降 29.3%；太湖流域(23.1–25)，上升 1.9%；长江流域(48.1–40.6)，下降 7.5%									

表 4-5 江苏省 2004 年 1 月与 2005 年 1 月各水功能区水质达标状况比较

监察时间与分析	监测数量		不同水质断面数占监察断面总数比例(%)					其中超Ⅲ类水断面占断面总数比例(%)
			水质类别					
	功能区	断面	Ⅱ类水	Ⅲ类水	Ⅳ类水	Ⅴ类水	劣Ⅴ类水	
2004年1月	268	376	14.6	32.4	17.6	11.2	24.2	53
2005年1月	312	531	15.6	23.9	16	10.6	33.9	60.5
对比	+44	+155	+1.0	–8.5	–1.6	–0.6	+9.7	+7.5
评价	增加	增加	上升	下降	下降	下降	严重上升	恶化
说明	超Ⅲ类水占总断面比例按流域统计淮河(55.9–43.8)上升12.1%，太湖(85–48.7)上升 36.3%，长江(42.3–36.4)上升 5.9%，三个流域均显恶化趋势							

表 4-6 江、浙、沪两省一市 2003 年、2004 年污水排放量对比

(单位：亿 t)

年份	江苏省			浙江省			上海市		
	总量	工业废水	生活污水	总量	工业废水	生活污水	总量	工业废水	生活污水
2003 年	42.1	24.8	17.3	27.03	16.81	10.22	18.22	6.11	12.11
2004 年	46.6	26.3	20.3	28.13	16.53	11.60	20.54	6.91	13.63
增减率(%)	+10.69	+6.05	+17.34	+4.07	–1.67	+13.5	+12.73	+13.09	+12.55

加，例如上海市增加了 12.73%，江苏省增加了 10.69%；生活污水所占比例正在逐年上升，城市污水由前几年的以工业废水为主演变到近几年的工业废水、生活污水“并驾齐驱”。这也可以从 2004 年江苏省各个城市排放的工业废水、生活污水的对比图 (图 4-6)中明显看出。

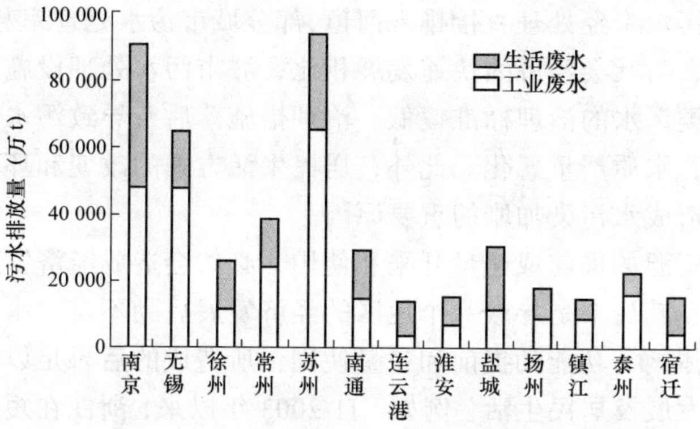

图 4-6　2004 年江苏省 13 个省辖市污水排放情况

4.3.2.2　污水处理率低

长江三角洲地区 16 个城市污水处理率见表 4-7，由表 4-7 可知，

表 4-7　2004 年长江三角洲地区废水处理率一览表

城市	污水处理率(%)	数据来源/备注
上海	65.3	上海水务网/2004 年上海水资源基础数据
南京	64.1	南京污水处理及收集系统现状及规划简介
苏州	51.36	白皮书/盘点 2004 年苏州环境
无锡	66.8	2004 年度无锡市环境状况公报
常州	65.84	2004 年常州市区环境状况公报
泰州	0	2003 年 9 月 8 日，泰州市第一(城南)污水处理厂正式动工，2005 年各市城市生活污水处理率达到 40%以上
杭州	60	杭州市 2004 年度生态省建设工作任务书中的任务
嘉兴	<50	到 2007 年底达到 78%
绍兴	70.68	解读《全国城市环境管理和综合整治年度报告》绍兴指标
宁波	45	2005 年国民经济和社会发展计划草案的报告
镇江	65	市长在全市环境保护工作会议上的讲话
南通	36.96	南通市 2004 年环境状况公报
湖州	61	中心城市 2004 年湖州市国民经济和社会发展统计公报
舟山	20.1	舟山市 2004 年国民经济和社会发展统计公报
台州	56.5	台州市创建园林城市工作汇报
扬州	49.64	中国人居环境奖申报材料

约一半的污水未经处理直接排入河道,部分城市污水处理率甚至为零。究其原因，与社会经济的快速发展相比，城市污水处理设施建设相对滞后，各类污水的治理标准偏低、治理措施落后，导致污水处理能力相对不足，水质严重恶化。此外，居民生活方式的改变和环保意识的落后也是造成水污染加剧的重要原因。

任何资源的提前或超量开采和使用，必然会造成经济发展的“动力透支”，其后果是导致一个地区的经济发展后劲不足。水污染实际上是对水体纳污功能的提前和过量使用，所造成的后果足以困扰一个地区经济发展及居民生活。例如，自 2003 年以来，浙江在短时期内陷入因水污染而造成的大规模水资源紧缺危机，导致企业成本飙升、出口订单无法完成、外商考虑撤资，甚至部分企业被迫外迁。由此可见，水污染问题已成为影响长江三角洲地区可持续发展的主要问题。因此，长江三角洲地区在经济高速发展的同时、在工业化与城市化的进程中不能走西方发达国家“先污染，后治理”的老路，必须做到“边发展，边防治”，将水污染防治作为城市水利发展的一项重要任务来抓，通过加大财政投入加快污水管网铺设及污水处理工程建设，通过宣传教育和公众参与提高市民爱护环境意识与节水意识，真正把防治水污染提到重要的议事日程上来。

4.3.3 工程措施

4.3.3.1 加快城市污水处理厂建设

建设城市污水处理厂，对工业和生活污水进行集中处理，是城市水污染防治的重要措施和手段之一，也是目前各城市处理污水、改善水环境质量所采取的普遍做法。虽然大多数城市已开始着手进行污水处理厂的建设规划和建设计划工作，但是由于资金短缺、建设工期长等原因，导致污水处理厂建设滞后于其他基础设施建设；并且，已建污水处理厂由于运行经费不到位，不能满负荷运行，进一步降低了污水处理率。2003 年底全国共建有 612 个污水处理厂，我国污水处理厂的建设水平与国外一些国家污水处理厂的建设水平相差甚远，如美国现有污水处理厂 2.2 万多座，英国 7 800 座，法国 8 000 多座，平均每

5 000 ~ 10 000 人就有一座污水处理厂。因此，经济高速发展中的长江三角洲地区必须着力新建、改建、扩建城市污水处理厂，逐步提高污水处理率，对有经济承受能力的城市，还可因地制宜地考虑污水的深度处理，进一步减少污染物的排放总量。同时，为进一步加快城市污水处理厂的建设，省(市)政府应把各市(区)污水处理厂的建设和污水处理率指标纳入对各市(区)政府的考核内容，坚持把污水处理指标同其他各项经济、社会发展指标同时下达，作为考核各级政府政绩的一个重要方面。

过去在计划经济体制下，污水处理厂一直被当做公益事业来经营，不向老百姓收费。近几年来，污水处理厂产业化经营的模式被广泛接纳，一些城市开始在水价中增加污水治理费，但收费标准偏低。国外许多国家，由于实行“谁污染，谁付费”的政策，城市污水处理厂是一个可以自负盈亏的产业。在美国，自来水费中的 55%是污水处理的费用；在丹麦，污水处理费为自来水费的 1.6 倍。由此可见，通过经济杠杆，一方面可以减少污水排放量；另一方面有利于污水处理厂逐步走向市场化、产业化的道路，在竞争中实现良性发展。因此，为适应市场经济体制的改革，污水处理厂应逐步实行产业化经营和市场化运作[20]。

4.3.3.2　完善城市污水管网铺设

污水管网铺设是保障污水进入污水处理厂的前提，也是污水处理厂的一项重要配套工程。长江三角洲地区大部分城市老城区的排水系统基本上为不完整的雨污合流制直排系统，并且系统不完善，管网破损严重，大量污水直接进入水体，致使仅有的污水处理厂也长期处于半运行状态。因此，为了实现雨污分流，保证污水处理厂满负荷运作，必须加快污水管网铺设工作，并且将污水管网的铺设工程与污水处理厂建设的重要性等同起来。

老城区要结合城区改造和排水系统改造，使原有的排水系统逐渐由合流制向分流制过渡；有条件的地区实行雨污分流；没有条件的地区加快污水管网延伸铺设工程进度；新开发区和新建小区均要实施雨污分流，同步实施污水管网铺设。

污水管网的铺设还应根据各个城市的城市化进程及道路网络铺设的具体情况，分期建设、适时调整、合理跟进。同时，还应加强污水管网的维护，保证污水经管网后全部进入污水处理厂，为城市污水集中处理创造条件。

4.3.3.3 合理利用河流自然净化能力

合理利用河流自然净化能力消除水污染特别是面源污染，是经济方便的措施之一。通过实施引清调水工程，使城市河道的水体定向流动，并带动区域内其他中小河道水体有序流动，增加河网水体更换次数，加快水体复氧速度，达到稀释、削减污染物总量，有效改善区域内河网水体水质的目的；通过河道疏浚清淤、水系调整等工程，消灭断头河、断头浜，拆坝建桥、建涵，清除各类违章围堰、堤坝等挡水建筑，理清、理顺河网水系，使水系畅通，增加水流速度，提高水体自净能力，增加水环境容量，改善水环境质量。

4.3.3.4 修建中水回用系统，实行分质供水

中水是指介于“上水”(自来水)和“下水”(由排水管道排出的污水)之间的一切可利用的水，目前主要是指城市污水或生活污水经过处理达到一定水质标准可在一定范围使用的非饮用水。科学合理地回用中水，不仅可以减少废水排放量、降低废水排放对环境的污染，同时也可以节约大量的新鲜水，通过分质供水提高水资源的使用效率。

我国中水回用起步较晚、规模小、发展速度慢，到目前为止，全国仅有数百座中水设施投入运行，并且主要集中在大型宾馆内。在这方面，西方发达国家已经有了许多成功的实例，日本早在 1997 年“中水道”设备就已有 2 100 套，供应杂用水 32.4 万 m^3/d，相当于全国生活用水量的 0.8%；东京地区的中水供水能力已经超过 10 万 m^3/d；水资源缺乏的福冈市，事业单位的中水用量已占用水总量的 50%以上。美国 2000 年污水回用率也达到了 72%，加利福尼亚州根据其农业发达、用水量大的特点，提出的基本模式是将灌溉回用作为该地区水资源回用的重点；佛罗里达州根据其城市用水集中的特点，提出的基本模式是非饮用水回用，大规模地建设双管供水系统，以自来水的 40%左右的价格将城市污水处理水供给城市绿化和建筑物、住宅区的中水

道用水；德克萨斯州根据自己用水的传统和水文地质特点，采取“间接回用”的模式，大规模进行污水处理水的地下回灌。以色列的城市污水处理水的主要回用出路是农业灌溉。即使水资源丰富的芬兰(人均水资源占有量 2 万多 m^3)，旅游饭店和住宅也普遍安装了中水设施。

可见，“中水”的使用既可以实现水资源的充分利用，又可以通过减少污水排放量来保护和改善水生态环境，中水回用、污水资源化已成为解决水资源危机、防治水污染的一项重要措施。因此，对于水质型缺水的长江三角洲地区，修建中水回用系统、发展中水回用技术势在必行。

目前，中水回用大致有三大基本系统[21]：

(1)建筑中水系统。以单个建筑物内的杂排水、生活污水或屋顶雨水为水源，处理成中水再利用。

(2)建筑小区中水系统。以住宅小区或数个建筑物形成的建筑群排放的污水或雨水为水源，处理成中水再利用。其给水、排水、雨水和中水等组成一个系统，中水为共同使用的资源。

(3)城市(区域)中水系统。以城市污水处理厂的出水为水源，深度处理后供大面积的建筑群作中水使用。

在长江三角洲地区，“中水”建设应采用下列的集中与分散相结合的方式：

(1)集中进行中水系统建设，发展区域中水和城市中水。这种方式可进一步降低中水成本。污水由城市污水处理厂深度处理后送到子中心区的配水中心，配水中心内只装备二次氯化系统净化来水，而后分配再生水到子中心区的每个大楼。城市污水处理厂的规模大，处理成本远低于小区处理中水的成本，即使城市污水处理厂的出水未达到中水标准，回送至小区，在小区内做进一步的处理也是比较经济的。另外，“中水”建设还可省去废水收集系统的一大笔费用，据分析，城市污水集中回供比远距离引水便宜，处理到做杂用水程度的基建投资，只相当于从 30 km 外引水的费用。

(2)广泛动员，推广家庭中水利用简易装置。据部分城市居民家庭用水结构调查，每月户均用水在 8 ~ 10 t，其中冲厕用水需要 3 ~ 4 t，占用水总量的 30%~50%；而在日本、美国一般占 27%~38%。因此，开展家庭中水简易利用，具有明显的节水减污效果。政府应在这一方面起主导作用，如日本鼓励家庭建设中水蓄水池，建设费用由市政补贴。

4.3.4 非工程措施

4.3.4.1 减少工业废水排放量，提高废水达标排放率

虽然工业废水排放量有下降的趋势，但工业废水对水环境的污染依然占有较大比重。因此，减少工业废水排放量是控制水体污染的关键因素之一。其主要措施有以下几个方面[22]。

1)改革生产工艺，推行清洁生产

现在相当一部分企业废水超标排放是由于工艺落后、物耗能耗高、资源利用水平低造成的，如果仅仅从末端治理上找出路，不仅会在技术上遇到困难，而且也会给废水处理设施的正常运行、管理带来沉重的经济负担。因此，实现工业废水达标排放，首先要从实施清洁生产入手，实施全过程的污染控制，从生产工艺和生产管理的各个环节上削减污染物的产生量。清洁生产的主要内容包括清洁的能源、清洁的生产过程、清洁的产品，要提高工业废水的排放达标率，应调整排污企业原料结构，削减污染物的产生量(如纸浆造纸企业可淘汰传统的稻草或芦苇纸浆，改用废纸做原料)；调整产品结构，淘汰对环境影响严重的部分产品品种；改革生产工艺等。因此，推行清洁生产应积极推行节约用水、减少污染物排放量的新技术、新工艺；新建、扩建、改建的项目采用低消耗、少污染的先进技术、工艺、设备；严重污染的落后生产工艺应限期改造，淘汰落后的生产工艺、设备。

2)重复用水及循环用水，使废水排放量减至最少

长江三角洲地区工业用水量大，相应的污染物排放量也大，工业部门的废水循环利用率较低，大部分中小企业基本上没有对废水进行重复利用。在国外，大部分国家的重复用水率超过 75%，如废水进入法国的塞纳河以前，已被重复利用过 9 次；尼罗河在入海之前，废水已被重复利用过达 50 次之多。因此，减少工业废水排放量就必须根据不同生产工艺对水质的不同要求，推行工业废水的循环利用，实现一水多用，这

不仅可以减轻污水处理负担，而且还可以取得一定的经济效益。

3)工业逐渐由清洁生产向生态重组的模式发展(即工业生态系统)

尽管作为污染预防技术的清洁生产，是今后相当长时期内解决环境问题的主要策略和措施，但由于清洁生产主要是集中在某一生产环节、生产工艺的污染和废物减少方面(由于产业特性，在生产过程中废料是不可避免的)，从本质上说属于过程末端治理技术的范畴，没有从整个工业体系或生态系统考虑。因此，要实现工业经济的可持续发展，必须将污染问题同整个工业体系与生态系统有效整合，生态结构重组则是实现这一整合的有效技术和战略。

生态结构重组技术，指模拟自然生态系统的功能，在一个特定的工业生态系统中按照工业营养结构和食物网(链)，根据工业生物群落之间的协同及共生关系，对工业活动的生态链进行优化，以低消耗、无(低)污染实现工业可持续发展的工业生态系统的组合技术。生态结构重组包括四个方面的内容：作为资源重新使用废料；封闭物质循环和减少消耗性污染；产品及活动的非物质化；能源脱碳。生态结构重组战略把工业生产活动看做一个特定的工业生态体系，把污染问题放到生物圈这个大系统中，既注重在生产过程中减少原材料和能源的消耗，通过工业生态链，将废料作为资源重新使用，实现零污染排放，又重视在产品及服务消费过程中降低消耗，减少消耗性污染。因此，生态结构重组是一种最理想的解决环境问题的方式。

4.3.4.2　加强废水达标排放的监督管理

工业废水处理能否实现并保持达标排放，除要求设备工艺先进、处理规模与生产规模相匹配等既定条件外，日常工作主要取决于两点，即设备的运转率、处理率和监测结果的公平、公正、合理性，也就是加强废水达标排放的监督管理，并实行环保部门、排污企业、污水处理部门三方相互制约的“三角形”管理运作模式，如图 4-7 所示。

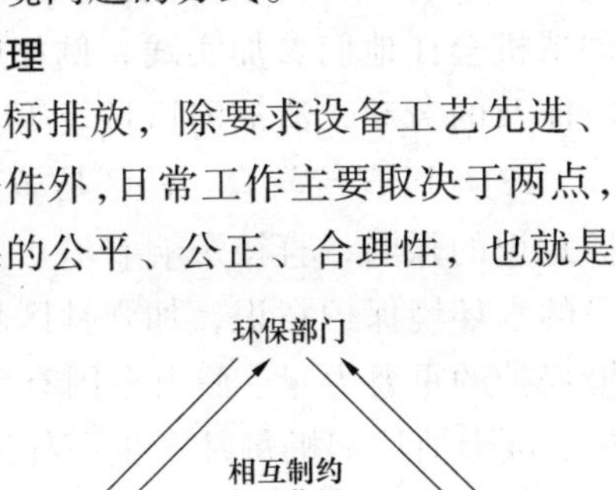

图 4-7　“三角形”管理运作模式

加强废水达标排放的监督管理，实行“三角形”管理运作模式，首先应制定达标运行费用标准和相关的奖惩办法。其次应建立企业与污水处理者之间相互监督的制约机制。如果企业发现污水处理单位擅自停运设备、偷排或不投入药品只求运转率不求处理达标率等行为，应向环保部门举报，经核查属实，环保部门按奖惩办法和细则对污水处理单位进行处罚，扣除其部门应得费用，并把处罚金核算奖励给企业。同样，污水处理单位发现企业擅自在生产过程中把产生的污水中途偷排，经环保部门核实，对企业实施处罚，罚金奖励给污水处理单位。再次建立有效的环保执法监督制约机制。环保部门把主要精力集中在执法管理上，与治污者一起监督排污单位的排污行为(主要监督偷排现象)，与生产者一起监督治污单位的治理行为(主要设备的运转和是否偷排)，使环保执法做到有的放矢，高效运作。

此外，政府要全面加强水环境的监督、管理与协调，建立入河排污口的动态档案，及时掌握入河排污状况，督促排污单位限期治理，对治理无效的企业坚决关、停、并、转。

4.3.4.3 宣传教育及公众参与

1)宣传教育

(1)学龄儿童的水环境保护教育。从教育入手，从孩子们抓起，在学校教育内容中增加节约用水，爱护环境，保护水资源、水环境的内容，教育孩子们从小养成良好的生活卫生习惯(如不往河里扔垃圾)，爱护水生动植物，培养他们认知、爱护、欣赏水文化的素质。此外，创造机会让他们参加实践，例如放养鱼苗，在亲水设施建设中参加力所能及的劳动，清洁河道垃圾等。

(2)社区宣传教育。社区是城市的一个基本部分，社会居民环境保护意识的强弱，直接影响着城市水环境的好坏。因此，应加强社区居民的水环境保护意识，加强社区环境保护宣传教育。老人和妇女是环境保护的重要力量。假设全国有 3.5 亿个家庭，1.5 亿家庭拥有抽油烟机，每个抽油烟机每月产生一杯废油，一年就 18 亿杯废油。如果操持家务的老人和妇女将其直接排入下水管道，不仅造成水污染，同时会在很大程度上缩短下水管网的使用寿命；但如果人们自己动手将油污拌和固体粉末后当做固体垃圾处理，意义将十分重大。因此，社区的环境保护宣传教育具有重大的社会意义和现实价值。

(3) 全民教育。受众广泛的电子媒体(电台、电视、各类网站)和平面媒体应该适当地播放公益广告以及专题宣传短篇，同时加强水环境教育及有关水环境事例的报道。还可以借助“世界水日”等进行宣传教育，同时可以设立我国自己的“环境周”、“亲水日”等，区域自身也可以酌情设立、开展这方面的活动。

2)公众参与

公众参与是指国家机关在管理国家事务过程中吸收公众的意见、反映公众的利益。环境保护与每一个社会成员的利益和生存息息相关，加上环境问题的复杂性和广泛性，只有广大群众积极献计献策、参与到政府的决策中去，才能真正实现环境管理的有效性。因而扩大公民对环境保护的知情权、参与权和监督权，对于促进环境保护和生态建设决策的科学化、民主化至关重要。

我国宪法规定：“公民有参与管理国家事务的权利。”在环境管理事务中公众参与具有特殊地位。我国许多环境法律法规都有公众参与的规定，比如《环境保护法》第 6 条规定：“一切单位和个人都有保护环境的义务，并有权对污染、破坏环境的单位和个人进行检举和控告。”《水污染防治法》第 13 条规定:“环境影响报告书中，应当有该项目所在单位和居民的意见。”1996 年颁布的《国务院关于环境保护若干问题的决定》指出：“建立公众参与机制，发挥社会团体的作用，鼓励公众参与环境保护工作，检举和揭发各种违反环境保护法律法规的行为。”2003 年通过的《环境影响评价法》规定：“除国家规定需要保密的情形外，专项规划的编制机关对可能造成不良环境影响并直接涉及公众环境权益的规划，应当在该规划草案报送审批前，举行论证会、听证会，或者采取其他形式，征求有关单位、专家和公众对环境影响报告书的意见。”[23]

因此，必须建立健全公众参与的知情机制、表达机制、监督机制和诉讼机制，完善公众参与的途径和方式。各级环保部门要组织专家和公民以适当方式参与环境影响评价，尤其是涉及江河水质的建设项目，有必要公布严重污染的企业名单，设立污染举报电话和信箱。政府定期向公众公布有关地区的环境污染状况、近期可能建设的有污染的项目名单以及对一些污染事故的查处结果。实行生态环境保护(特别是水源地、排污口、取水点等关键地点的严重污染)的有奖举报制度，充分调动人民群众保护环境的积极性和创造性。鼓励工会、共青团、妇联等社会团体及公民参与环境保护及生态建设，对为环境整治和生态建设做出突出贡献的单位及个人给予精神鼓励和物质奖励。

4.3.4.4 建立多元化投融资体系

防治水污染、治理水环境，资金的投入是保证。近年来国家和地方政府对水污染治理的力度逐年加大，但是不论与发达国家相比还是与水污染治理的需求相比，资金投入的力度还处于较低水平。例如，“十五”期间为治理太湖江苏省共投入 146 亿元，但仅占水环境污染成本的 20.24%。另据测算，用于水污染防治的投资数额和国民经济损失的数额相比是微不足道的。总体来说，目前水污染防治远远滞后于经济发展，水环境状况与区域经济社会可持续发展的要求不相适应[24]。如果现在还不痛下决心增加投资，而任凭水污染发展下去，那水污染造成的经济损失必将继续增加，最终发展到难以收拾的地步。因此，水污染防治迫切需要进一步加大资金投入力度，但仅靠政府的资金投入是远远不够的，还应按照“政府引导、市场运作”的方式，引入市场化运作机制，建立起企业、政府和社会的多元化水污染防治投融资体系。

1) 水污染防治设施的市场化运作

水污染防治行业本身属于微利行业，但最大的优点是风险低，如果水污染防治走上产业化道路，按照市场化运作，低风险可以吸引大量资金。以浙江省为例，从 20 世纪 90 年代中后期开始，浙江省环保部门以太湖流域杭嘉湖地区水污染防治工作与环保“一控双达标”为契机，积极引导企业按照市场运作方式开展环保设施运营，绍兴污水处理厂的建设和运行，在省内最早引入了市场化运作机制，实现了运营管理的市场化运作、专业化运行、企业化管理和社会化服务，环保设施运营单位接管污染防治设施项目后，不仅处理达标率普遍提高(通常达 70%～80%，最高可达 90%)，而且降低了处理费用(通常达 20%

左右)，部分运营单位还取得了较好的经济效益。因此，引入市场化运作机制，实现经营管理的市场化运作、专业化运行、企业化管理和社会化服务，就必须使污水处理设施运营单位与委托业主以合同的方式约定各自应承担的法律责任。

2)运用 BOT、TOT 投融资方式

引导民间投资，积极吸引、利用外资，对水污染防治设施的建设也具有重要意义。BOT 意为建造(Build)—运营(Operate)—转让(Transfer)，是政府吸引民间资本和外资加入基础设施建设的一种投融资方式。它的运作过程是：由政府与私营公司(如民企或国外公司)签订项目特许权经营协议，将基础设施项目的建设和投产后一定时间内的经营权交给私营公司，由私营公司自行筹集资金进行项目建设和运营，在特许经营期满，私营公司在收回项目投资建设成本和取得必要的投资利润后将该基础设施无偿移交给政府[25]。

TOT 作为国际上通行的另一种项目融资模式已引起我国业内人士的广泛关注。TOT 意为转让(Transfer)—经营(Operate)—转让(Transfer)，是用私人资本或资金购买某项资产的产权和经营权，购买者在一个约定的时间内通过经营收回全部投资和得到合理的回报，再将产权和经营权无偿移交给原产权所有人。利用 TOT 模式引进外资是特指由外商投资购买水污染防治设施(如污水处理厂等)的产权和特许经营权，在约定的时间内，投资者拥有该项资产的所有权和经营权，通过该项资产取得的现金流量收回全部投资和合理的回报后，再将该项资产的产权和经营权无偿移交给原产权所有人。TOT 模式与已经广泛采用的 BOT 模式的主要区别是，前者是投资购买已经建成的资产的产权和经营权，后者是投资建设基础设施项目，得到政府的特许经营权的许诺。通过 TOT 模式引进外资可进一步缓解我国水污染防治设施(如污水处理厂建设、污水管网铺设)的压力，同时可以学习和借鉴国外的先进技术及科学的经营管理方法。

采用 BOT、TOT 等方式，全部引进外资无需国内任何担保，不存在增加外债的问题；由于商业运作的色彩极为明显，有利于帮助基础设施使用者建立起付费使用的观点，提高水污染防治设施使用效率，促进良性循环；有利于建立一种机制，使投资者、使用者和其他有关方面共同承担建设风险，从而提高项目选择决策的科学性，缩短建设工期，提高建设效率。因此，水污染防治设施的建设采用 BOT、TOT 投融资方式，既是我国经济发展的客观需要，也是顺应经济体制和投融资体制改革、有效利用外资的一项重要举措，对缓解政府的财政压力、提高投资和运营效率、改善人居生活水环境及促进可持续发展都具有非常重要和积极的作用。

4.4 水生态与水景观建设

4.4.1 城市防洪工程设计

城市防洪工程是城市基础设施的重要组成部分，对保障城市经济社会发展起着举足轻重的作用。最初的城市防洪工程，或挡水或排水，功能单一。随着城市的发展，人们生活水平的提高，城市防洪工程的规划与建设在保证防洪功能的同时，应注重通过合理的设计与布局开发其环境、生态、文化与景观功能。下面以防洪墙的景观设计[26]为例进行说明。

4.4.1.1 防洪墙位置及布置方式

防洪墙位置和布置方式应根据城市条件、规划要求和地形条件等，结合水工设计统筹安排决定。防洪墙位置和布置方式一般有两种，它们对环境设计立意和处理方法有不同的影响。

一种是将城市滨水空间和水体空间分在墙体的内外两边(图 4-8)，在这种情况下，滨水空间与城市生活空间联系比较紧密，但人们与水

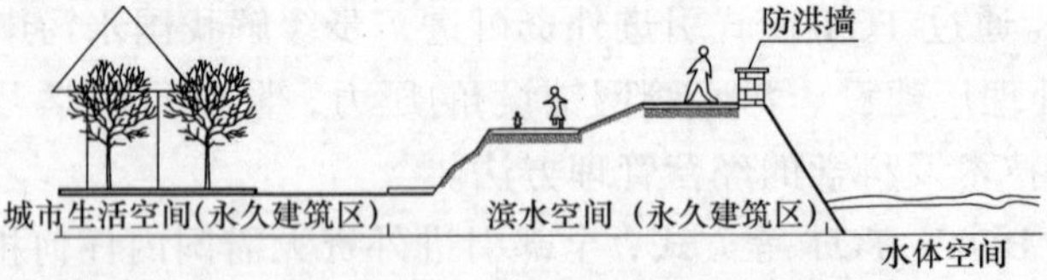

图 4-8 滨水空间与水体空间分列墙体两边

体的接触受到一定的限制。在我国，防洪墙位置通常只由水工专业人员负责设计确定，环境设计较为缺乏和滞后，因此这种布置方式在实际建设中较为多见。

另一种是防洪墙将城市生活空间与滨水空间相对分离，滨水空间与水体空间仍保持连接(图 4-9)。虽然在这种情况下，由于水利设防的需要，滨水空间内的环境设计通常会受到一定的限制，如不能妨碍行洪，不能设置永久性建、构筑物等，但从景观设计的角度，这种布置方式是最受欢迎的，因为具有各种气氛活跃的空间，人们在常水位条件下，可以与水体保持较好的亲和关系和密切接触，较符合人类长久以来的生活方式和习惯。

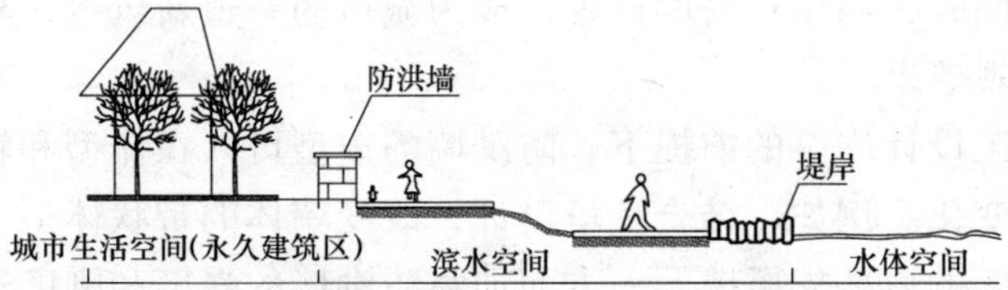

图 4-9　滨水空间与水体空间保持连接

4.4.1.2　防洪墙的高度与其空间角色

防洪墙墙体的高度对墙体两边空间的分隔程度影响较大。因此，在满足抗洪设防高度的前提下，防洪墙高度的选择与确定将直接影响其在城市滨水空间中的空间角色。

墙体高度在 0.9 ~ 1.2 m 的范围是最适宜的。这时无论采用何种布置方式，都可以较好地保持水体与城市在视觉上的连续性和空间的开阔感。人们凭墙而立，既能饱览城市充满几何魅力的建筑风景，又可以欣赏活力十足的水体景观。在这种情况下，能够产生十分愉悦的空间气氛，人水关系比较亲和，空间环境和防洪墙的造型设计都有极大的发挥余地。这时，防洪墙的空间角色是较隐蔽的，它可以和绿化、建筑小品等融合在一起，使水体空间和城市滨水空间成为环境的主角。

当防洪墙高度在 1.5 m 以上时，人们在观赏水体时会感到一定的障碍和限制，城市与水体产生一定程度的分隔感。此时，人们的注意力比较集中于墙体某一边的空间和风景上，防洪墙的形象便显得较为突出和明显。

当防洪墙高度达到 1.8 m 以上时，墙体将水景与城市景观完全分开，发挥围合分隔构件的作用。此时，墙体可成为人们各种活动的背景，也可以将其设计成建筑物的形式，以充分利用空间。

4.4.1.3 防洪墙的造型设计

在景观设计中，防洪墙应作为硬质景观考虑，其造型设计必须与环境设计同时进行。造型设计不仅要考虑如何对防洪墙进行装饰，而且要研究在各方面条件和要求的限制下，尽可能地使防洪墙在发挥防洪功能的同时，利用自身的形象，成为城市的一道新风景，从而改善环境和景观效果。

在水工设计许可的前提下，防洪墙的造型可以在体型和轮廓方面适当加以变化。例如，结合环境设计，改变墙体的带状体型，增加一些不同高度的后部支撑墙，一方面加强防洪墙的强度和刚度；另一方面可作为各种活动空间的分隔和背景。例如，上海的外滩采用缓坡式戗台与防洪墙衔接，顶部设木质步道，在上面既可以观街景，又可观江景。对防洪墙的轮廓设置一定的起伏、虚实等变化，特别是洪水设防高度以上的墙体，其造型完全可以根据景观需要进行设计处理，如模仿我国古典园林中的云墙或古城的城墙；也可加以镂空处理，设计成“景窗”的形式，从而将景观框入洞中，达到“步移景异”的效果。另外，还可以结合环境，在墙体上设置轻质构架，既可用于装饰，又可作为分隔、遮蔽等。

4.4.2 河道断面形式

河道具有行洪、排涝、供水、航运等功能，同时河道还是水生态系统的重要载体，是各种水生生物生存和繁衍的主要空间。但由于人类认识上的不足，采取了“裁弯取直”、“渠化”、“硬质化”等破坏河相多样性的人工措施，致使自然河床消失，水域生态系统严重退化，河道的生态功能被弱化。因此，为了维护水生态系统，应根据不同的河道功能要求，采用不同的断面形式。断面形式一方面为河道使用功能的发挥提供便利条件；另一方面也是水域生态修复的主要依托。河道的断面形式主要有 U 形断面、梯形断面、矩形断面和复式断面[27]。

4.4.2.1　U 形断面

U 形断面是最原始的断面形式，也称为自然形河道断面，它是由水流常年冲刷自然形成的。

4.4.2.2　梯形断面

梯形断面是在城市中比较常见的一种人工开挖的断面形式。其特点是占地面积较少，结构也比较简单。但当河道洪水位和枯水位相差较大时，景观效应较差。因河道断面主要是根据洪峰流量设计的，枯水期边坡袒露大，若是混凝土护坡，则直接影响城市的总体景观。

4.4.2.3　矩形断面

矩形断面是城市河道中最常见的一种人工建造的断面形式。其特点是占地面积少，过水能力强，结构简单。因此，在用地紧张的城市中最为常见，但该断面护壁均为硬质化。

4.4.2.4　复式断面——多功能河道断面

由于雨量在时空上的不均匀分布，同一河道在设计洪水标准下的洪水流量可能是枯水期流量的几十或几百倍。为了兼顾行洪与景观要求，行洪河道可以采用复式断面。主河槽采用较小的宽度，保证枯水期有一定的水深，能够为鱼类、昆虫、两栖动物的生存提供基本条件，同时又能满足 3～5 年一遇的防洪要求。主河槽两岸的滩地在洪水期间行洪，平时则成为城市中理想的开敞空间，具有很好的亲水性和临水性，适合居民自由地休闲游憩。因此，复式断面(图 4-10)是城市河道中较为理想的断面形式，它不仅充分考虑了洪水期过流量大的要求，而且又能适应枯水期流量小的特点。

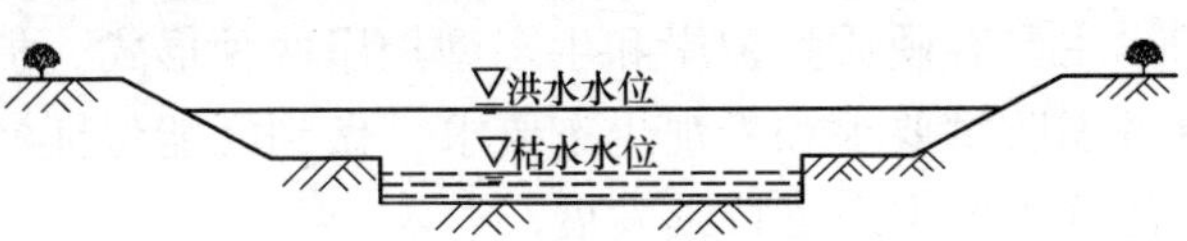

图 4-10　复式断面

复式断面由直立式挡墙、亲水平台和斜坡组合而成，根据河道的地形地质情况及景观规划要求，可以采用不同的组合。最底层河岸形式主要考虑河岸冲刷及亲水性要求，为了使游人能到达水边，沙质河床可采用斜坡，土质河床可采用砌石挡墙，每隔一定长度设台阶至水边。平台及上层河岸形式主要考虑视觉及休闲要求，在满足行洪要求和用地许可的情况下，应尽可能采用宽平台和缓坡，便于河道景观布置，减少视觉障碍。同时，采用缓边坡可降低波浪爬高，从而降低堤顶高程。沿岸进行立体绿化，局部地段扩大绿化范围，增加景观节点。在两岸亲水平台以上斜坡种植草皮，即保护河岸不受冲刷又绿化河道，保护生态，滨水行人道两侧种植香樟、垂柳、小叶榕、大椰王等江南特色花木，适当布置休息平台、花架花廊，从而形成集防洪排涝、绿化、景观、休闲、旅游等多种功能于一体的空间。

4.4.3 护岸形式选择

为了防止洪水对河岸的冲刷，保证岸坡及防洪堤脚的稳定，通常对河道的岸坡采用护岸工程保护。从景观方面看，护岸是城市中一道独特的线形景观，是形成城市印象的主要构成元素之一，在自然界中极具景观美学价值，护岸景观建设有助于城市形象的改变和提升，强化地区和城市的识别性。另外，护岸作为滨水空间，是城市休闲、游憩最频繁的区域之一。从生态方面看，护岸作为水体和陆地的交界区域，在生态系统中具有多种功能：①护岸是水陆生态系统和水陆景观单元相互流动的通道；②在水陆生态系统的流动中，护岸起着过渡作用；③护岸的地被植物可吸收和拦阻地表径流及其中杂质，降低地表径流速度，并沉积来自高地的侵蚀物；④护岸有自己特有的生物和环境特征，是水生、陆生、水陆共生等各种生物物种的栖息地。

河道护岸主要有硬质型护岸和生态型护岸两种形式，护岸形式的选用应综合考虑防洪要求和景观生态要求，做到既能保证河道防洪安全，又能促使滨水区生态可持续发展。

4.4.3.1 硬质型护岸形式及其影响

硬质型护岸主要考虑的是河道的行洪、排涝、蓄水、航运等基本功能，因此护岸结构都比较简单且坡面比较光滑、坚硬。常见的硬质型护岸主要有浆砌石或干砌石护岸、现浇或预制混凝土护岸及土工模块混凝土护岸等护岸形式。

硬质型护岸能够稳定河道、防洪排涝、有效地抗冲刷、防止水土流失。但由于硬质型护岸破坏了水土之间相互作用的通道，隔断了水土之间的联系，因此给生态环境造成了许多负面影响。如硬质型护岸所采用的浆砌条石、混凝土砌块等形式的坡面一般设计得较为光滑，使得鱼类、两栖类、昆虫类等与人类生存息息相关的动物和微生物失去了栖息、繁衍和避难的场所，各种水生植物也失去了生存的空间，水体的自净能力也被大大削弱；硬质型护岸的坡面上几乎无法生长植被，使陆地与水体之间失去了一道天然屏障，来自面源污染源的污染物很容易进入水体，进一步加重了水体的污染负荷；硬质型护岸的衬砌方式使地表与地下形成了不透水层，减少了地表水对地下水的及时补充，导致地下水位下降、地下水供应不足、地面下沉。除此之外，硬质型护岸人工痕迹过于明显，与当前人类“回归自然、返朴归真”的观念相违背，对周围气候环境、城市景观环境和人类感观产生了负面影响。

4.4.3.2　生态型护岸形式及其结构

1)植物型护岸

植物型护岸是江河湖库生态型护岸中比较重要的一种形式，它充分利用护岸植物的发达根系、茂密的枝叶及水生护岸植物的净化能力，既可以达到固土保沙、防止水土流失的目的，又可以增强水体的自净能力。同时，岸坡上的植物所形成的绿色走廊还能改善周围的生态环境，为人类营造一个美丽、安全、舒适的活动空间。植物型生态护岸形式如图 4-11、图 4-12 所示。

2)动物型护岸

动物型护岸是通过对萤火虫、蜻蜓等昆虫类和鱼类的生理特性及生活习性的研究而为其专门设计的护岸。该护岸结构有利于提高生物的多样性，同时也为人类休憩、亲近大自然提供良好的场所。

(1)萤火虫护岸。萤火虫护岸是通过对萤火虫生理特性和生活习性

图 4-11　竹林护岸

图 4-12　浙江桐乡永新河水杉护岸

的连续性研究，得出最适宜萤火虫生存的环境条件，再将其与护岸构建结合起来的一种新型护岸技术。萤火虫在水中生活时对水流速的要求是 0.3 m/s 以下，因此在构建时一般采用蛇行低水护岸。蛇行可减缓水流流速；坡脚可用木桩加固，其粗糙的表面可为水生生物的栖息提供有利的场所；低水位坡面部分采用石头堆积；石缝间可种植萤火虫喜爱的水芹、艾蒿、垂柳等水生植物；高水位坡面部分可采用卵石垒砌，卵石是萤火虫在水上最钟爱的栖息地。萤火虫护岸断面见图 4-13。

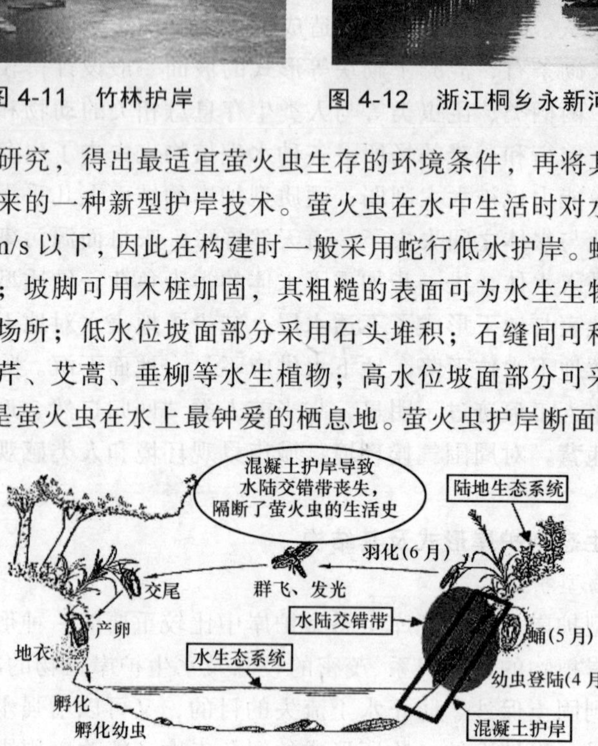

图 4-13　萤火虫护岸

该护岸结构充分考虑了萤火虫的生存环境，也为其他动物和水生生物营造出了舒适的环境条件。同时，护岸上动物、植物交相辉映的场景也可成为城市亮丽的风景线。

(2)鱼巢护岸。鱼巢护岸结构以营造鱼类的栖息环境为构建护岸时考虑的主要因素。在护岸材料上选用鱼类喜欢的木材、石材等天然材料，以及专为鱼类栖息而发明的鱼巢砖和预制混凝土鱼巢等人工材料。这些材料的使用可在水中造成不同的流速带，形成水的紊流，增加水中的溶解氧，有利于鱼类和其他好氧生物的生存。这样，既能保证护岸的稳定性，又能为鱼类提供栖息和繁衍的场所。鱼巢护岸断面和实景分别见图 4-14、图 4-15。该护岸结构有利于增加河流生态系统的生物多样性、提高水体的自净能力，其碧波荡漾、鱼儿欢娱的场景也满足了景观要求。

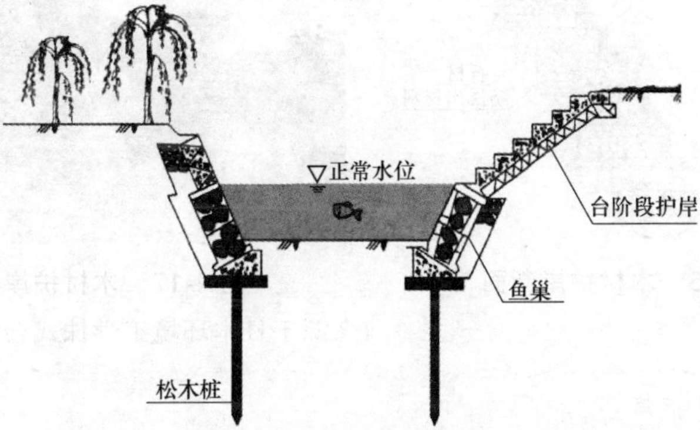

图 4-14　鱼巢护岸断面

图 4-15　鱼巢护岸实景

3)木材护岸

木材护岸采用各种伐木材为主要的护岸材料。木材可根据需要制成各种形状，一般是与石材搭配，以增强岸坡的稳定性。此外，木材粗糙的表面可附着大量的微生物，起到净化水质的作用。木材护岸断面和实景分别见图 4-16、图 4-17。

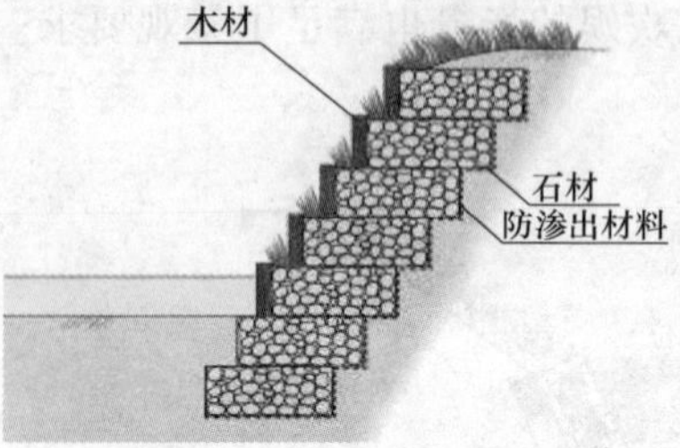

图 4-16　木材护岸断面

图 4-17　木材护岸实景

(来源于日本环境工学株式会社，2004)

4)石材护岸

石材是大自然中存在最多的天然材料，其形状有条纹的、立方体状的，也有不规则形状的。在护岸工程中，石头可以无规则地堆放，也可以有规则地堆砌，可以放置在石笼中再堆砌，也可以与水泥混凝土混合垒砌。岩石的相对密度范围为 2 000 ~ 3 000 kg/m^3。石材护岸具有成本低廉、来源广泛、抗冲刷能力强、经久耐用的特点。此外，其粗糙的表面还可为微生物提供附着场所，石与石之间也可为水生植物和鱼儿等水生动物提供生存、栖息的空间，如图 4-18、图 4-19 所示。

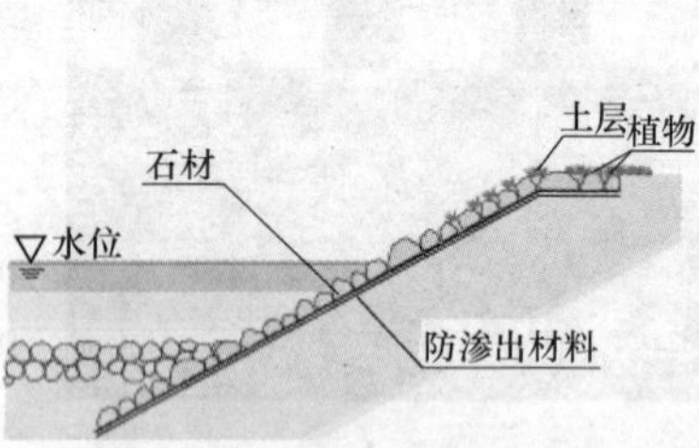

图 4-18　石材护岸断面

(来源于日本环境工学株式会社，2004)

图 4-19　石材护岸实景

(来源于日本环境工学株式会社，2004)

5)蜂巢格网护岸

蜂巢挡墙和蜂巢护垫是由六边型机将网线编织成蜂巢格网，格网内填充石头，再按照工程要求垒砌而成的结构。蜂巢格网采用的钢丝由锤炼过且经过热镀锌的软钢制成，并由机器编成双绞、六边网型结构，格网内填充适当尺寸的毛石或刚从采石场取得的粗石。蜂巢护岸施工如图 4-20 所示。

图 4-20　蜂巢护岸施工(江阴格宾金属复合材料有限公司，2004)

蜂巢格网护岸技术具有以下特点：一是采用防锈、防腐蚀性能较好的热镀锌钢丝，经涂塑后能有效地提高钢丝的使用寿命(可达 70 年以上)，满足了护岸工程的设计要求；二是根据工程施工要求制作成网箱(网垫)半成品，按现场条件组装施工，灌装填充料操作简便，受气候影响小，适用于机械化施工；三是该形式充分发挥了其透水性好的优势，可以保证河流水体与边坡土体中地下水之间的正常交换，有利于水生动植物的生长栖息，为保护和改善水质，绿化、美化环境创造了条件，是一种较理想的“生态防护工程”形式；四是蜂巢格网结构整体性、柔韧性和稳定性好，在软基上实施蜂巢格网防护工程，可以发挥该技术的整体结构的优势，既节省了地基处理的费用，又保证了工程的安全、可靠；五是蜂巢格网结构抗冲刷能力强，破浪作用好，适合作为有船形波的通航河道以及风浪较大的河、湖堤及海堤的防护工程。

蜂巢格网护岸自 20 世纪 30 年代起开始应用，20 世纪 60 年代以后在欧美国家得到了广泛的应用。国内部分地区也进行了一些尝试，并正逐步推广，如三峡库区滑坡治理、苏州东太湖固堤工程、苏州市西塘河引水工程等。

6)台阶型混合式护岸

在水位多变的滨水区域，在自然型护堤的基础上，依据当地水位变化的实际情况可以建设梯级形护岸,使用钢筋混凝土等高强度材料，制成箱形框架，并在其中投入石块、泥土，种植水杨等，形成较好的植被景观。例如，广东省中山市岐江公园采用的栈桥式亲水生态护岸(如图 4-21 和图 4-22 所示)，实现了在水位多变情况下的人与水近距离地接触，并且在生态和美观等方面都达到了良好的效果[28]。

图 4-21 低水位全景

图 4-22 护岸的可进入性

4.4.4 滨水区规划设计

滨水区意为水边、海滨、湖边，作为城市与江、河、湖、海接壤的区域，它既是陆地的边缘也是水的边缘。空间范围包括 200 ~ 300 m 的水域空间和与之相邻的城市陆域空间，其对人的诱惑距离为 1 ~ 2 km，相当于步行 15 ~ 30 min 的距离范围。并且，它在城市中具有自然山水的景观情趣和公共活动集中、历史文化因素丰富的特点，以及导向明确、渗透性强的空间特质，是自然生态系统与人工建设系统交融的城市公共开敞空间。

滨水区是城市极为珍贵的资源，是人们从拥挤的、压力锅式的城市生活中暂时释放的空间，更重要的是，滨水区所处的特殊空间地段往往具有城市的门户和窗口的作用。因此，一项成功的滨水区开发工程，不仅可以改善沿岸生态环境，重塑城市优美景观，提高市民的生活品质，而且往往能创造就业机会，促进新的投资，增加城市税收，并获得良好的社会形象，进而带动城市其他地区的发展。

4.4.4.1　滨水区规划原则

城市水系滨水岸线资源如何利用是城市水环境规划的重要内容。滨水区规划应控制滨水区的用地性质和用地空间，以有效发挥滨水资源和协调水体各项功能。因此，滨水区的规划设计除应遵循城市规划的一般原则外，还具有其特殊性，表现在以下几个方面。

1)滨水区和城市的整合关系

一个城市的滨水地带通常和城市中不同的地区相连，滨水区作为全市的一部分，应将其与城市视为一个整体进行开发。在项目安排上，应以滨水区的新项目来补充、完善原市区的建设项目；在空间布局上，应力求用一个开敞的空间体系将滨水区与原市区连接起来；在交通系统组织上，应布置便捷的公交系统和步行系统，将市区和滨水区连接起来。

2)滨水区的共享性

城市景观能否共享是公众衡量一个城市建设项目的首要因素。滨水区通常是一个城市中景色最优美、最能反映出城市特色的地区，因此在规划时确保滨水区的共享性是一个重要原则。让全体市民共同享受滨水区，不仅有社会效益上的考虑，而且有经济效益上的考虑。沿着滨水地带的公共步行道，是吸引游客和顾客的最基本的因素。有些城市将部分稀缺滨水地块高价出售进行房产开发，如南京莫愁湖畔的房地产开发，短期的经济效益虽然明显，但从长远角度看，却影响了客源和“人气”，并不经济，是一种短视的做法，备受诟病。因此，规划时必须从公共利益的角度以及长远的视角确保滨水区的共享性[29]。关于滨水区的共享性国内外有很多成功的典范，美国芝加哥早在 1909 年就以立法的形式，将沿密歇根湖滨 32 km 长、1 km 宽的“黄金地带”规定为公共绿地，除了公共建筑外，不得开发其他建筑，直到今天芝加哥仍然以其优美、广阔的湖滨公园著称于世；国内杭州西湖的免费开放吸引了更多游客，赢得了上亿元的收益，并且带来了良好的社会效益。

3)滨水区设计的点、线、面结合问题

一个景“点”的设计，必须放在整条“景观带”的层次来考虑；一条“景观带”的设计，必须放在整个城市的“面”的层次来考虑。滨水区的“点”是指滨水区的主要景观节点，如重点建筑、重点环境小品等；“线”指景观较为集中，适合市民分类活动的重点观景场所或观景对象，如圆润自然的河岸曲线，岸线上错落有致的绿化带，设计精致、与周边景物融为一体的防洪堤等；“面”指能够容纳多种属性与功能、在“线”周围扩展开的较大的滨水活动空间，如中心广场、公园等。

滨水区多呈现出沿河流、海岸走向的带状空间布局。因此，在进行规划设计时，应将这一地区作为整体全面考虑，通过林荫步行道、自行车道、植被及景观小品等将滨水区联系起来，保持水体岸线的连续性，而且也可将郊外的自然空气和凉风引入市区，改善城市大气环境质量。同时，在这条景观带上可以结合布置城市空间系统绿地、公园，营造出宜人的城市生态环境。

一条滨水景观带仅一条线，对城市的全面美化影响不大，通向滨水地带的“通道”却是滨水景观带的延伸。线性公园绿地、林荫大道、步道和车行道等均可构成水滨通往城市内部的联系通道。在适当的地点进行节点的合理设计，放大成广场、公园；在重点地段设置城市地标或环境小品；将这些点、线、面结合，可将绿带向城市扩散、渗透，与城市其他的绿地元素构成完整的系统。

4)滨水区开发与防洪之间的关系

滨水区由于紧靠水体，通常会受到湖水、洪水等的威胁，因此滨水区的岸线断面规划布局首先应满足防洪和护岸工程的要求。同时，应结合绿化、景观、休闲散步和亲水等多种因素综合考虑。一般的做法是，根据不同水位分台阶布置，低水位台阶标高尽可能保持原有的地貌，或根据需要做护岸处理，低水位标高不宜过高，以满足人们接近水面为宜；中水位台阶标高以 5 年一遇洪水位的需求为宜，台阶宽度一般为 2 ~ 3 m，供人们休闲散步和观水；高水位台阶标高按城市设防标高考虑，留足一定宽度(10 ~ 30 m)做绿化用地后，再依次布置滨江路和建筑用地；各台阶之间结合护坡进行绿化，并辅以梯道连接。

原有稳定的岸线要尽可能保持原貌，以维系城市生态环境的需要[30]。

除此之外，滨水区开发还应处理好与环保及交通组织等部门之间的关系。

4.4.4.2　滨水区空间形态特征

滨水区空间形态设计的质量，主要取决于滨水区空间的组合关系。滨水区主要包含以下组成要素[31]：

(1)水体边缘：水体及亲水边缘空间。

(2)步行活动区域：游憩空间。

(3)滨水街区：滨水区的城市职能空间。

(4)滨水绿化：自然空间。

按各要素之间的组合方式滨水区可分为以下三种类型：

(1)紧凑型：滨水区空间要素以简练、紧凑的形式组合。通常由滨水步行活动区域和滨水街区两个要素组成。

(2)集约型：滨水区各要素充分展现、相互映衬，并以高度的集约而形成具有强烈凝聚力的开放空间。集约型滨水区充满活力，往往因其标志性的建筑群体和较大规模的滨水开放空间而引人注目，因而成为城市的象征，如上海的外滩、南京的秦淮河夫子庙段。

(3)松散型：滨水区各要素以相对自由活泼的方式组合，将滨水空间融入自然空间之中，使自然空间成为主体。

4.4.4.3　滨水区建筑控制要素

1)滨水建筑后退蓝线距离

如前所述，蓝线是规划的水陆用地的分界线，控制滨水建筑后退蓝线距离与控制街道建筑后退红线同样重要。建筑后退蓝线距离为建筑线距水岸的最小距离，与水体尺度、滨水地形地貌有密切关系，应满足滨水开敞空间、绿化、滨水活动组织的用地要求；与滨水开放空间控制、滨水绿化带控制相统一；与建筑高度控制相协调，以达到舒适协调的空间尺度关系。建筑后退蓝线一般应大于建筑高度。对于不同尺度的水体，要规定不同的最小后退宽度。建筑物的类型如系临水建筑物，则应按此蓝线将临水岸线外扩至建筑物前沿[18]。

2)建筑密度和容积率控制

为保证滨水景观的通透性和层次性，滨水区的建筑群体布局不宜过于密集。一般认为，滨水区建筑密度以25%~35%为宜，以采用“前疏后密、疏密有致”的做法较好，当然，在城市中心区可以高一些。同样，滨水区容积率的控制也要比一般地段低一些，一味追求容积率只能损坏滨水区自然环境的优势。建筑密度和容积率的控制与建筑高度、水体的尺度相关，并与建筑邻水面宽度、建筑间距统一考虑。为保持良好的开敞景观，应鼓励开发商参与滨水城市开放空间的建设，采用容积率奖励和转移的方法，可以将开发商损失的容积率给以相应的补偿或转移到其他地区进行开发。

3)建筑高度控制

建筑高度控制的主要目的是形成良好的空间尺度和优美的天际线。建筑高度应从邻水处向陆域方面逐渐增大，保留足够的开口，通向水的视线应不受阻隔，可营造丰富的景观层次。滨水建筑高度控制应以水体尺度、景观视廊分析、天际线组织和标志性建筑布局为依据。对于临水建筑，通过高度控制引导建筑向水体跌落，形成向上收分的建筑形体。为了体现滨水空间的开敞性，根据视觉与观赏效果心理感受关系，一般认为高度控制应保证 $H/D_1<1$，$H/D_2<2$，$H/D_3<3$ 为宜，如图 4-23 所示。

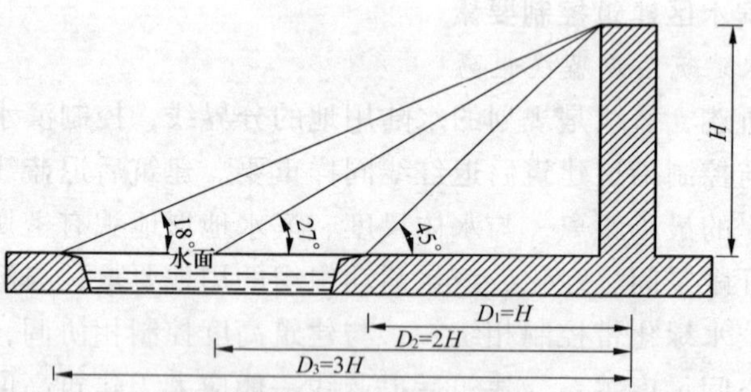

图 4-23　建筑物高度控制图

注：$D_1=H$，$\alpha_1=45^\circ$，能看清细部；$D_2=2H$，$\alpha_1=27^\circ$，能看清整体；$D_3=3H$，$\alpha_1=18^\circ$，能看清整体与背景关系

4.5　水文化的挖掘、赋予及解读

4.5.1　文化与水文化

人类与其他生物最大的区别是，人类拥有思维能力，形成人对自然和人类社会的认识，并将这一知识运用于改造自然，在认识和改造自然的过程中，不断提升的人类意识和精神方面的成果，形成了文化。“文化”二字最早出现于西汉，系“以文教化”之意，与现代的“文化”的概念差异较大。从拉丁语转化而来的“文化”本意，兼有神明祭拜、土地耕作、动植物培养和精神修养等多方面的涵义。因此，狭义的“文化”专指人们创造的精神财富，而广义的“文化”泛指人类创造的物质财富和精神财富。没有物质的存在，就没有文化的诞生，因为没有物质就没有人类，也没有人类思维认识的对象；而没有文化的物质，又只是自然物的存在或集合。例如，米罗的维纳斯、米开朗基罗的大卫等雕塑，抽去其文化精神，也仅是冰冷的石块而已，与赋予文化内涵的雕塑对人类社会产生的价值是完全不同的。

水是一切生命之源，同样水也养育和滋润了文化，形成了水文化。没有水，文化就会枯竭。因此，一定程度上水文化是一种母体文化。水文化包含范围较广，与其他文化一样，有水物质文化和水精神文化、广义水文化和狭义水文化之分。广义水文化是人类在历史上的水事活动中所创造的物质财富和精神财富之总和。狭义水文化是人类在水事活动中所创造的社会意识形态方面的成果。

水文化与人类的发展共存，尤其是伴随着人类的水事活动而产生和存在的，是社会各种文化中最古老的文化。但长期以来人类的水事活动仅以创造水物质财富为主，以用水之利、避水之害，而把水的物质文化内涵的实质和对人类水事活动中精神财富的认识归纳为水文化的提法仅始于 20 世纪 80 年代，迄今水利这一学科，尚未将水文化作为专门的学问进行较为系统的研究。因此，水文化相对社会各种文化来说又是一门较为年轻的文化。1993 年，第 43 届联合国大会通过的 193 号决议，将每年 3 月 22 日定为“世界水日”，这就是一种文化。更重要的是，联合国将 2006 年“世界水日”的主题词定为“水与文化”，将水文化推上了水利学科必须研究的“大堂”之上。这说明，当人类社会的水利发展到第三阶段后期，人类社会对水的认识产生了质的飞跃、产生了从物质到精神的飞跃，认识到水的物质文化与水的精神文化的客观并存和互补作用，认识到水的精神财富对于创造水物质财富的作用。诚如联合国教科文组织北京代表处，科学、技术和环境处项目官员贾古玛所说，“我们深植于文化中，在此程度上，我们并没有意识到，如果看待世界、他人和自身的方式不发生巨大转变，我们的生活方式就不会根本改变。因此，没有一个清晰的文化战略，就不能期望解决水冲突”，“和平解决水冲突，必须考虑人类的共同道德，目前的后现代化、文化力量、急速发展的信息网络的潜力及文化传统模式的延续”。联合国将“水与文化”作为“世界水日”的主题词实质上是将水文化作为水利发展的必要元素引入到各国的水利发展之中。长江三角洲地区不少地方如绍兴、泰州、杭州、无锡、苏州、上海等地已经开始重视有关水文化研究和在水利建设中注入文化内涵的做法(如图 4-24 ~ 图 4-29)。

图 4-24　绍兴的治水者雕塑

图 4-25　绍兴的古鉴湖水利图

图 4-26　上海松江区滨水广场的雕塑

图 4-27　余姚市兰江广场的雕塑

图 4-28　泰州滨水广场的龙门

图 4-29　泰州的百凤桥

4.5.2　水文化的挖掘

水是一种自然物质，自身并不能形成文化，只有人与水产生联系后，人对水有了认识，有了思考，通过用水、治水、管水、护水、亲水的活动与创造才产生了水文化，水文化的实质是人与水的关系。它既是社会文化，也是行业文化；既是物质文化，也是精神文化；既是地方文化，也是民族文化和世界文化。

水文化内容博大精深，是一个庞大的文化体系，尤其在我国有 5 000 年文明，有 4 000 年治水历史记录的文明古国中的水文化，更是浩瀚无边。我国历史上侧重于对水的水文、水力、勘测，水工程的设计、施工和管理，水法规、水经济等水物质文化方面的研究，而在水精神文化方面显得十分薄弱。因此，现阶段对水文化的研究和挖掘的重点是水精神文化。可主要从以下几个方面着手：

(1)由水产生的历史轨迹。包括洪水的传说、记载；与洪水斗争的神话；治水的历史人物、典故；与水有关的典籍、地名、桥名、河道名称的由来及典故。

(2)与水相关的文化艺术。包括自然水景，含江、海、河湖、雨、雪、井、泉等景观；与水相关的诗、词、歌、赋；与水有关的戏曲、小调、剧目；与水有关的绘画、书法、装饰等。

(3)在认识水过程中所衍生的知识结晶和总结，以及所产生的精辟著述，如成语、格言、警句、鉴诫、铭文等。

(4)水的开发利用所衍生出来的社会行为。表现为礼仪、风俗、生活习惯、宗教仪式、节庆、民俗等。

(5)借水为喻的精神哲理。如水哲学、水精神、水思想。

(6)水与人居、生活、生产环境之间的互动变化。如水与城市、乡镇、村落一起发生的沧桑演变。

(7)水与典型人物之间的关系。如治水、利水、颂水乃至治水人物的人文典故和人文遗迹。

(8)与水文化相关联的文化。如水运文化、盐税文化、滨水建筑文化、水上旅游文化。

(9)人对水及滨水环境的物质需求和精神需求之间的联系，如滨水物质的选择、形象及文化内涵等。

(10)现代文明可以赋予水的新的时代烙印和文化特征。如我国的20 世纪 50 年代水利的“人海战术”以及后来的“三峡工程”论证、“九八”抗洪精神、“南水北调”构想的形成等。

此外，还可以从时空的尺度分别对水文化进行挖掘。

水文化从时间尺度上主要可分为远古水文化、古代水文化、近代水文化和现代水文化,这四个时代还可以分为不同发展阶段的水文化。每个时代、每个阶段的水文化都有其各自的特色和重点。例如，远古水文化由于缺少文字记载和人对自然处于朦胧认识的阶段，主要以神话、传说为主。古代水文化由于中华文明保存了浩瀚的典籍和著名的水利工程,可以典型人物的治水思想和典型水工程的治水方略等为主。近代水文化由于我国沦为半封建半殖民社会，出现了水灾频繁和与水抗争的现象，也有部分有识之士研究提出新的治水思路和技术，其挖掘水文化的方向也应与其吻合。现代水文化主要是对新中国成立后直至目前我国治水活动中的文化现象的梳理和研究。

从空间的尺度对区域水文化进行挖掘。区域水文化可分为，中国水文化和外国水文化、城市水文化和农村水文化、流域水文化和地区水文化。长江三角洲地区应主要对长江下游、淮河下游、钱塘江、太湖、京杭大运河等流域和本地域的水文化挖掘为主。此外，长江三角洲各地也有各自地域特色的水文化，可以进一步研究和挖掘。如绍兴的“大禹”文化、泰州江淮海交融的“三水”文化、扬州的“运河”文化、上海的“海纳百川”文化等。

4.5.3　水文化的赋予

在目前的水利发展阶段，人们的物质产品需求已得到较大程度的满足，而对水精神产品包括对水文化产品的需求在日益增长，这是水利工作者所面临的重要任务。因此，对水利产品赋予一定的文化内涵已成为水利发展新模式中必备的内容。

要使现代的水利产品(包括新建、更新、改造等产品)植入水文化内涵，主要应从理性研究、植入规划、植入工程设计和付诸实施四个步骤着手。

4.5.3.1　理性研究

首先应重点研究、挖掘与本地域相关的河流、水工程等与水相关而生成的历史的和现代的各种文化，形成所研究地域的理性的、未来的、有地域特色的、符合地域人民精神需求的涉水文化新理念，以系统地指导水文化规划的研究和制定。

理性研究应掌握如下几个原则：

(1)以人为本的原则。

(2)构建人水和谐的原则。

(3)继承创新的原则。

(4)弘扬先进文化的原则。

(5)彰显地方特色文化的原则。

(6)建设文化精品的原则。

(7)理性研究成果与实践相结合的原则。

4.5.3.2 植入规划

系统思维方法要求人们树立系统观点、整体观点、全局观点，使局部要素的结构、功能服从于系统的、整体的、全局的目标并达到最优化。规划是一种使用系统论的思维方式，在宏观上、战略上系统地、全面地、最优化地思考问题、把握问题、解决问题的打算。水文化的赋予，最重要的一环是首先要植入水规划，即研究制订水规划的工作者要研究水文化，研究水文化的工作者要为制订水规划服务。恩格斯指出："当我们深思熟虑地考察自然界或人类历史或我们自己的精神活动的时候，首先呈现在我们眼前的是一幅由种种联系和相互作用无穷无尽地交织起来的画面。"只有将因水而形成的文化理念形成形象思维，并将其融入水规划——未来水工程建设的"打算"之中，才能将水文化的内涵赋予实践。

例如《泰州主城区水系综合整治规划》中，从规划指导思想到规划原则，从规划目标到具体的水系平面规划、城市水系结构形态设计无不融入了水文化的内容，而且专门设置了城市水景形象设计、滨水文化环境规划的内容。

4.5.3.3 植入工程设计

水文化工程的创意和设计应与水工程的常规设计有一个互动的融入过程，并最终形成完整的工程设计。其过程如图 4-30 所示。

单项建筑物工程水文化内涵的植入过程如图 4-31 所示。

4.5.3.4 付诸实施

水文化工程的付诸实施与单项水工程同步推进，具体仍然可用赋予单项建筑物工程水文化内涵的植入过程图解为例进行说明。

4.5.4 水文化的解读

解读水文化是指以文化的视角审视、理解和思考水问题。

文化以文字为起点，而人类创造了文字，并用文字记载人类文明，

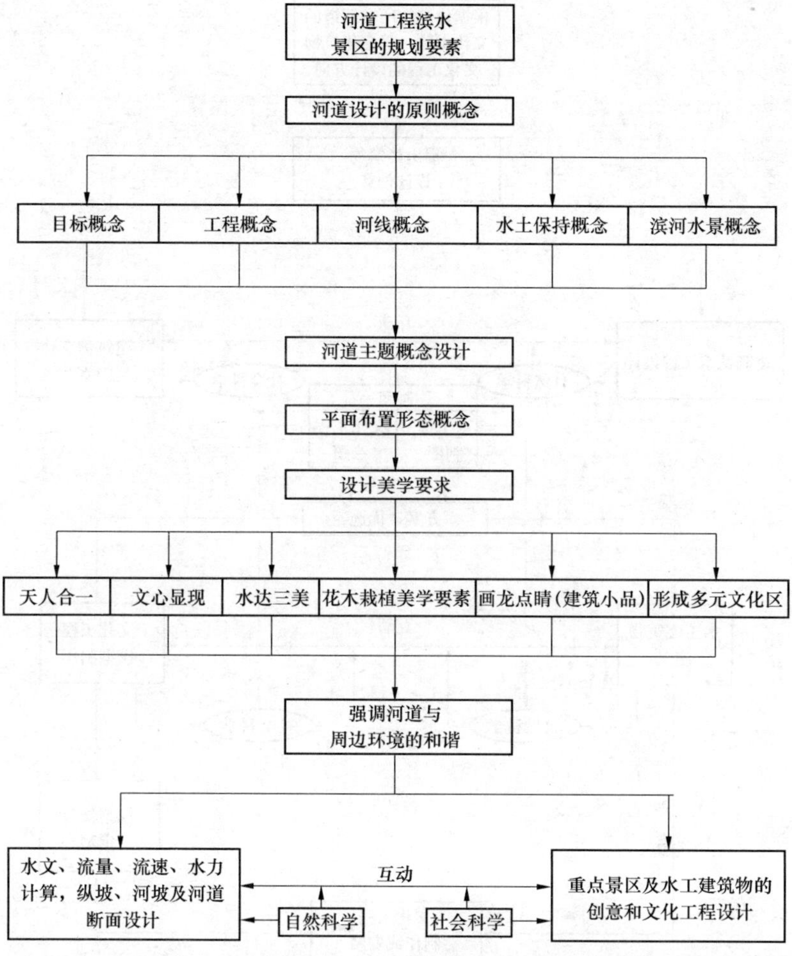

图 4-30　水文化植入工程设计过程

文字超越时空，成为沟通人与人精神世界的重要工具。通过文字形式来表现水文化内涵即是“解读”。水文化是一种古老的文化，在 20 世纪 80 年代以后更作为专门的新文化种类。水文化的解读应从两方面着手：一是解读历史的、已有的涉水文化；二是解读新建的涉水文化工程。

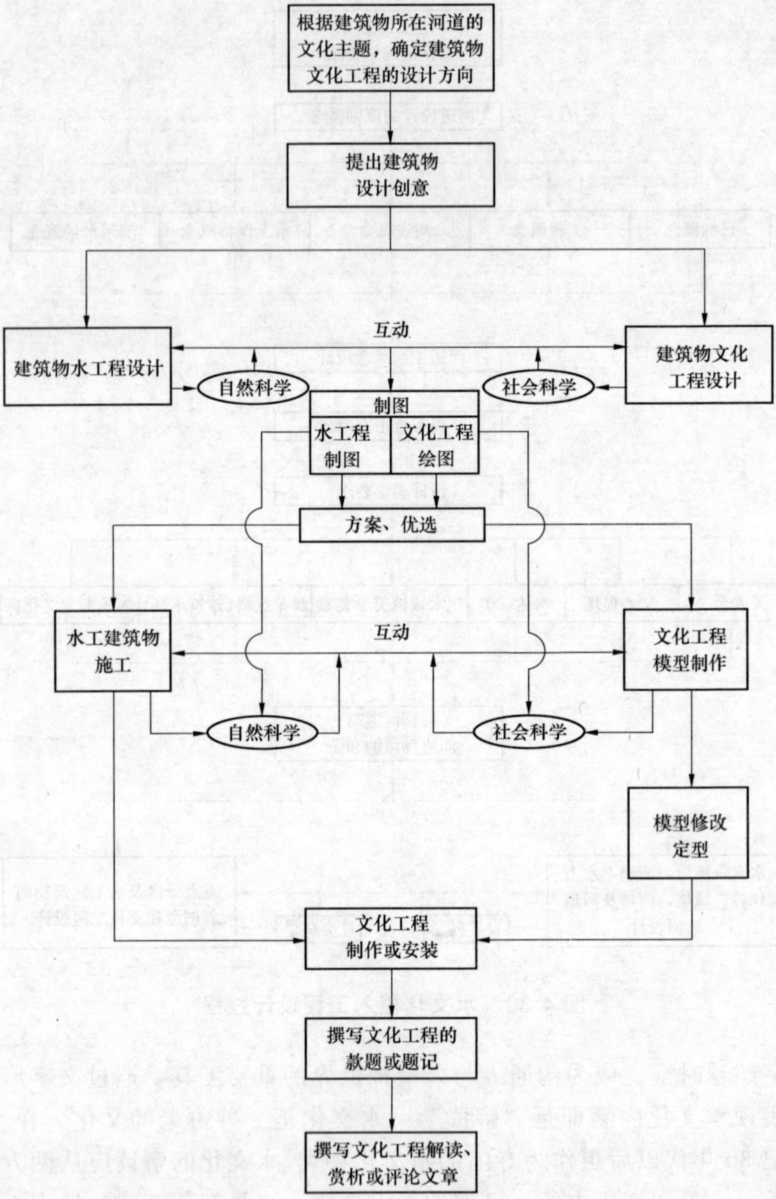

图 4-31　单项建筑物工程水文化内涵的植入过程

4.5.4.1　解读历史的、已有的涉水文化

水浮天载地，原本是自然的，没有文化的。但有了人类——这唯一不同于自然状态的存在物，人类对物的创造活动便产生了文化。因此，历史自有人类的涉水活动始，就产生了水文化，但过去一直未将水文化作为一种文化现象来总结,诸多历史的水文化如珠宝置于深山，尚待挖掘。挖掘的具体手段就是解读，即了解、读懂和以文字形式形成文化成果，让其服务于现代社会的水事活动和人类社会。例如，京杭大运河是历史上世界最长的人工运河，1 000 多年来它一直是中国具有战略意义的南北物资运输的主要通道,同时又作为区域水系骨架，发挥着重要的灌溉、生态等作用。大运河曾经是中国南北经济、文化发展和交流的记录、见证和载体。南水北调东线工程实际上是在充分利用长江以北的京杭大运河工程基础上的一项国家重点工程。南水北调东线一期工程江苏段提出了“同时要将工程整体建设为环境工程、生态工程、人文工程”的设计思想，并委托相关规划设计单位进行概念设计。进行概念设计的规划单位较多地运用了京杭大运河的相关文化元素作为南水北调工程的创意元素。这样就必须对历史上的京杭大运河工程的文化内涵进行解读。据初步解读的资料，京杭大运河的文化内涵主要包括以下方面：

(1)京杭大运河是中华民族创造出来的最伟大的水利工程之一。

(2)京杭大运河的风貌引发了古今迁客骚人的引吭高歌，留下了不少名著、名诗。

(3)关于京杭大运河功过是非的争论文化精彩而有哲理。

(4)京杭大运河带来沿运河城市的经济与文化的繁荣。

(5)京杭大运河成为中国又一条(水上)丝绸之路。

(6)京杭大运河孕育了沿运河名胜古迹旅游文化。

(7)京杭大运河滋养了沿运河的历代科学家、文学家、艺术家、政治家及大批水利专家。

通过解读历史水文化，才能更好地服务当代水利建设。

4.5.4.2　解读新建涉水文化工程

解读新建涉水文化工程包括两个部分：一是涉水文化工程本身的

款题或题记；二是撰写涉水文化工程的解读、赏析或评论文章。

第一，凡赋予文化内涵的水工程应注重题名、题款或题记，以此体现文化工程的创作意图和内涵。《红楼梦》作者曹雪芹认为“若大景致，若干亭榭，无字标题任是花柳山水，也断不能生色”。因此，应注意新建水文化工程的一定部位如滨水的景观点石、亭柱、廊柱、厅堂门柱、园门及建筑物上都要有适当的书法题字，假以竖匾、横匾、楹联、刻石、砖额等艺术手法，这些题字应能点题、有诗意、有文心，达到张岱《西湖梦寻》录陈继儒《青莲山房》所云“主人无俗态，筑圃见文心”的效果，使我们滨水文化建筑的创作意图通过文化、文学和书法艺术显现出来。例如，泰州一条凤凰河所建的五座桥分别题名为“百凤桥”、“栖凤桥”、“鸾凤桥”、“观凤桥”和“莲花桥”；所建的四个景区分别题名为“葫芦岛景区”、“治水者广场”、“凤凰园”和“百水园”；形成的十二个景点分别题名为“百凤晴云”、“樱岛春晓”、“碧血莲池”、“银杏飘金”、“帆影如练”、“治水情深”、“凤河红叶”、“凤冠溢彩”、“有凤来仪”、“丹凤朝阳”、“梧桐栖凤”、“鸾凤呈祥”，这样就使凤凰河工程的凸显凤凰文化的内涵这一创作意图(即“文心”)更加显现出来，这样更有助于将滨水的空间汇成充满文气的艺术的空间。解读文化工程还可再进一步，如泰州在凤凰河上建造了鸾凤桥(如图 4-32)，在桥的铭牌上

图 4-32　泰州的鸾凤桥(泰州水利局提供)

又刻了题记，文为："凤凰河相交于三二八国道，雕石饰鸾凤于桥两侧扶栏。迎路，双凤起舞，珠联璧合，华光灿灿，谓政通人和。临河，一鸾腾飞，直上云天，祥云朵朵，言福云普照。三十四片彩羽，寓祖国大地应金瓯无缺。五十六支锦翎，意中华民族都亲如手足。斯桥，如旭日东升，似天鸟驭涛。水通路畅，增色千年凤栖地，凤仪花香，添新景献一代伟人乡。"既反映此桥雕栏之创作意图，又颇具时代烙印，文字精美，有一定的欣赏价值。

第二，对新建水文化工程在其完工后，还应组织社会人士参观、欣赏、评价并写一些专题文章。例如，泰州市水利局的大禹造型突破了传统的或为帝王或为治水劳动者的习惯造型，将其塑造为"一位手执治水图卷、胸装九州山川、身着长袍蓑笠、站立高山之顶、迎风指划山水、面目清癯睿哲的智者形象"。这一形象是由苏州高级工艺师何根金老先生根据《史记·夏本记》中对大禹的记述设计创作的。不过，大禹雕塑这一水文化工程除了在基座上刻了司马迁在《史记·夏本记》中有关禹的这一段记述文字外，还专门撰文对这一水文化工程进行解读，让人们对禹更加了解。通过解读才能进一步宣传和张扬水文化工程的内涵，才能充分发挥水文化工程的效益。泰州市水利局写了专门的解读文章发表于《中国水利报》和相关出版物上，产生了较大的反响。

参考文献

[1] 阎水玉，王祥荣. 城市河流在城市生态建设中的意义和应用方法[J]. 城市环境与城市生态，1999.

[2] 卢炜峰. 珠江三角洲城市内河涌的演变及规划探析[D]. 广州：华南理工大学，2004.

[3] 吴阿娜，郜俊，杨凯，等. 城市内河综合整治工程对周边房产的影响研究——以上海浦东张家浜为例[J]. 世界地理研究，2004(2).

[4] 杜强，王东胜. 河道的生态功能及水文过程的生态效应[J]. 中国水利水电科学研究院学报，2005，3(4).

[5] 张向荣. 城市水涝灾害的生态机理分析与新型雨水排放系统的探讨[D].

杭州：浙江大学，2003.
[6] 戴祥. 城市化地区降水径流的水环境效应研究——以南京市为例[D].南京：南京大学，2002.
[7] 翁焕新. 城市水资源控制与管理[M]. 杭州:浙江大学出版社，1998.
[8] 水利部人事劳动教育司，水利部水资源司. 水资源保护与生态修复[C].北京：中日合作 JICA 中国水利人才培训项目. 2004.
[9] 程晓陶. 城市水利与城市发展[R]. 中国水利水电科学研究院灾害与环境研究中心. 2003.
[10] 宿俊山，高波，许士国. 美国坦帕湾地区供水策略介析[J]. 水科学进展，2005(2).
[11] 陈兴茹. 浅谈城市水利的发展历程及未来趋势[J]. 中国水利水电科学研究院学报，2005(3).
[12] 张家港市水利局，河海大学. 江苏省张家港市水资源综合规划开发研究报告[R]. 张家港，2004.
[13] 六个取水口遭污染，仙林地下水各选"第二水源"[J/OL]新华网江苏频道——江苏新网。http://www.js.Xinhuanet.com/xin wen zhong xin/2006-03/22/content 6534610.htm.
[14] 石刚平. 关于编制河道蓝线的几点思考[J]. 上海水务杂志, 2002(2).
[15] 南通市水利勘测设计研究院有限公司. 南通市骨干河道整治规划[C].2004.
[16] 武汉水务局. 武汉市水环境治理与保护规划[C]. 武汉水务局, 2005.
[17] 彭静，廖文根，骆辉煌. 城市水系建设的环境重塑[J]. 中国水利水电科学研究院学报, 2003(4).
[18] 童宗煌. 城市滨水环境规划设计若干问题初探[J]. 现代城市研究, 2001(5).
[19] 陈庆江. 上海城市化地区最小水面率及其保护对策研究[D]. 南京：河海大学, 2003.
[20] 王晖，邵青. 我国水污染的防治及其相关问题的思考[J]. 湖南师范大学自然科学学报, 2005，28(1).
[21] 邬扬善. 日本中水发展概况、趋势及其运行机制分析[J]. 给水排水. 2002，28(2).

[22] 薛朝霞. 平原河网地区河流水环境综合整治工程对策研究[D]. 南京：河海大学出版社，2003.

[23] 唐士梅. 汉江(汉中段)水质污染防治的法律对策[O]. 南京：河海大学出版社，2006.

[24] 廖文根，彭静，骆辉煌. 关于太湖流域水污染防治策略的思考[J]. 中国水利水电科学研究院学报, 2005，3(1).

[25] 陈宗洲. 我国水利投融资体制多元化改革探讨[D]. 武汉：武汉大学, 2002.

[26] 周坚. 城市防洪墙景观设计理念和方法的研究[J]. 河海大学学报, 1999, 27(6).

[27] 王超,王沛芳. 城市水生态系统建设和管理[M]. 北京:科学出版社, 2004.

[28] 俞孔坚. 足下的文化与野草之美——中山岐江公园设计[J]. 新建筑, 2001(5).

[29] 张庭伟，冯晖，彭职权. 城市滨水区设计与开发. 上海：同济大学出版社, 2002.

[30] 杜春兰. 滨水景观设计[J]. 时代建筑, 2002(1).

[31] 杜春兰. 滨水地带未来住区环境设计研究[J/OL]. 中国人居环境网, 2003，(11).http://www.cchs.org.cn/full/list.php?id=13.

第 5 章 新农村建设中的农村水利

党的十六届五中全会提出，建设社会主义新农村是我国现代化进程中的重大历史任务，明确提出了“生产发展、生活宽裕、乡风文明、村容整洁、管理民主”的要求。生产发展要求加强农田水利建设，积极发展节水灌溉，推进现代农业建设，促进农业可持续发展；生活宽裕要求大力促进农民增产、增收；乡风文明、村容整洁要求把农村作为建设资源型和环境友好型社会的重要单元，要积极防治面源污染，改善和保护农村水环境，切实保护好多数位于农村的城市水源地；管理民主要求深入改革农村水利管理体制，充分调动农民参与社会主义新农村建设的积极性。

农村水利是农业的命脉，关系到农业的兴衰，是建设社会主义新农村的灵魂，是农业综合生产能力提高和可持续发展的重要依托，是农民生存和生活富裕的重要保障，是农村生态健康和环境良好的重要基础。因此，农村水利的发展应与新农村发展的需要相适应，应能够为新农村发展服务。

5.1 村庄分区及分区布局模式(村庄不设工业集中区)

长江三角洲地区农村现代化建设走在全国前列，多年来开展了康居示范村建设，2005 年江苏省还全面开展了全省镇村布局规划，部分地区已开始推进“三集中”，引导农民集中居住，将生活与生产元素进行分离。村庄适度集聚，能够节约土地资源，促进农村基础设施和公共设施的集约配置，整合农业生产和生态空间，对于推进城市化进程、缩小城乡差距都有极为重要的战略意义。

过去的村庄以居住和庭院经济为主，村庄功能单一，结构自然形成。特别是随着生产的发展，农村的生产、生活格局发生了很大变化，各种元素互相交叉、互相影响，杂乱无章的村庄结构不利于人们生活水平的提高。因此，有必要重视村庄结构问题，对其进行改进。本节拟对村庄进行分区布局。

5.1.1　村庄分区及分区原则

5.1.1.1　村庄分区

村庄分区布局是新农村规划建设的重要组成部分，因此我们需要站在建设小康社会的战略高度，重视村庄的分区布局，按照统筹城乡经济发展和建设社会主义新农村的要求来布局村庄，使原先规模小、分布散、布局乱、设施差、服务滞后的村庄通过分区布局，为改善村庄的人居环境、集约配置公共设施，以及实现集约化、现代化农业生产打下基础。

运用村庄功能分区法，将村庄划分为集中居住区和农业生产区两大类，其中集中居住区包括住宅区和公共设施服务区，农业生产区包括大田区、设施农业区和农业观光休闲区。

5.1.1.2　村庄分区布局的原则

按照农村城镇化、现代化的发展要求，需全面调整和确定村庄布局的思路及定位，既要考虑村庄沿袭多年的住房布局和农民生产生活习惯等实际因素，又要充分体现社会主义新村庄的地位和作用，科学确定发展规模和布局，安排好公共设施和基础设施。分区布局应坚持以人为本，广泛吸纳农村居民的意愿，既要考虑农民已有的居住生活习惯，又要引导农民养成健康的生活习惯。村庄布局规划具有综合性、地方性等特点，其分区布局需坚持以下原则：

(1)方便生活、有利生产、促进流通、繁荣经济，有利于提高居民居住环境质量，使各项建设合理分布、协调发展。

(2)合理用地、节约用地，严格保护耕地，尽量少占用耕地，充分利用荒地和薄地。

(3)从实际出发，合理利用现有设施。

(4)保护环境、防治污染、消除公害，创造良好的生态环境。

(5)保护文化遗产，尊重风土人情，结合自然地理条件、历史文物和地方传统特色，创造优美协调、具有地方特色的村庄景观。

(6)发扬民主，集思广益，吸纳农民参与规划布局，广泛听取、采纳农民意见，维护农民利益。

5.1.1.3 村庄分区布局的要求

村庄分区布局需结合区域性基础设施、公共服务设施的现状，考虑设施服务和农业耕作半径，从区域经济和社会发展的角度，综合考虑地理位置、历史文化、风俗习惯、集聚效应、经济基础等，使得村庄分区布局能够满足农村居民的生活需要，有利于农业生产与经营。

1)满足居民的生活需要

居民集中居住区需要有适当的规模，以便于配置公共服务设施。长江三角洲地区经济发展迅速,农村居民物质文化生活水平日益提高，对公共服务的要求也相应提高。但是，当前村庄规模小、布局分散，很难在每个村庄都设置完善的公共服务设施。因此，在确定集中居住区规模时，尽可能使居住区的规模大一些，力求满足居民的物质、文化生活需要[1]。

2)有利于农业生产

集中居住区的布点应尽可能位于所经营土地的中心。尤其要考虑农业生产的方便程度，一般以耕作距离作为衡量住宅区和农业生产区布局是否适应的指标。耕作距离亦称耕作半径，指从住宅区到耕作地的距离。耕作半径太大，农民下地的往返消耗时间较多，不利于精耕细作和田间管理。江苏省建设厅作了大量入户调查，数据显示，80%的农民希望耕作半径在 1 ~ 1.5 km 之间。随着生活水平的提高和道路的建设完善，农民下地以自行车、摩托车甚至汽车为主要交通工具时，耕作半径的概念将会发生变化，它不应仅指空间距离，还要以时间来衡量。国外常以农民下地需 30 ~ 40 min 为上限[1]。

3)交通便利

便利的交通条件对村庄的发展至关重要。有了方便的运输条件，才有利于村镇、城乡之间的物资交流，促进其生产的发展。村庄布点有条件的尽量靠近公路、铁路、河流、车站、码头，这样有利于节约交通设施的工程投资，但应避免铁路、过境公路穿越村庄内部[1]。

5.1.2　集中居住区

集中居住区指不同居住人口规模的居住生活聚居地，特指被乡村骨干道路、骨干河沟或自然分界线所合围，并与居住人口规模相对应，配套较完善的、能满足该区居民物质和文化生活需要的公共服务设施的居民生活聚居地[2]。通常，集中居住区包括住宅区、公共设施服务区。一般而言，在集中居住区内，住宅区的住户要求在 300 户以上。住宅区的合理布置，通常需要考虑自然地理条件、现有基础设施状况以及土地利用情况。只有在综合考虑上述因素的基础上，才能对住宅区作出科学合理的布置规划。公共设施服务区又可分为文化教育区、商贸服务区、休闲娱乐区、基础服务设施区四个部分。

5.1.2.1　集中居住的优点

(1)基础设施和公共服务设施的建设量减少(如可以缩短各类管线工程和道路工程的长度)，可节约投资，有利于基础设施和公共服务设施高效运行。

(2)农民可以初步享受到现代文明，如正规教育、卫生保健、有线电视、自来水、供电供气、信息服务、社区服务等。

(3)节约土地资源。农民集中居住后，可以大大节约土地资源，为经济发展腾出空间。例如，昆山市批准建设的 6 个示范村和 8 个先行村总用地面积为 246.7 hm^2，14 个新村的建成比原来的农村村落布局节约土地 73.3 多 hm^2[3]。如果一个村有 3 户人家离村中心 500 m 的话，给这 3 户独立修路，就要占地约 0.13 hm^2。又如整个泰州市经集中居住布局规划后可节约建设用地 3.1 万 hm^2[4]。

(4)农村居民集中居住后，将改变以往由于分散式居住，一点一户，一户一路，因道路用地和住宅用地造成的土地浪费、耕地零碎的局面。形成连片的耕地，有利于农业规模化、现代化、机械化生产和经营，使土地、自然资源和社会资源的开发利用从粗放型向集约型转变，同时成片的农田还能够保全和营造独特的田园风光。

(5)有利于环境保护，生活垃圾、生活污水等收集的方便程度有所提高，而成本与分散居住相比大大降低。

(6)有利于农村居民之间的沟通与交流。

5.1.2.2 住宅区

1)住宅区布置需考虑的因素

(1)有较好的自然条件。选择工程地质、水文地质条件优越，地势较高，自然通风条件好的地段。在丘陵地区宜选择向阳和通风的坡面。少占或不占良田，有条件的最好可以选择在依山傍水、自然环境优美的地区。同时要符合居住卫生要求，布置在大气污染源的上风或侧风位、水污染源的上游[1]。

(2)充分利用原有的基础设施。到 21 世纪初，长江三角洲地区的村庄已经建设到一定的水平，农村交通、自来水、电力、通讯、水利等基础设施日趋完善，如果舍弃原有基础，重新全面规划建设，必然导致资源的极大浪费。因此，应尽量利用原有的建筑、道路、管线等基础设施，可以节约建设的投资和缩短建设周期。

(3)留有适当的发展余地。随着经济的快速发展和农村居民生活水平的提高，对居住环境的要求也逐渐提高，住宅区的用地应留有必要的发展余地。

2)住宅区分类

(1)农村居民住宅区。农村居民住宅区指农村居民集中居住生活的场所，即农民的家。

(2)休闲度假区。休闲度假区是住宅区的一部分，它是城市居民假日来农村观光旅游、体验农家生活时居住休憩的场所，是城乡交流的重要场所，也是农村经济的重要组成部分。

3)住宅区的布局形式

(1)块状布局。块状布局即成片布置。其优点是集中居住，缩短了交通路线，充分利用集体福利设施，节约用地[1]。

(2)自由布局。结合自然地形或利用道路、河流、渠道等造成居住用地平面形状的变化，依山就势，随形而异，因地制宜地布置住宅区。为了避免布局上的紊乱感，应使建筑物的朝向有规律的变化[1]。

5.1.2.3　公共设施服务区

公共设施服务区又可分为文化教育区、商贸服务区、休闲娱乐区、基础服务设施区四个部分。

(1)文化教育区。文化教育区包括学校、培训中心、图书馆等。

(2)商贸服务区。商贸服务区是集中居住区商贸活动的场所和聚集地，它包括集贸市场、小型超市、理发店、饭馆、加油站、停车场等。

(3)休闲娱乐区。休闲娱乐区包括公园、广场、体育馆、电影院(会堂)、老年活动中心等。

(4)基础服务设施区。基础服务设施区包括村委会、社区警务室、卫生服务站、养老院、垃圾集中回收中转站等。

5.1.3　农业生产区

建设农业生产区应力求顺应自然、利用自然、点缀自然，保全“田园山水”和“耕读文化”。结合当地农村自然环境、人口分布、生活习惯、民族风情和经济状况等情况，充分听取农民的意见和建议，对民居、农田、林园、水利、道路、供水、供电等重大基础设施项目应通盘考虑，处理好新农村建设与保持田园风光的矛盾。

5.1.3.1　大田区

大田区是生产粮、棉、油等基本农产品的农业区，粮食生产的基地，粮食有效供给最根本的途径，粮食安全的有力保障。长江三角洲地区经济发达，城市化进程快，耕地资源日益受到城市、工业用地的挤占，耕地面积减少很快。正所谓：“手中有粮，心中不慌”[5]，为了保障区域尺度的粮食自给，在发展经济的同时，要严格保护好大田农作区，如图 5-1、图 5-2 所示。

5.1.3.2 设施农业区

设施农业区是运用设施农业技术主要生产蔬菜、水果、花卉、药材、苗木等高经济效益、高附加值农产品的农业区。设施农业区实现的是一种集约、高效、可持续发展的现代农业生产方式。它集成现代生物技术、农业工程、环境控制、管理、信息技术等学科，以现代化农业设施为依托，使得科技含量、产品附加值、土地产出率和劳动生产率都处于较高水平。这种农业生产方式是通过采用现代化的工程技术和管理手段，改变自然环境，为动、植物生产创造相对可控制甚至最适宜的温度、湿度、光照、水肥等生长环境条件，在一定程度上摆脱了对自然环境的依赖，进行高效生产的农业生产方式，通常也被称为工厂化农业生产方式。

图 5-1　机械化收割的大田区

图 5-2　成片的粮田

设施农业生产主要包括地膜覆盖栽培、园艺作物温室栽培(主要有塑料大棚温室栽培和现代玻璃房栽培两类)和温室无土栽培技术(主要有基质栽培和无基质栽培两类)三种重要的生产措施[6]。

设施农业生产在一定程度上克服了传统农业难以解决的限制因素，加强了资源的集约高效利用，从而大幅度提高了农业系统的生产力。它可以常年均衡为城乡居民提供丰富的无污染、安全、高品质的蔬菜、瓜果等农产品，改善居民生活，同时成为增加农民收入的重要、有效的途径。因此，设施农业对推进农业产业结构的调整、提高农业科技含量、促进农业产业链的形成和农业产业化进程、增加农民收入、推动农村生产发展都具有重要意义。

5.1.3.3　农业观光休闲区

农业观光休闲区是指利用田园景观、自然生态及环境资源等，通过规划设计和开发利用，结合农林牧渔生产、农业经营活动、农村文化及农家生活，供休闲、增进居民对农业和农村体验的场所。这里能够以其古朴淳厚的田园之美，满足都市人回归自然的愿望，人们徜徉在乡村的田园风光中，呼吸着泥土的芳香，远离城市的喧嚣，能够产生将情感、智慧和理想纳入一片宁静平和之中的感觉。同时，还可以作为中小学生学习农业基本知识，了解有别于城市的生活生产方式，丰富学生们生活体验的重要学习基地。这种农业生产方式不仅为人们提供物质产品，而且提供精神产品。农业观光休闲区的经营模式主要有以下几种：传统型休闲观光农业、都市型休闲观光农业、科技型休闲观光农业、奇异型休闲观光农业等[7]。

1)休闲观光农业区的基本功能

(1)经济功能。农业观光休闲区能够增加农村居民就业机会，拓宽农民增收渠道，提高农民收入，改善农业和农村产业结构。休闲观光农业将农业由单一产业向第三产业扩展，扩大了农业的经营范围与服务领域，为农村剩余劳动力提供了更多的本地就业机会。休闲观光农业可以有效地带动周边农民收入的增加，还可以从多方面带动地方经济的发展。

(2)社会功能。农业观光休闲区能够增加城乡居民接触的机会，拓展农村居民的人际关系,增加农村居民与城市居民之间的交流与沟通，缩小城乡差别，推进城乡经济统筹发展，提升农村生活品质，推进新农村建设，促进农村经济的发展和农村面貌的改善，促进农村社会的进步和城市乡村的共同繁荣与发展。

(3)环保功能。农业观光休闲区能够促进农民主动改善环境卫生，提升环境品质，维护自然生态均衡以吸引休闲游憩人数。同时，通过休闲观光农业相关知识宣传，可以提高农民对环境保护与生态保护重要性的认识，从而使他们主动参与环境资源的保护。另外，发展休闲观光农业还有利于合理开发、利用和保护农村自然、文化资源。休闲观光农业除了提供果实采摘、销售、观赏、垂钓、游乐等活动外，部分劳动过程可以让旅游者亲自参与、亲身体验；农村丰富的乡土文化、民俗古迹等多种文化资源，供给游客参观，通过寓教于乐的形式，让参与者更加珍惜农村的自然文化资源，激起人们热爱劳动、热爱生活、热爱自然的兴趣，从而可以进一步增强人们保护自然、保护农耕文化、保护环境的自觉性。

(4)游憩、保健功能。农业观光休闲区能够为城市居民提供休闲场所和健康的休闲活动，缓解工作及生活的压力，达到恢复身心健康的作用。随着城市人口的集聚、经济的发展和都市化程度的不断提高，身居城市的人们逐渐被“水泥丛林”所包围，被“柏油沙漠”所环绕，被“三废”和噪音污染所困扰，“都市综合症”随之而来。休闲观光农业集农业劳动、农产品生产及休闲、度假于一体，给人们增加了内容丰富、形式多样的活动内容，为人们提供了新的活动空间，有利于人们的身心健康。

(5)文化传承功能。农业观光休闲区能够使农村特有的生活文化、产业文化及许多民俗文化等，通过休闲观光农业的发展得以继承，并创造出具有特殊风格的农村文化；能够提供给人们认识农业、了解农村动植物生长过程、体验农村生活及认识农村文化的条件，寓教于乐，寓学习于休闲之中。

2)农业观光休闲区的类型

从休闲内容、观光对象和活动项目角度综合考虑，农业观光休闲区可以分为以下六种主要类型[7]：

(1)农庄经济型。其特点是依托优美的自然乡野风景、舒适宜人的清新气候、环保生态的绿色空间，在原有现代农业园区、高效生态农业基地等基础上，兴建一些休闲、娱乐设施，为游客特别是城市居民提供度假、休憩、游乐、就餐、住宿等服务内容，满足游客短期的回归自然、享受宁静安逸的田园生活的需求。

(2)园区农业型。其特点是兼顾农业生产、科技示范与科普教育功能的休闲观光农业形态，通过先进的现代科技和农艺技术的宣传、示范、推广，向人们展示现代农业的风采。

(3)特色产业型。其特点是以绿色、生态、自然的农业产业带和农业资源为载体，为游客提供观光、赏景、采摘、游玩等项目，使人们领略到生态农业的大自然情趣。

(4)自然人文景观型。其特点是通过充分挖掘当地丰富的人文资源，有效利用自然景观，开发探幽、访古、赏景等休闲项目，为游客提供休闲活动内容。

(5)农家乐型。农家乐是以农民家庭为基本接待单位，以利用自然生态与环境资源、农村活动及农民生活资源、体验生活为特色，以农业、农村、农事为载体，以“吃农家饭、住农家屋、干农家活、享农家乐”为主要内容，以旅游经营为目的的休闲观光农业项目。其特点主要是凭借其富有地域特色的生态环境或独树一帜的特色农产品，以绿色、安全、新鲜见长，通过提供自产的蔬菜、家禽、水产品等，让游客品尝原汁原味的农家菜，体验淳厚的农家风情。

(6)农业贸易型。其特点为利用各类大中型农副产品集散市场、商务会展中心及农产品加工园等把休闲观光内容与农业经贸活动有机地结合起来，为游客提供休闲观光、优质农副产品采购等服务活动的休闲农业发展模式。如桐庐蜂之语蜜蜂王国生态园采用的就是“寓销于游，游中促销”。再如萧山的中国花木城，依托商贸活动中丰富的花木品种的优美景观，让游客在如画的美景中流连忘返，充分体会现代农业与农业技术发展的奥妙，并为市民提供采购花木盆景及配套器具的场所。

5.1.4　村庄分区布局概化模式

村庄分区布局应尽量使居民集中居住，使居民能够充分享受现代化生活。对于集中居住区主要有以公共设施服务区为中心或以住宅区为中心的环状布置和线性布置两种概化模式。

5.1.4.1　以公共设施服务区为中心的环状布置

在这种布局模式下，公共设施服务区布置在中间，居民住宅布置于周围，从各个方向的居民住宅到公共实施服务区的距离基本相等，住宅区外围为农业生产区。以公共设施服务区为中心的村庄环状布置概化模式见图 5-3。

5.1.4.2 以住宅区为中心的环状布置

在这种布局模式下，住宅区布置在中心位置，公共设施服务区设在住宅区周围，从居民住宅到各个方向的公共设施的距离相同，公共设施服务区的外围为农业生产区。以住宅区为中心的村庄环状布置概化模式见图 5-4。

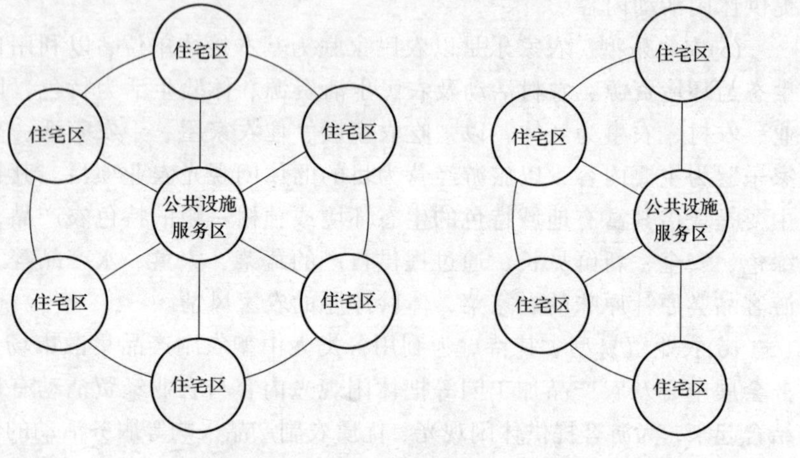

图 5-3　以公共设施服务区为中心的村庄环状布置概化模式示意图

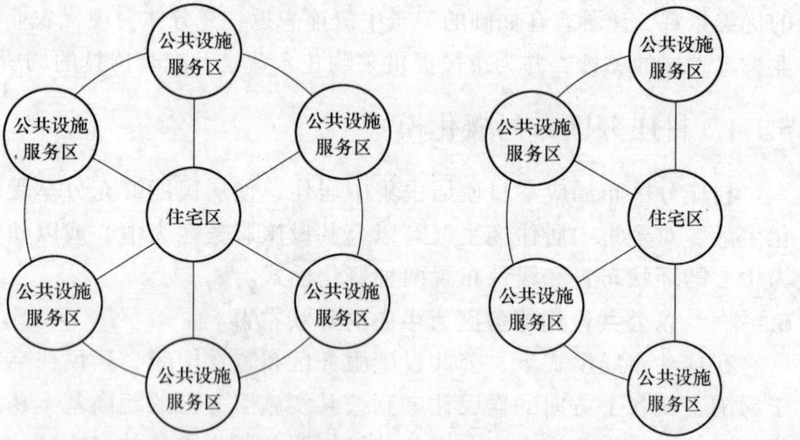

图 5-4　以住宅区为中心的村庄环状布置概化模式示意图

5.1.4.3 线性布置

村庄线性布置时公共设施服务区和住宅区几乎位于同一直线上，公共设施服务区仍位于住宅区中间，该布局形式适用于集中居住区沿河流或道路布置。公共设施服务区和住宅区的外围为农业生产区。村庄线性布置概化模式见图 5-5。

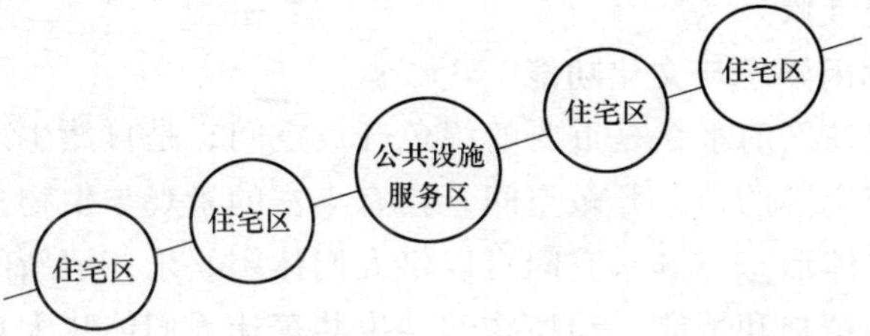

图 5-5 村庄线性布置概化模式示意图

5.2 农村水系规划与整治

当前，一些地方在进行新农村建设时，忽视水系的作用，忽视水系的通畅完整，任意填埋、侵占和污染水系，造成水面率减小，原来流动互通的水系变成了支离破碎的污水沟或污水池。水利是农村生产、生活的重要基础设施，因此在实施新农村建设过程中，首先要对当地的水系进行规划布置，提出建设方案和整治措施。

5.2.1 农村水系的功能

农村水系既是农民生活的重要水源，又是农业灌溉的重要水源，还是农村物资运输的重要通道。可见，农村水系对于维持农民的正常生活、保证农村生产的正常进行具有十分重要的作用。对于农村集中居住区来说，丰富合理的水系显得更为重要，它主要具有以下几个方面的功能。

5.2.1.1 除涝、补给地下水功能

集中居住区的水系可以接纳降雨，排除涝水。在采用雨污分流制

的村镇，雨水若就近排入水系，可以缩短雨水排水管线，既可以降低排水系统的造价，又可以迅速排除雨水。另外，集中居住区的水系对地下水还有一定的补给作用。

5.2.1.2 改善生态环境，调节小气候功能

水系能有效调节集中居住区的生态环境，为各种生物提供栖息场所，调节小气候。

5.2.1.3 休闲娱乐与文化功能

集中居住区的水系是重要的绿色开放空间，是自然生态系统与人工建设系统交融的公共开敞空间，具有丰富的景观与生物多样性。丰富多变的水体形态与滨水空间可以供人们休闲娱乐；清新的空气能够调整人们的精神和情绪；动植物的共生共存让人们体味大自然的丰富与美丽；与水有关的历史文化遗迹可以让人们凭吊；以水为载体的水上活动不仅具有强身健体的功能，而且具有放松身心的作用[8]。

5.2.1.4 纳污功能

流水不腐，水体因自身具有流动性而具有较强的自净能力。水生生物可吸收、分解大量营养物质；水生植物可以减慢污水流速，使颗粒物质沉淀于底部，滞留 96%的氮和 97%的磷。但水体的自净能力有限，超过纳污能力的上限，会使该能力急剧降低以至于消失[8]。

5.2.1.5 应急备用功能

村庄一般离消防站的距离较远，集中居住区若发生火灾，消防队很难在较短时间内赶到救灾，许多时候水源也成为救灾的制约因素。居住区中保留适当的水系能够为灭火救灾提供就近的水源，为居民自救提供可能。如果出现自来水供应安全事故(污染、恐怖活动、投毒等)，水系中的蓄水还可以用做备用水源。

5.2.1.6 融雪功能

大雪过后，道路上的积雪通常被堆积在路边，堆放的积雪融化缓慢，较长时间地占用路边空间。如果将积雪倒入附近的河道中，不仅可以解决雪堆侵占路边空间的问题，而且积雪可以较快消融。

5.2.1.7 运输功能

水网地区的农村借助小船运输一些生产、生活资料，既经济又环保。

5.2.2　农村水系规划与整治

5.2.2.1　农村水系规划的原则

农村水系规划应重视河道的多种功能，尊重水系的自然规律，重视水系环境生态建设，恢复水系的生命活力和环境自净能力，使水系自然化、生态化、人文化。为实现这些目标，集中居住区水利规划应遵循以下原则[9]。

1)尊重水系的“乡村性”

农村水系的生物多样性和形态各异的自然地形，形成了丰富多变的自然景观和季相特点。农村集中居住区水系规划应从整体上保护和恢复原有的乡村自然生态结构和天然景观，充分体现“水、田、园、林”的乡村特色。

2)确保水系用地的原则

目前在新村建设过程中，由于认识和管理方面的原因，河道用地难以保障。河湖空间受到挤占，从而导致河流水文特性变化、生态环境质量受损。因此，应在农村土地利用规划中明确划定河流用地，在有关法规中规定新农村建设不得无序、随意侵占河道用地；村庄中的小型河汊、沟塘一般不得随意占用和填埋，由于居住区和田块的调整，必须在确保规划水面率的前提下适当调整水系；应有计划地恢复历史上被占用的河流用地。

3)与流域水系协调的原则

集中居住区的水系是流域水系的重要组成部分，对集中居住区的水系水面改造和建设必须与流域水系相协调，流域性或区域性骨干河道在集中居住区范围内必须保持水流的畅通、行洪的安全和生活、生态、环境的供水需求。

4)统筹考虑和均匀分布的原则

集中居住区水面组合应统筹考虑，合理布置河道、湖泊和小型水库等，应有河道、坑塘、湿地等不同的水面形式。

5)坚持“以人为本”的水系规划设计理念

水系规划应考虑乡村居民对河流的情感需求，充分满足人们回归自然、亲河近水的情感要求。水的魅力主要通过视觉、听觉、触觉为人们所感受，因此河道空间设计应以安全性、开放性和舒适性为原则，为满足居民直接欣赏水景、接近水面等要求提供更多场所。

5.2.2.2 集中居住区水系综合整治的方法

集中居住区水系整治已不再是单纯的工程内涵，而应是综合整治，体现“水、田、园、林”的乡村特色。集中居住区的河道应是岸绿、水清、流畅、景美、富有生命力的生态型河道，水系应做到“连、通、畅、活”，滨河带的建设应纳入河道整治内容中。利用河道的保护带和沿河绿地，营造亲水平台，展示本地的独特景观，为人们提供休闲、娱乐的开放空间。水系整治需摒弃以往河道断面设置为简单的矩形、梯形及河道硬质护底的陈旧做法，力求将工程语言变为艺术作品[10]。

1)清淤截污

清理河道底质，减少底质污染，规划和建设雨污分流工程，截断排污口使生活污水进入污水处理厂。只有清淤截污才能从根本上改变河道水质，使集中居住区水系水流变清，为集中居住区居民提供良好的水环境。

2)沟通水系

在集中居住区水系整治中应将区内水系与区外水系连通，将区内分散、孤立的水系互相沟通，形成循环水体，营造一个连通流动的水系，提高水体的自净能力，改善水系生态环境。

3)选择适宜的水面率

适宜的水面率有利于改善集中居住区的景观环境、提高人居的舒适度。水面率太小固然不能满足居民的需要，但水面率太大将造成宝贵的土地资源的浪费，而且需要大量的建设资金和水量作为保证。因此，要综合当地的自然条件、水土资源量和经济发展水平，选择合适的水面率。

5.2.2.3 农村河道清淤疏浚

长江三角洲地区农村河网密布，水系发达，为农民生产生活提供了优越的条件。但长期以来，由于自然和人为的原因，农村河道淤积问题十分严重。据调查，江苏省县乡河道平均淤积深度达 1m 以上，淤积土方量达 8.36 亿 m^3。由于河道淤积，导致河床抬高，防洪、排涝、灌溉能力下降，水生态环境恶化，严重影响农村的正常生产生活。因此，农村河道疏浚已成为当前长江三角洲地区农村水利发展的一项重要任务。如江苏省制定了《江苏省 2003~2007 年县乡河道疏浚规划》，该规划明确了江苏用 5 年时间疏浚河道 8 000 多条，总长度 37 000 多 km，土方量 6 亿多 m^3。为了适应新农村建设的需要，在新型农村水利发展模式下，农村河道疏浚应从疏浚规划、疏浚模式、投资渠道以及疏浚管理等几方面科学合理地开展相关工作。

1)统筹规划农村河道疏浚

农村河道疏浚是一项系统工程，涉及面广，必须统筹规划，综合治理，紧密围绕建设社会主义新农村这一目标，按照提高农业综合生产能力、改善农民生产生活条件、加强农村生态环境建设的要求，把农村河道疏浚工作纳入农村经济社会发展的总体规划，与推进农业产业化、工业化和城镇化有机结合起来，与改善农村饮用水质、开展植树造林相结合。

2)改进农村河道疏浚模式

以往在疏浚工作中，仅仅注重河道行洪能力的提高，而忽略了它的生态环境影响。由于现在很多河道水体均受到不同程度的污染，河道底泥中含有大量的污染物，在底泥的挖、运、卸的过程中均有可能造成二次污染。而且如果这些底泥不做任何处理而简单地将其抛弃，将会造成严重的二次污染。另外，现有的一些疏浚模式，虽然在短期内达到了工程预期目标，但经过一段时间后，又出现了反复。这是因为疏浚时没有深入分析它的后续生态环境影响。因此，为了能更有效、科学合理地对河道进行疏浚，在对河道进行疏浚之前应根据河道的特点，分析疏浚对河道的水文条件、生态环境造成的影响。在此基础上，选择适合该河道特点的生态疏浚模式。

生态疏浚模式的推广应用对于加强农业基础设施建设，改善农村河道水质，改善农民生产生活条件，加强农村生态环境建设，大力推进长江三角洲地区新农村建设的进程，具有十分重要的意义。

3)创新农村河道疏浚投资机制

农村河道疏浚面广量大，需要的投入较多，以往疏浚的资金来源完全靠政府投入。随着农村经济的发展，这一投资方式已不能满足疏浚工程的需要。需要积极创新投入机制，改变疏浚投资方式，增加投资渠道。主要从以下几方面完善投资机制：①继续加大政府财政投入。农村河道疏浚工程属于社会公共事业，各级政府财政都要加大投入力度。②运用市场机制增加投入，在科学规划的基础上，采取“一土多用、以水生财”的方法，运用市场机制，积极开发水土资源，实施以“疏浚”养“疏浚”的模式，以此吸引工程投资。③积极鼓励农民群众参与筹资。农村河道疏浚工程的实施，其直接受益主体是农民群众，因此可以通过农民群众筹资，正确组织和引导农民积极投劳投资。这不仅可以增加疏浚资金，还可以充分发挥农民的主动性、积极性，让农民群众了解疏浚工程，增强河道保护意识。

4)转变农村河道疏浚管理理念

农村河道疏浚是一项民心工程，必须对农民负责，让农民群众满意，应切实加强管理，转变河道疏浚管理理念。对于群众筹资、政府补助的疏浚工程，必须采取招投标工程监理制，组织有关群众代表参加工程建设管理，接受群众监督。

为了有效地维护疏浚成果，必须建立农村河道的长效管理机制。可以按照“谁受益，谁管理”的原则，通过合理开发利用河道水面、堤防资源辅以地方政府的适当补助，建立农村河道常年管护和考核制度，从制度上保证农村河道的养护。

5.2.2.4 农村河道断面形式

农村河道主要有U形断面和复式断面两种断面形式。

1)U形断面

U形断面是最原始的断面形式，也称自然形河道断面，U形断面如图5-6所示，它由水流常年冲刷而自然形成。这种断面形式常见于农村的中小河道。

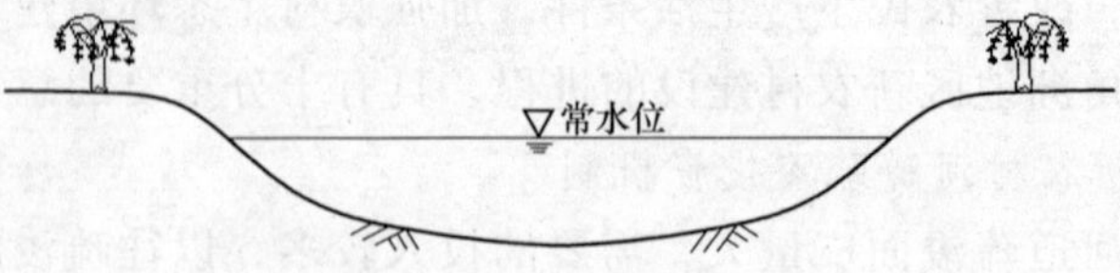

图5-6 U形断面示意图

2)复式断面

复式断面是集中居住区较为理想的断面形式，它不仅充分考虑了洪水期过流量大的要求，而且又能适应枯水期流量较小的特点。枯水期水流位于主河道，河滩作为休闲、娱乐的景观平台，可满足人们“亲水、近水、入水”的要求。该断面形式景观效果好，但占地面积和工程投资较大[9]。复式断面如图 5-7 所示。

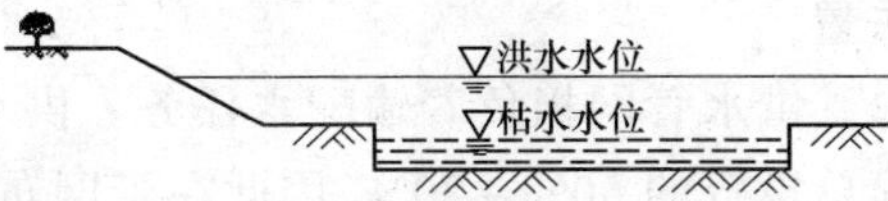

图 5-7　复式断面示意图

5.2.2.5　农村河道护岸形式

长江三角洲地区乡村河道大多是土质岸坡，这种岸坡抵御洪涝灾害的能力较弱，易发生坍塌，因此应辅助一定的护岸措施，通常的河道护岸主要有传统护岸和现代生态护岸两种形式。传统的河道护岸形式主要有浆砌或干砌块石护坡、现浇混凝土护坡、预制混凝土块体护坡等。

虽然这些结构形式在保持岸坡的结构稳定性、防止水土流失以及防洪等方面起到了有效作用，但是它们在不同程度上对景观、环境和生态均产生了不良影响，造成水体与陆地环境恶化和生态破坏。可见，传统护岸结构形式已不能满足社会经济发展和人们的生产、生活对生态环境的需要。国内外工程技术人员已经使用生态型护岸技术，并已提出多种不同结构形式的生态型护岸技术，这些护岸形式主要有植被型护岸、亲水型护岸、景观型护岸以及动物型护岸等(详见本书第 4 章)。

5.3　集中居住区供、排水系统的设置

5.3.1　供水

5.3.1.1　用水类型

农村集中居住区的用水类型主要包括：①生活用水；②生态用水；

③消防用水；④不可预见用水等。

5.3.1.2 供水系统的设置

供水系统由取水工程、净水工程、输配水工程和水泵组成。一般地，每个乡镇均有统一的水厂，因此集中居住区内供水系统只需配套输配水工程即可。输配水工程包括铺设输水管道、配水管网，如果水压不够还要设置增压泵站。

5.3.1.3 供水管网的布置

在村镇供水系统中，供水管网担负着输配水任务。供水管网的建设投资一般占供水工程总投资的50%~80%，因此在管网布置规划中，应根据集中居住区的特点选择合适的布置形式和布置线路，从而保证管线布设合理、经济。

1)管网布置形式

供水管网是根据村庄地形、道路及其发展方向等因素进行布置的。管网平面布置形式有树状、环状和复合型。

(1)树状管网。树状管网配水干管和支管间的布置如同树干和树枝的关系，如图5-8所示。优点是管线短、构造简单、投资较省；缺点是一处损坏将使其下游各管段全部断水，管网有许多末端，有时会恶化水质。该布置形式适用于经济水平不高、对不间断供水无严格要求的集中居住区。

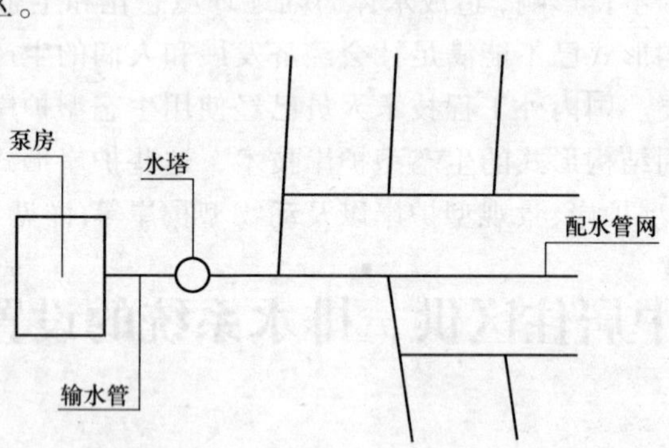

图5-8 树状管网[1]

(2)环状管网。环状管网干管之间用联络管互相接通，形成许多闭合环，每个管段都可以从两个方向供水，如图 5-9 所示。这种布置形式安全可靠，保证率高，但造价较高。该布置形式适用于对供水要求较高、经济发达的集中居住区。

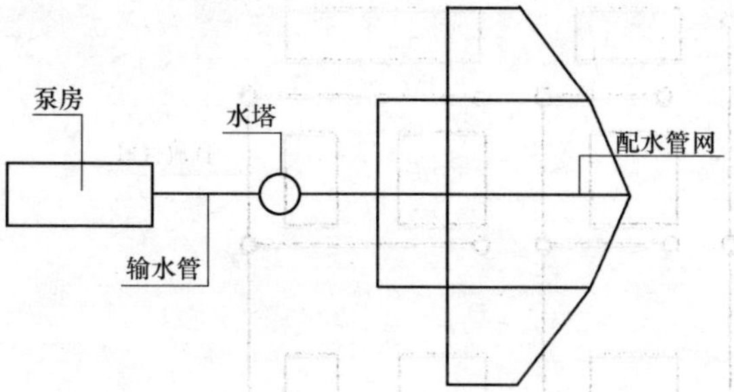

图 5-9　环状管网[1]

(3)复合型。复合型管网布置形式是树状和环状两种形式的综合使用形式。

2)管网线路的选择

应根据用水量、工程量、地形等条件选择管网线路，综合考虑确定最优的管网线路。

(1)干管布置的主要方向和供水的主要流向一致，使干管两侧通过负荷较大的用水户，并以最短距离向最大用水户或水塔供水。

(2)管线总长度应尽量最短，便于施工和维修，降低管网造价和管理费用。

(3)充分利用地形，优先考虑重力自流，减少经常的动力运行费用，管网平差选用最佳方案。

(4)管线应尽量沿现有道路或规划道路铺设，避免穿越道路街坊，平面布置应符合村庄建设规划的要求[1]。

5.3.2　排水

5.3.2.1　排水体制

集中居住区排水的主要对象是生活污水和雨水，排水体制一般有合流制和分流制两种方式。

1)合流制

合流制排水方式只埋设单一的管道系统来排除生活污水和雨水，如图 5-10 所示。

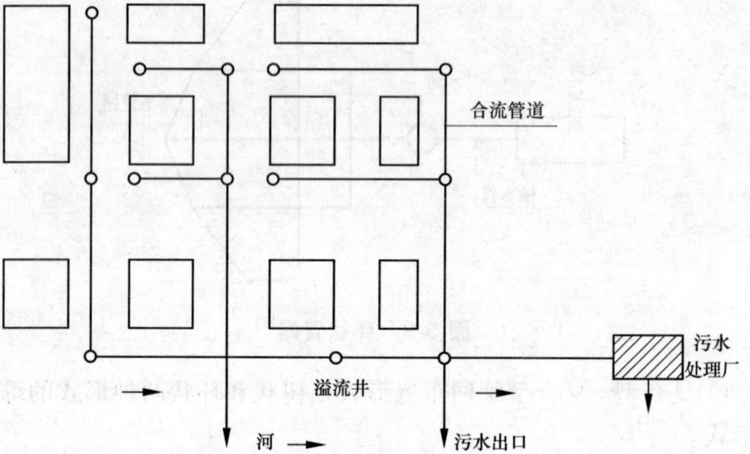

图 5-10 合流制排水系统示意图[1]

2)分流制

分流制排水方式即雨污分流制，设置两套管道(或明渠)系统，分别收集雨水和污水，如图 5-11 所示。

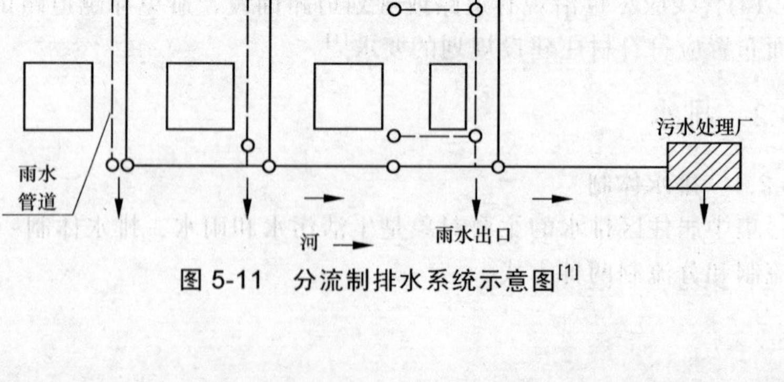

图 5-11 分流制排水系统示意图[1]

如何合理选择排水体制关系到村庄排水系统是否经济实用，能否满足环境保护的要求，直接影响到工程造价和维护管理。一般集中居住区宜采用分流制，用管道排出污水，用明渠排出雨水，这样可分期建设，分别处理，减少污水处理量，减少投资。

5.3.2.2　除涝排水模式

集中居住区排水模式可分为强排水和缓冲式自流排水两种。地面排水模式不同，涝水入河强度也不同，入河强度越大，对区域排水和周边地区的影响也越大。强排水模式排水强度大，投资大，抗风险能力弱，内河水位高，生态环境差，一般适用于水面率低、水系不发达、无法实现自排的地区。缓冲式自流排水模式排水强度小，投资小，抗风险能力强，内河水位低，生态环境佳，它充分利用水系的蓄、排功能，有效缓解排水矛盾。集中居住区排水应优先选用缓冲式自流排水模式。

1)强排水模式流程

(1)雨水→支管→干管→雨水泵站→区域外围水体和湿地。

(2)雨水→支管→干管→雨水泵站→区域内河网和湿地→区域外围泵闸→区域外围水体和湿地。

2)缓冲式自流排水模式流程

(1)雨水→(沟)管→区域内河网和湿地→区域外围泵闸→区域外围水体和湿地。

(2)雨水→(沟)管→农村圩区内河网和湿地→圩区泵站→区域外围水体和湿地。

(3)雨水→(沟)管→农村圩区内河网和湿地→圩区泵站→区域内河网和湿地→区域外围泵闸→区域外围水体和湿地。

5.4　农业生产区供、排水系统的设置

5.4.1　输水工程设置

5.4.1.1　灌溉渠系

灌溉渠系由各级灌溉渠道和退(泄)水渠道组成。灌溉渠道可分为

干渠、支渠、斗渠、农渠四级。对于长江三角洲地区，退、泄水渠道包括中途泄水渠和渠尾退水渠，其主要作用是排泄入渠洪水、退泄渠道剩余水量以及当下游出现工程事故时断流排水等，达到调节渠道流量、保证渠道及建筑物安全运行的目的。中途退水设施一般布置在重要建筑物和险工渠段的上游[11]。

1)灌溉渠道规划原则

(1)尽量实现自流灌溉。各级灌溉渠道应布置在各自控制范围内的较高地带，以便自流控制较大的灌溉面积。对于面积很小的局部高地宜采用提水灌溉，不必因此抬高渠道高程。

(2)使工程量最省和工程费用最小。在平原地区，渠线应尽可能短直，以减少占地和工程量。在丘陵地区，地形、地质条件复杂，如果渠线沿等高线布置，可减少建筑物数量和减小建筑物的规模，但渠线较长，土方量较大，占地较多；如果渠道直穿岗、谷，则渠线短直，工程量和占地较少，但建筑物投资较大。究竟采用哪种方案，要通过经济技术比较才能确定。

(3)有利于运行管理。灌溉渠道的位置应参照行政区划确定，尽可能使各用水单位都有独立的用水渠道，以便管理。

(4)有利于机械化耕作。斗、农渠的布置应满足机械化耕作的要求，渠道线路要直，上、下级渠道尽可能垂直。

(5)和排水系统规划结合进行。有灌有排，有利于有效地调节农田水分状况。

(6)和土地利用规划相结合。灌溉渠系布置应和土地利用规划(如耕作区、道路、林带、居民点等规划)相配合，以提高土地利用率，方便生产和生活。

2)灌溉渠系的布置

长江三角洲地区分布着广阔的平原农田，在平原区地势平坦开阔，耕地连片。干渠多数沿等高线布置，支渠垂直于等高线布置。

长江三角洲地区的圩区主要分布在沿江、滨湖低洼地区，地势低洼，河湖港汊密布，洪水位高于地面，必须通过筑堤围圩才能保证正常的生产和生活，一般没有常年自流排灌的条件，需进行提排、提灌。

灌溉干渠多沿圩堤布置，灌溉渠系通常只有干、支两级。

斗、农渠的布置主要根据农业生产的需要和地形条件确定。斗渠的长度和控制面积随地区变化较大。丘陵地区斗渠长度较短，控制面积较小；平原地区斗渠较长，控制面积较大。斗渠的间距主要根据机耕要求确定，和农渠的长度相适应。

农渠是末级固定渠道，控制范围为一个耕作单元。农渠的长度需根据机耕要求确定。平原地区通常为 500 ~ 1 000 m，间距为 200 ~ 400 m，控制面积为 13.33 ~ 40 hm^2。丘陵地区农渠的长度和控制面积较小。在有控制地下水水位要求的地区，农渠间距根据农沟间距确定。

3)灌溉渠道和排水沟道的合理配合

灌溉系统和排水系统的规划要互相参照、互相配合、通盘考虑。斗、农渠和斗、农沟的关系则更为密切，它们的配合方式取决于地形条件，有灌排相间和灌排相邻两种基本布置形式。

(1)灌排相间布置。灌排相间布置用于地势平坦或有微地形起伏的地区。灌溉渠道和排水沟道交错布置，沟、渠都是两侧控制，工程量较小。此布置方式目前的主要形式有一路二沟(渠)、一沟(渠)二路、一渠(沟)一路。渠系配套以一渠(沟)二路为最省，但渠、路均为填方，要从挖沟处长距离运土，也可利用挖沟土填路，但这种方式占地多，在土地资源紧张的长江三角洲地区并不适用。一渠(沟)一路，耕作机械可直接下田，并且可以由一块田直接进入另一块田，耕作方便。一路二沟(渠)布置方式，耕作机械下田，两侧均要造桥，配套投资大。因此，长江三角洲地区宜采用一渠(沟)一路布置[12]。

(2)灌排相邻布置。灌排相邻布置用于地面向一侧倾斜的地区或平坦地区沟距较小的地方。该布置方式渠道只能向一侧灌水，排水沟也只能接纳一边的径流，灌溉渠道和排水沟道并行，上灌下排。灌排相邻布置有沟—渠—路、沟—路—渠、路—沟—渠三种形式，通常采用前两种形式。采用沟—渠—路布置时，道路位置高，不易积水，耕作机械可从路旁直接下田，渠水进田要穿路，管道长，沟渠距离近，要求土质较好。采用沟—路—渠布置形式时，渠水入田方便，耕作机械下田需跨越沟或渠，需要配套较多桥涵，路面扩宽受到限制。斗沟和斗渠不存在耕作机械下田的问题，可采用沟—路—渠布置形式。考虑耕作机械可以直接下田作业，农沟和农渠宜采用沟—渠—路布置形式(除沙土地区)。沟—路—渠布置可以使田块四面托空，便于控制地下水水位[12]。

长江三角洲地区适合灌排沟渠分开布置，采用灌排相邻布置形式时选用沟—路—渠形式，采用灌排相间布置形式时选用—渠(沟)—路形式。

4)渠道防渗

一方面，渠道渗漏量占渠系损失水量的绝大部分，渠系水量损失不仅降低渠系水利用系数，减少灌溉面积，而且会增加灌溉成本和农民的水费负担，降低灌溉效益，因此需要采用衬砌措施进行渠道防渗。另一方面，长江三角洲地区水量比较丰富，地下水水位较高，渗漏量相对较小，缺水主要是水质型缺水，可以视实际情况采用黏土渠防渗，而没有必要衬砌硬化。衬砌后的渠道隔断了水土之间的联系，使水污染加剧。更重要的是，渠道作为各种水生生物生存和繁衍的主要空间之一，衬砌硬化后将急剧减少水生生物的种群和数量，使水域生态系统退化，甚至遭到严重破坏。因此，从生态环境保护和可持续发展的角度考虑，长江三角洲地区渠道衬砌的弊大于利。一般干、支渠输水距离远、输水时间长、损失大，为减少输水损失，提高渠系水利用系数，可以采用衬砌措施。斗、农渠输水距离近、时间短，输水损失相对较小，因此建议斗、农渠不采用衬砌措施。

5.4.1.2 灌溉管网

长江三角洲地区很多农村灌溉系统采用了管道灌溉方式。这种灌溉方式将输水管网大部分或全部埋于地下，占用耕地少，可以提高土地利用率，减小对交通和耕作的影响，提高灌溉水利用系数，而且适应了现代设施农业生产的需要，有利于实现灌溉的自动化控制。

灌溉管网的基本形式有环状管网和树状管网两种。为了提高灌溉效率，通常采用两者相结合的混合形式。

5.4.2 排水系统布置

5.4.2.1 排水沟布置的原则

(1)各级排水沟布置在各自控制范围的最低处，以便排除整个排水区的多余水量。

(2)尽量做到高水高排，低水低排，自排为主，抽排为辅；即使排水区全部实行抽排也应根据地形分片抽排，节约排水费用。

(3)干沟出口应选在承泄区水位较低、河床较稳定的地方。

(4)各级沟道要与灌溉渠系的布置、土地利用规划、道路网、林带和行政区划等相协调。

(5)尽量使工程费用省，排水安全及时，便于管理。

5.4.2.2 排水模式

农业生产区的排水模式分为直排模式和(大田区)缓排模式两种。

1)直排式

直排式排水模式是目前长江三角洲地区广泛采用的传统排水方法,将农田中由降雨或灌溉产生的多余水分直接通过田间排水网汇集,然后经输水沟网和排水枢纽直接排泄至容泄区。该排水模式排水迅速,但同时田间养分也会随着水流直接排泄入河道里，这样不仅使田间大量养分白白流失，降低肥料有效利用率，而且会造成严重的水环境面源污染。

2)缓排式

缓排式排水是新理念下的环保型排水方法，即在田间、农沟或斗沟上运用溢流坝、溢流堰等工程措施将田间多余水分截留在田间、农沟或斗沟中并停留适当的时间，然后排出。水分截留时间的控制以使作物不受害、不减产为上限。该排水方式让水流在田间、农沟或斗沟中停留一段时间，使水流中悬浮的养分得到沉积，能较好地减少水流带走的养分，提高肥料利用率，更重要的是，这样可以大大减轻因田间养分流失造成的水体面源污染[13]。

5.4.3 田间工程模式

随着长江三角洲地区社会经济的快速发展，社会主义新农村建设的不断推进，农业机械化作业、规模化经营成为必然趋势，长江三角洲地区传统的田间工程模式将不能满足现代化农业生产的要求。参照国外现代田间工程实践经验，“两暗一明”模式是比较符合长江三角洲地区农业生产发展要求的田间工程模式。

“两暗一明”是指田间采用管道灌溉，暗管排出土壤水，明沟排出涝水。日本第九次土壤整治工程向全国推荐的唯一的田间工程模式即为“两暗一明”模式。国内外实践表明，“两暗一明”灌排模式具有明显的节水、增产、省工、节地效益，能够为农业机械化作业创造条件。在传统田间工程模式下，确定格田长度首先要考虑灌排系统的良性运行，其次才可考虑机械作业的要求，这样往往造成农业机械作业效率低、成本高。在“两暗一明”模式下，影响格田尺寸的主要因素不再是末级固定降渍排水沟间距，而是农业机械的作业效率，以提高机械作业效率为目标来确定格田尺寸和形状。

暗管排水能够改善作物生长环境、促进作物生长、减少明沟的占地面积、提高机械作业效率，既能在水田退水后或旱田雨后使地下水水位迅速降低，减轻作物遭受渍害，又能确保农业机械行走所需的农田承载力，使田间作业适时进行。在传统的田间工程模式下，明沟兼治涝渍，使得明沟深度大、沟口宽、数量多、占地多，降低了机械作业效率。在寸土寸金、土地资源比较紧张的长江三角洲地区采用暗管排除土壤水和明沟排除涝水相结合的方式可以克服明沟排水的缺点。明沟主要用于排除涝水，断面面积可以大大缩小[14]。

5.5 当前农村水利基础设施建设的重点

社会主义新农村建设的推进，对农村水利基础设施提出了更高的要求，因此必须进一步加强长江三角洲地区的农村水利基础设施建设，以适应社会主义新农村建设的需要。

5.5.1 积极推广节水灌溉技术

实施节水灌溉是实现工程水利向资源水利转变的重要途径，是促进农业产业结构调整的必要保障。加大农业节水力度，有利于解决农业面源污染、转变农业生产方式和提高农业生产力，是一项革命性措施，因此必须将节水灌溉技术放到农村水利建设的重要位置。要加大节水设施、节水技术的推广力度，扶持节水灌溉，完善防渗渠系配套，合理发展喷灌、滴灌工程，重点发展浅湿灌溉技术。

5.5.2　加强农村水利信息化建设

农村水利是一个富含大量信息的行业，具有很强的实时性，单纯依靠人工手段很难有效地对其进行管理。必须借助于现代信息技术，实施农村水利的信息化建设，实现农村水利的高效规划、设计、运行和管理。通常农村水利信息化建设主要包括两个方面，一方面是硬件建设，包括流量、水位、墒情、作物长势等的信息监测设备，水闸、泵站等渠系建筑物的监控设备等；另一方面是软件建设，包括灌溉需配水模拟、渠系水流模拟、水费征收系统、办公自动化系统等。

5.6　农村水环境、水生态的保护与营造

5.6.1　农村水环境、水生态保护势在必行

良好的水环境能为集中居住区居民提供优质的水源、良好的亲水环境和享受天伦之乐的场所；能够促进水上交通、水产和养殖业的发展；还能够改变空气湿度、调节温度、滋润土地等。自古以来，人们逐水而居，人与水的关系源远流长并随地理自然条件的变化呈现出不同的状态。各个地区形成了不同的水文化，如有关水的节日、传说、诗歌等。当前，在以人为本的集中居住区建设中，人们越来越重视水环境的创建与保护。

长江三角洲地区气候湿润，地势低平，河网密布，水量丰富，享有“鱼米之乡”的美誉，同时经济发达，尤其是乡镇企业发展迅速。但在发展过程中缺乏环境保护意识，大量的生活污水、生产废水排入水体，超出了水体纳污容量，使水环境遭到了严重破坏，大部分地表水都受到不同程度的污染，造成了水质型缺水。据 1998 年江苏省环境监测系统对全省农村 229 条河流、596 个断面的监测，水质优于Ⅱ类的断面仅为 9 个，占 1.5%；符合Ⅲ类标准的断面 48 个，占 8.1%；符

合Ⅳ标准的断面高达 278 个，占 46.6%；水质为Ⅴ类和劣Ⅴ类的断面高达 261 个，占 43.8%[15]。

国家明确提出新农村建设的目标，并要求在建设中必须注重居住区环境的建设。居住区的水环境是居住区环境的重要组成部分，良好的水环境对于提升居民的生活质量和品位，培养居民养成良好的生活习惯具有重要意义，而且水环境规划直接关系到其他设施，如道路、村庄布局等规划。

5.6.2 当前农村水环境、水生态存在的问题

长江三角洲地区的水环境和水生态问题主要有以下几方面。

1)河道、沟道被严重侵占

长江三角洲地区因地势低洼，渍涝灾害较严重，纵横交错的水网既是人们生产生活的重要资源，又是防洪除涝、稀释降解污染物的基础条件。但以往农村建设缺乏整体规划，更缺乏水环境保护理念，农民为了眼前利益盲目挤占河道、沟塘等，致使水域面积减少，区域防洪排涝能力下降，水体自净能力大部分丧失。在太湖流域，平均每年因围垦而减少的湖泊面积为 14.69 km^2，很多河道被挤占成了“断头河”，对防洪、排涝、纳污降污极为不利[16]。

2)工业废水污染严重

长江三角洲地区工业相对较发达，特别是乡镇企业较多。这些乡镇企业大多规模较小，环保意识不强。企业没有能力购买处理污水的设备，加上技术装备不高、生产工艺落后，其污水处理能力明显低于其他类型的工业企业，很多废水排放时不达标，甚至不经处理直接排入河道。使得村庄、城镇附近的河道、沟渠、池塘成了污水蓄水池，严重影响农民的生产生活。

3)农民生活、生产污水任意排放

农村地区传统为一家一户单门独院的居住形式，居住分散，形成了“大杂居、小聚居”的格局。农村基础设施匮乏以及农民落后的生活卫生习惯，使农村污水横流、垃圾遍地，脏、乱、差问题十分突出。农民生活污水、牲畜的散养、放养以及农业面源污染是农村水体污染

的重要因素。

4)过量使用化肥和农药

农民为了追求更高的产量，往往施用过量的化肥和农药，造成了严重的水体面源污染。

5)养殖业发展无序

近年来农村养殖业发展迅猛，养殖业成为农民重要的收入来源。但农民在养殖过程中，通过向水体投放大量的饵料来提高养殖产量。过量的饵料在水体中发酵，造成了水体的污染。

由于上述种种原因，农村水域生态系统破坏严重，田园风光中的重要元素如萤火虫、蜻蜓、青蛙等人们喜爱的动物越来越少了，潺潺流水不见了。天然的亲水环境破坏殆尽，农村没有了自然风光和优美环境，丧失了原有的美丽和魅力。因此，在建设社会主义新农村进程中应高度重视水环境、水生态的保护与建设，努力恢复、创造良好的生产条件与宜人的居住空间，重塑农村的美丽与魅力。

5.6.3　保护优质水环境、水生态应遵循的原则

1)遵循农村总体规划原则

农村水环境规划从属于农村的总体规划，在总体规划中要充分考虑到现有水系的分布。

2)因地制宜原则

不同农村地区的地形、地貌、水文、水系等自然状况不同，村庄的规模、经济发展水平不一，农村的水环境建设必须根据当地实际情况，因地制宜地采取措施，这样才能创造出经济合理、稳定和谐的人居环境。

3)尊重自然原则

自然状态下的环境往往是稳定、和谐的，生态系统一旦遭到破坏将很难再恢复，因此在农村的水环境建设中要特别注意保持原有的自然生态系统，尽量避免人为干扰。

4)遵循经济实用的原则

农村经济水平较低，人口规模相对较小，这就决定了经济总量的

规模不大，因此应尽量就地取材，采取经济合理、可行的方法。

5.6.4 农村水环境、水生态建设的具体措施

水环境、水生态的建设应充分考虑到当地的水环境状况和水系格局，充分尊重原有水系的格局及水面形态，保证居住区有适宜的水面面积，注重各沟道、塘池间的沟通以及与居住区外其他水体的连接，注意不同高差的匹配，使水流动起来，维持水体的流动性，严格控制污染排放，充分重视各个村镇的生活习惯、文化传统、地理特点，并结合当地的物产进行特色规划设计，做到生态效益与经济效益相统一。

5.6.4.1 水生态建设

水生植物是水生态系统的重要组成部分和主要的初级生产者，对水生态系统物质和能量的循环与传递起调控作用。许多水生植物不仅具有景观美化效应，而且具有耐污、净污能力，如芦苇等挺水植物对氨氮具有很强的削减作用，氨氮的削减量可达无芦苇生长区的 2 倍左右。重建水生植物系统已成为河流生态修复的重要措施，因此应首先注重水生植物的恢复。若原河流水质较好，水生植物较多，水生生态系统比较完善，应尽量减少人为干扰，保持其原有的自然状态。若河流已经遭到污染，应结合整条河流的治理规划采用适当的生态修复技术，根据河流污染的性质种植适当的水生植物，增加河水曝气，增加浮游生物等；对污染比较严重近期又无整治规划的河流应在河岸与居住区间栽种防护林，减小腐臭气味对居民生活的影响[9]。

5.6.4.2 亲水环境和景观的设置

相对于城市而言，农村是自然环境保存较好的区域。因此，集中居住区的亲水环境和景观布置应充分利用自然资源，打造出与当地环境相协调的特色景观。不能一味地仿照城市模式，否则既破坏了原有的自然风貌，又与农村居民的生产、生活方式不相称。设计时应坚持“以人为本”的原则，兼顾生态、美观、实用、经济等方面。

亲水环境和景观设置的区域主要包括水面和滨水区。其中，滨水区是能给人们提供亲水环境的空间，笼统地讲，就是指水域与陆地相接的一定范围内的区域。其特点是水与陆地共同构成环境的主导要素，

相互辉映，融为一体，成为独特的景观资源[17]。它是创造亲水环境和进行景观设置的重点部位。对于乡村滨水区来说，亲水环境和景观的设置最关键的是构景方法的选择、植被的选择以及桥的设计等。

1)沿河构景方法

对于景观设计而言，造景手法至关重要。在乡村的滨水区，我们可以运用各种造景手法，巧妙安排沿河景物，营造出良好的滨水景观。通常可运用下列方法：

(1)借景。借景是指根据建景需要，有选择地将本空间以外的景色组织进来，突破区域空间范围，扩大景区空间，使画面美丽、构图生动、层次丰富、内外相互呼应、浑然一体[18]。在滨水区进行亲水环境和景观布置时可以运用“借景”的手法，将滨水区以外的景物引入滨水环境中，增强其景观效果。

在长江三角洲地区的丘陵地带，特别是水面较狭窄、滨水区面积也较小的地区，为避免由于周围的山岭相对较高，造成在河面或者河岸眺望时产生被包围的感觉，应尽量借远处的山和近处的植物，形成开阔的视觉空间。沿河的植物应选用低矮的灌木，并且种植密度相对小些，使人在河上或河岸都能看到远处的山及其他景物。在平原地区应尽量借用动植物的景色，因时而借，春天的柳树、油菜花、粉蝶；夏天的荷花、紫薇、蜻蜓；秋天的落叶、红枫；冬天的松柏、香樟等都能很好地反映季节特征，并且给人以美好的视觉享受。

(2)倒影。水中的倒影不仅给水面带来光辉与动感，还能使水面产生开阔、深远之感。光和水的互相作用是水景观的精华所在。利用光影在水面形成的倒影，可以扩大视觉空间、丰富景物的空间层次、增加景观的美感。倒影景观如图 5-12 所示。

在集中居住区内进行景观布置的河流段，一般为水流较缓、水面相对平静的河段，因此可以充分地利用倒影这个造景手法。特别是在丘陵地区，由于水面和山体有相当的落差，易形成倒影，只要合理设置观赏点即可以达到很好的观赏效果。在平原地区则可以利用水边的植物、亭台楼阁和桥等水边及水上建筑物，巧妙设计其形态，形成有特色的倒影。如日本的眼镜桥(图 5-13)就是充分利用桥的形态，使人在岸边或者从船上眺望时，桥体在水面上形成的倒影同桥体结合起来，好似一幅眼镜。

图 5-12　倒影的景观

图 5-13　日本的眼镜桥

(3)分景。要使景物具有吸引力和诱导观赏的作用，空间景物的视觉效果和意境构设要含蓄有致，不能一览无余。尤其是在平原地区，有时可能会因为视觉的开阔而使得视野内的景物都大同小异，让人产生单调之感。这时候就应巧妙利用天然河道的弯曲性来形成视线障碍，如在河道的弯曲处种植相对高大和密集的植物来阻挡视线，使其后的景物若隐若现，使人产生观赏的欲望，达到“引人入胜”的效果。

2)植物的选择

在选择植被的同时要遵循景观效果和生态效应并重的原则，尽量选用本土植物，既能体现地域特征，又能避免因移栽造成的存活率降低的问题。滨水区也是植物种类较丰富的地段，有水生、湿生和陆生之分。在选择时要充分考虑其生长环境的特点和景观的需要。

(1)水生植物。合适的水生植物不仅可以净化水体，给鱼类等水生动物和微生物提供栖息的场所，还可以美化水面。水生植物大致可分为挺水型、浮叶型、漂浮型和沉水型[19]。在河道的景观设计中可以适当运用挺水型和浮叶型水生植物，如荷花、睡莲等长江三角洲地区常见的水生植物。但是布置的面积不宜太大，这是因为一方面将影响倒影的形成；另一方面可能引起水中的养分不足，造成鱼类的死亡。

(2)湿生植物。湿生植物生长于水面与陆地交接处。选择时要考虑其短时耐淹性，即在洪水期可以在水中生长一段时间。可考虑采用垂柳等江南地区普遍种植的植物。可成排种植单一的树种，也可交叉地种植，体现韵律美，如杭州西湖苏堤两旁相间种植的桃树和柳树。

(3)陆生植物。陆生植物为生长在岸上的植物，考虑到其景观效果宜选择本土植物，也可适当移入环境适应能力较强的外地品种。采用高低错落的布置方式较合适，种植种类不宜单一也不宜过多，以达到自然美感的视觉效果为佳。另外，由于农村以农业生产为主的特点，可以在河岸种植一些观赏性较强的蔬菜和果树，既能达到景观效果，又能体现农村的自然野趣。

3)桥的设计

桥对于河流来说有不可替代的作用，一方面它是连通河流两岸的纽带，是水面特有的风景；另一方面桥还是人们进行亲水活动的重要场所，是很好的眺望点。在桥上可以真切地体验到潺潺的流水；可以俯瞰水中的植物和游鱼；可以从纵向和横向对整个水景观进行远眺[20]。因此，我们在进行景观布置时应利用桥的特点对其进行精心设计，达到交通、美化与亲水的“一石三鸟”的效果。

在农村，传统的桥以木质或石质的平桥或拱桥为主。木桥由于其承载能力有限加上不耐日晒雨淋，几乎已经退出了历史舞台；而石桥因其独特的造型和悠久的历史，被视为历代文明的象征，代表着一个时代的建筑水平和人们的审美情趣。在农村滨水区进行桥梁设计时应注意保护好原有的石桥，新建桥梁时应考虑流段的整体景观效果，尽量采用石质材料，以达到整体上的一致性和协调性。

5.6.4.3　农村内小型塘池的建设与整治

长江三角洲地区降雨充沛、地势低洼，传统的围圩而住使得小型塘池随处可见，它既能够容蓄一部分降水，减轻暴雨的威胁，又能调节居住区小气候，改善居住区的人居环境。在居住区建设中应注意保护这些水体，控制污水排入量，不能为了增加建设面积随意加以改造或填埋。

面积较大的塘池可以进行水产养殖，收益可以作为维持居住区公共设施的费用。但要注意养殖的规模和方式，避免污染水体，要增加水体的自净能力及观赏性，增加塘池水的流动性，为塘池设置进水口和出水口，防止水质恶化。

对污染严重、水质发臭变质的塘池，设法对其进行治理，可采用挖除底泥、置换水体等方法。距离居住区较远而又污染严重的塘池，可考虑将其改造为化粪池，处理居住区内排出的粪便污水。

有条件的居住区可以在塘池上配备一定的建筑，将其改造为聚会等娱乐场所，对人均水面率不足的居住区视具体情况考虑增设人工塘池。

5.6.4.4 污水及垃圾处理

集中居住区污水处理应因地制宜地选择经济、合理的处理方法，分布较集中的几个居住区考虑联建区域污水处理厂。污水处理系统的规模、水平应根据当地的经济发展水平、自然条件和水体条件确定，并考虑经济发展的需要。鉴于农村集中居住区人口规模较小，污水也较少，生产水平不高，应主要考虑采用化粪池、沉淀池和稳定塘等简易的污水处理设施。

1)生活污水

农民集中居住后需彻底改变以前污水肆意排放的现象，应建设污水收集管网收集污水。距离城镇较近的居住区考虑纳入城镇污水处理系统，距离较远的居住区应根据技术经济比较，建立沉淀池或稳定塘等简单的处理设施，对污水进行处理后再排放，受污水体应位于居住区下游。应事先评估水体的最大纳污容量，确保水体不被污染。

2)生产污水

长江三角洲地区乡镇工业比较发达，乡镇企业已成为全区经济发展的重要支柱，但乡镇企业粗放型的生产方式和分散的布局使其废水产生量较大，产生的污染也较严重。

工业区应和居住区分开布局，并应布置在居住区水系的下游和下风口处，防止其排放的废水、废气污染居住区的环境。首先，要加强乡镇企业工业污水达标排放的管理监控力度；其次，要根据企业性质制定相关对策，制定用水行业的用水定额，鼓励企业使用节水技术，提高工业用水重复利用率。原则上不再发展污染严重的工业，如小型冶金、造纸、制革等工业，对已经存在的高污染企业进行工艺改进，减少耗水量，增设污水处理设施，加强监督，污水排放必须达标。如有可能尽量使乡镇企业向县市级工业园区集中，以减少点源污染的数量。

3)禽畜废水

禽畜养殖，特别是以养殖业为主的乡村，冲洗圈舍以及禽畜粪便等产生的大量废水，其中含有大量寄生虫、细菌、病毒，污染水源后容易引发流行病、传染病等，但这些粪便废水是良好的有机肥，可以把它们集中起来，制备有机肥还入田中或作为沼气的原料，变废为宝。

4)雨水收集

雨水一般比较清洁，但初降雨时却因挟带大量地面和屋顶的各种污染物质，使其受到污染；尤其是农村地区枯草、垃圾、禽畜粪便等较多，容易随暴雨流入河道污染水体。居住区建设中要规划良好的排水系统，可在排水口处设置截流沟截留初期降雨，送入污水处理系统。

5)生活垃圾处理

目前大多数村庄没有专门的生活垃圾收集处理系统。生活垃圾以自然堆放为主，大量生活垃圾堆积在树旁、家前、屋后、路边、田头以及倾入河道，垃圾无害化处理率几乎为零，造成农村环境污染。露天堆积的垃圾一方面由于溶解、淋洗等作用使垃圾中原有的以及降解产生的大量污染物随着垃圾渗滤液流出，污染土壤、地表水和地下水；另一方面堆积的垃圾会招引传播疾病的蚊虫和老鼠，并散发臭味，严重污染生态环境，降低农村居民的生活质量，威胁他们的身体健康。特别是农村任意露天堆放的垃圾会直接造成土壤污染，并通过受污染的土壤使有毒有害物质转移到农产品中，从而间接增加食品质量的安全风险。

集中居住区生活垃圾有效处理的关键措施之一是建立垃圾搜集、清运系统，建立垃圾回收中转站。例如，在农村居民的住宅附近设置垃圾箱(垃圾回收桶)，要求村民将生活垃圾倒入垃圾箱，安排由村民组成的保洁员每天将生活垃圾搜集并运至集中居住区的垃圾回收中转站暂时存放，定期由运输车将垃圾运至垃圾处理厂进行无害化处理。

6)安全防护措施

农村地区的养老在很长一段时间内将以居家养老为主，家长对儿童的看护也较少。因此，在居住区内的河道、塘湖等深水区要设置安全防护措施，防止老人、儿童落水；在较深的沟道、水渠旁设置栅栏；在水中设置浮圈、铁丝等自助救援设施，让落水者能自行救助。

5.6.4.5 水环境、水生态保护的宣传教育

水环境、水生态的保护不仅要利用工程与非工程措施加以整治保护，同时还应该加强水环境、水生态保护的宣传教育，提高农民的水环境、水生态保护的意识。

1)加大宣传力度，提高居住区农民的环境保护意识

在广大农村，人们的文化素质较低、信息相对闭塞，对环境的重视程度远不及城市居民。如果单靠外部的监管来保护环境，代价将非常大，而且不能治本。因此，必须对农村居民普及环保知识，增强他们的环保意识。同时对高污染企业的员工重点加强环保知识的教育，提高他们对环境污染危害的认识，了解污染行为可能导致的严重法律后果，从而自觉减少偷排“三废”的行为，做好有害物质的妥善处理。通过宣传可以使农村形成自觉保护环境的氛围，对严重污染环境的行为形成舆论压力，迫使企业减少排污，加强治污力度[16]。

目前一些新建的农村，房子建得高大漂亮，但是屋里屋外“两重天”，屋内整洁、干净，屋外垃圾满地、河水发臭，即出现了“室内现代化，室外脏乱差”的现象。农民习惯于将生活垃圾扫出门外就觉得万事大吉。长江三角洲地区，农村大都用上了自来水，许多农民不再保护房前屋后河流的清洁，甚至把河边、河流当成了垃圾堆积、倾倒的场所，导致居住区河水发黑、发臭，水环境严重恶化，农民的生活质量并没有得到真正意义上的改善。因此，教育和培养农民养成良好的生活习惯十分重要。

2)制定和完善水环境保护的规章和条例，限制高污染工业的发展

根据各居住区的特点制定具体的水环境保护条例，如垃圾定点投放、不在水体中清洗农药器具等，使居住区农民有章可循，形成好的生活习惯。对乡镇企业、手工作坊等污染源制定排污条例，严加监管，

防止其偷排污水。考虑对高污染工业征收高税收和罚款，通过课以重税或重罚使污染企业支付额外的环境成本，促使厂商减少排污，或者降低其生产的积极性，使其转向其他行业；也可以对欲进入该行业的投资者发出信号，不鼓励其进入，杜绝或限制高污染工业在农村的发展[16]。

3)重视居住区内绿化及路面保洁工作

居住区的环境是有机的整体，水环境同其他环境互相联系。保持居住区路面的清洁可以减少流入沟塘中的垃圾和粉尘量，减少其对水体的污染。

4)减少生活污水排放量

生活污水虽然是目前造成水体环境污染的主要原因之一，但它对水生态危害的问题已不在技术层面，主要是污水排放量远远超过了水生态系统的纳污能力。因此，应推行节水策略，降低生活污水排放总量。在管理上，制定合理的生活用水及用水定额标准，通过水价等经济杠杆措施鼓励节约用水；在技术上，减少管网漏损，推行节水器具，提高生活用水节水效率。

5.7　农村水利管理模式

5.7.1　规范“一事一议”制度

温家宝总理强调：“一事一议”制度是个新事物，还应当在实践中不断加以完善。

完善、规范“一事一议”制度，一是所“议”之事要确实符合大多数村民的利益；二是“议”就要真“议”，是充分发扬民主，不是搞形式；三是“议”完之后的实施过程和结果要接受群众监督，真正做到村务公开。跨村工程建设需要向农民筹资筹劳的，应按照“乡镇协调、分村议事、联合申报、统一施工”的程序和办法实施。同时，“一事一议”筹资筹劳的上限标准，可根据实际情况，因地制宜地确定。

5.7.2 建立有效的农业用水收费制度

农业水价直接关系到农民负担、农业生产效益和节水积极性。现实情况是，一方面农业水价低于供水成本，水管单位亏损严重；另一方面，在农业供水中间环节，乱加价、乱收费现象较为严重，农民实际水费负担重。因此，必须建立有利于促进节约用水、维护工程良性运行和维持农民合理负担的水价形成机制。积极试行并推广“超定额累计加价”、“丰枯季节水价”、“两部制水价”等合理的计价制度。加大田间配套工程步伐，逐步实现“供水到户、定价到户、收费到户”的终端水价制，实行“水价、水量、水费”的公示制度。

5.7.3 加快推进用水户参与管理

用水户参与管理是工程管理体制改革的重要方面，在实践中显示出了较多的优越性。应加大宣传力度，争取多方支持，特别是政府要出台鼓励、培育、扶持用水合作组织的政策措施，为其发展提供良好的客观环境。同时，要加强指导和管理，不断提高管理水平和服务质量，要帮助用水户协会搞好规划和工程建设，为工程运行管理打下良好基础。

5.7.4 积极推进小型农田水利设施管理制度改革

通过承包、租赁、拍卖、股份制合作等方式促进产权流转、落实管护责任。积极推广私营水利经验，按照“谁投资、谁所有，谁受益、谁负担”的原则，明晰工程所有权、落实工程建设和管理责任，确保建成一处工程、发挥一处效益。

5.7.5 加快水利工程管理体制改革步伐

要认真贯彻《水利工程管理体制改革实施意见》，切实解决一些问题。通过改革推进管理工作的全面加强，同时要妥善安排分流人员，保障他们的合法权益。

5.7.6　稳步推进乡镇水利站改革

一是要充分认识到水利站在农村水利基本建设中的重要作用，进一步明确保留和设立水利站的必要性，可根据乡镇设置，也可设立区域或流域水利站。二是要理顺水利站的隶属关系，尽可能实行“条块结合、以条为主”的管理体制。这样，既有利于调动乡镇的积极性，又有利于水资源的统一管理。三是要切实解决水利站的经费问题。水利站主要提供公益性服务，其人员和工作经费的主要部分应纳入财政预算，同时应按照精简、效能的原则合理定岗定编。

参 考 文 献

[1] 骆中钊，李宏伟，王炜，等. 小城镇规划与建设管理[M]. 北京：化学工业出版社，2005：36 ~ 37，55，107，85 ~ 86.

[2] 叶堂林. 小城镇建设的规划与管理[M]. 北京：新华出版社，2004：372.

[3] 孙亚美. 农民集中居住好处多[EB/OL]. [2005–5–30]. 昆山日报(电子版)，http://ksrb.ks.js. cn/n_ detail.asp?id=8600.

[4] 邱俊，高裕明. 万余自然村将并为两千多个小区[N]. 泰州晚报，2005–12–8.

[5] 农业部粮食综合生产能力研究课题组. 提高粮食综合生产能力是重大战略任务[EB/OL] .人民网，[2005–11–18]. http://theory.people.com.cn/GB/41038/3869433.html.

[6] 周长吉.现代温室工程[M].北京：化学工业出版社，2003.

[7] 朱志泉. 浙江休闲观光农业现状与对策研究[EB/OL]. [2006-1-24] http://www.tzag.gov.cn /documents/docdetail.asp? documentid=134901& sub _ menuid=61.

[8] 曹新向，司艳宇. 城市水系生态系统服务功能研究[J]. 国土与自然资源研究，2005(2).

[9] 王超，王沛芳. 城市水生态系统建设与管理[M]. 北京：科学出版社，2006：30 ~ 31，235 ~ 236，253 ~ 257.

[10] 相文宁. 他年终自望河清——南京河西新城区水系规划及引发的思考[J]. 现代城市研究，2003(2)：55.

[11] 郭元裕. 农田水利学[M]. 第2版. 北京：中国水利水电出版社，1997.
[12] 徐俊仁，陈存桢，蔡勇，等. 江苏省苏南现代化农村水利建设标准和评价研究[R]. 南京：江苏省水利厅农水处，1998：19～21.
[13] 殷国玺. 农田多目标地表控制排水技术及群体智能模型[R]. 南京：河海大学现代农业工程系，2006.
[14] 淮安市水利局. 江苏淮北地区现代化田间工程模式研究[R]. 扬州：扬州大学，2005.
[15] 江新，李小漫. 江苏省农村环境污染治理与可持续发展[J]. 生态经济，2005(8)：37～39.
[16] 何瑛. 简析乡镇企业污染治理困境和解决途径[J]. 经济师，2005(9)：173～174.
[17] 王萌. 城市滨水区规划设计研究现状分析[J]. 山西建筑，2005, 31(5).
[18] 吕玉珍. 古园林谈[EB/OL]. 广东省公安厅南粤警察网，http://www.gdga.gov.cn/gab/gabsynr/t20051027_62203.htm.
[19] 余树勋. 水景园[M]. 天津：天津大学出版社，2002.
[20] 日本土木学会. 滨水景观设计[M]. 大连：大连理工大学出版社，2002.

第 6 章 新水利发展模式下的水利规划

水利规划是各级政府制定涉水政策和履行职责的依据，是依法行政和约束社会的第二准则，是对法律法规的延伸。随着计划经济模式退出历史舞台，在国家经济发展和公共管理中，规划因有其无法替代的品质和功能，而具有越来越重要的地位。规划是水利各项工作的基础和龙头，做好规划工作事关水利工作的全局，没有完善、科学、刚性和可操作的水利发展规划，就不可能有全面、协调、可持续发展的水利事业。

水利规划要适应新发展模式，还需要在已有工作基础上，从规划观念、规划组织、投入、规划队伍建设、规划程序等方面做一系列的变革与改进。

6.1　水利规划的定义和内涵

6.1.1　既往的水利规划的定义

过去的水利规划一般定义为：水利规划是指在一定范围内，为了防治水旱灾害，合理开发利用和保护水资源而制定的总体安排。水利规划的主要任务就是要根据国家的方针政策，认真调查规划区内的自然特点、水运行规律和水利工程现状，协调社会各部门对水的需求，因地制宜、量力而行地提出适应经济、社会发展需要的近、远期水利建设的目标、任务、主要措施(工程和非工程的)以及分期实施意见，并客观地对其效益做出正确的评价[1]。

6.1.2 本文对水利规划的定义

水利规划是为合理开发利用和保护水资源，防治水旱灾害、水体污染，创造文化内涵丰富、优美宜人、对生物友好的水环境、水生态而制定的总体措施和发展计划，是将法律法规规定的原则通过水利及相关专业知识，使其具体化的过程。其主要内容包括确定规划方针、任务和目标，研究防治水害的对策，综合评价流域水资源的分配和供需平衡对策，拟定全局部署及部分重要的枢纽工程布局，综合评价规划实施后对经济、社会和环境的可能影响，并采取环境与生态的平衡及补偿措施，提出为实施这些目标采取的重要措施及程序等。

6.2 现行水利规划存在的问题

6.2.1 以计划指令代替规划

我国经济发展过程中资源消耗较大，与不够重视规划、规划的地位不高以及政治体制有很大关系。有的地方编制了规划，也是“规划规划，墙上挂挂”，往往因上级领导意志的随意性而出现朝令夕改、忽视规划的重要性、以指令代替规划的现象。其结果是造成布局不当、重复建设、仓促上马、边设计边施工等种种弊端，浪费资源，极大地降低和抵消了经济发展的动能。

6.2.2 规划滞后

在计划经济体制下，缺乏前瞻性的、成体系的规划，水利规划往往滞后于经济发展。一些地方水利机构的决策者们也基本上不以规划为依据，更不重视规划所必需的基础资料的积累和队伍建设，长期被动地为应付社会经济发展变化的需要而临时变更工程项目。例如，城市防洪规划以及城市骨干河道整治规划作为特别重要和相对独立的专项规划，是指导城市建设的重要依据，应该纳入城市总体规划中。但我国不少城市是先有总体规划后有防洪规划，使防洪建设比较被动，加大了发展成本。

6.2.3　规划受客观条件制约

一是长期以来受不正确的政绩观影响，一些地方领导对规划工作不重视，投入的人力、物力少，研究问题不深。二是规划观念落后，不能适应新的形势发展需要。编制规划不深入分析研究经济社会发展规律、区域自然特点，规划资料陈旧，重点不突出，流于做表面文章，不能对社会和行业管理起到科学的指导和规范作用。三是规划成果审批程序不完善，导致规划成果得不到相关部门的审批和认可，缺乏法律地位，极大地削弱了规划对社会管理应有的作用。四是对规划的定位认识不清，随着政府职能的转变，国家要求政府编制并负责组织实施的规划，既要成为项目立项的依据，又要成为政府加强社会管理的依据，但是目前我们编制的一些规划仍然存在重项目、轻改革、轻管理的现象，缺乏水利社会管理和公共管理内容。五是上级布置任务时间要求紧，下级被动、仓促应付，没有经费与时间调查研究，无法达到科学规划的目的。

6.3　新模式下水利规划的地位和作用

6.3.1　规划就是生产力

科学的、受到应有重视的规划能够引导、规范社会发展的方向和具体进程。就水利而言合理科学的规划能够处理水利建设的轻重缓急，避免重复建设或建设不当而造成的损失与浪费。因此“规划就是生产力”深刻地说明了规划的功能与效用。

研究发达国家的发展历程，可以看出这些国家之所以领先于世界，原因之一都是高度重视国家总体以及各行各业的战略规划，并将其作为国家和行业发展的灵魂。各类规划应具有高度的权威性，并长期稳定。战略规划 10 年、20 年不变，但并不排斥根据具体情况进行微调。对照我国随意、易变的规划，以及由此产生的社会资源的浪费与低效，发达国家的经历同样说明了“规划就是生产力”。

6.3.2 水利规划具有法律地位

一方面，水利规划是谋划水利发展和改革的基本前提，是研究水利建设布局的重要基础和指导治水实践的科学依据，也是审批水利项目的法定依据。根据《水法》的有关规定，经政府批准的水利规划，是开发利用水资源和防治水害活动的基本依据。规划一经审定，任何水利工程和在河道上及规划保护区内修建的任何工程，都必须符合水利规划的要求，凡是与规划有矛盾或未列入水利规划的项目一律不予审批。

另一方面，水行政部门要依法行政，就必须以水利规划为依据，依法实施对投资行为与项目的社会管理和公共管理。从这个意义上说，水利规划是提高水管理部门行政能力的重要基础和基本依据。随着投资体制改革的实施和依法行政的进一步推进，政府投资项目管理将更加严格，水利规划作为政府进行宏观调控和履行公共管理职能的重要依据，其法律地位将进一步得到加强。

6.3.3 水利规划是水利决策的基础

水利规划是水利决策的基础和重要的科学依据。过去由于不重视规划的作用，水利决策往往脱离水利规划，造成决策没有科学依据，随意性大。

以从资源配置和资金配置出发制定的水利规划为例，这类规划一般根据水资源配置和防洪排涝布局要求，结合区域经济社会远景发展目标，制定工程与非工程建设布局方案和中长期建设计划，并对近期可能实施的主要工程兴建的可行性，包括工程在区域治理中的地位和作用、建设条件、大体规模、主要参数、基本运行方式和环境影响评价等进行初步论证。决策者可以根据规划进一步重点深入地考量某些专门性课题，通过决策的程序，分析论证建设项目在近期兴建的迫切性与现实性，以更好地为工程决策提供依据。

6.3.4 水利规划是水管理的重要基础

新时期对水利管理工作提出了更高要求，其核心是要依法行政和科学管理，其中一个最基本的条件和重要的依据就是水利规划。水管理，如水资源管理、水事管理以及水工程运行管理等，常常涉及相关涉水部门的利益及其利益的协调。水利规划从全局和整体出发进行系统分析与统筹规划，能够较好地协调和处理各方面的利益关系，提出限制与支持的领域和相关意见，同时还明确了对规划实施的保障措施和管理规范，通过广泛的协调达成比较一致的共识，并以某种形式予以确定，成为进行水管理的基础和依据。

6.3.5　水利规划是宏观调控的重要手段

政府通过制定水利规划，在对水资源和水利资金进行配置的过程中，可以充分体现政府的意志，统筹协调各种矛盾。根据经济发展与水利发展的要求，提出相应的宏观调控政策与措施，如在水资源综合规划中可以根据“以供定需”的原则提出产业布局的建议，根据水环境承载力提出江河污染物排放总量控制指标，限制高耗水高污染产业的发展；在防洪规划中要明确防洪区划分，并提出不同区域的防洪标准等。政府通过水利规划对涉水重大事项进行宏观调控，体现政府的意志，从而达到优化资源配置、提高利用效率、提升发展速度、保护生态环境、确保整体利益，促进人口、资源、环境与经济的协调发展，实现可持续发展的战略目标。

6.4　水利规划与其他规划的关系及其协调

一个区域或流域需要各专业各层次的规划，各种规划之间需要建立协调和服从的关系，从而形成区域或流域的规划体系。一般地，专项与分项规划服从专业规划，专业规划服从总体规划，但同时也存在双向调适的关系。水利规划的主要对象与介质是水，而水具有多功能性。这就决定了水利规划与区域或流域总体规划以及其他专业规划之间存在千丝万缕、错综复杂的联系，它们互相制约、互为因果。

6.4.1　协调的主要内容

协调是水利规划编制与实施的重要环节，贯穿于水利规划的整个过程之中。协调主要包括四个方面的内容：一是技术层面的内部协调(如不同规范标准的协调统一)；二是已有成果的衔接协调(如水资源综合规划与其他专项规划之间的衔接协调)；三是各参编单位及人员的工作协调；四是各行业部门间的利益协调(如水利部门与环保、城建、交通等部门之间的利益协调)。如城市水利规划涉及城建、交通、国土、环保等部门，是一项综合规划。因此，水利部门作为水行政主管部门，需要和其他涉水部门协调及通力合作，要系统科学地规划好涉水事务，反映各涉水部门对水的需求，使水利工作能够得到涉水部门的认同和支持，从而为水资源的优化配置与利用创造条件。

6.4.2 规划编制的协调机制

要实现规划过程中的协调，需要建立必要的协调机制。主要包括：

(1)工作过程协调。编制人员应具备良好的素质和高度的责任心，从规划工作的各个方面保证规划目标、基础数据、规划成果的相互协调。

(2)专家技术协调。通过召开技术工作专家组会议和技术审查会议以及编制规划的技术负责单位自行组织等不同方式，按照尊重科学规律、满足技术要求的原则，从技术上进行协调。

(3)领导行政协调。根据专家和行政决策的意见，通过规划工作领导小组或有关行政领导，采取会议、协商或文件等形式进行协调。

(4)制度保障协调。为了使区域规划成果相协调，有些规划成果要由上至下逐级审定。

6.5 新模式下水利规划的形成流程

6.5.1 规划编制的程序

6.5.1.1 规划编制的技术程序(以城市水利为例)

编制水利规划要经过调查研究、基础资料收集和整理分析、专题研究、供需预测分析、方案拟定等环节，需要一定的工作周期。编制水利规划的技术程序如图 6-1 所示。

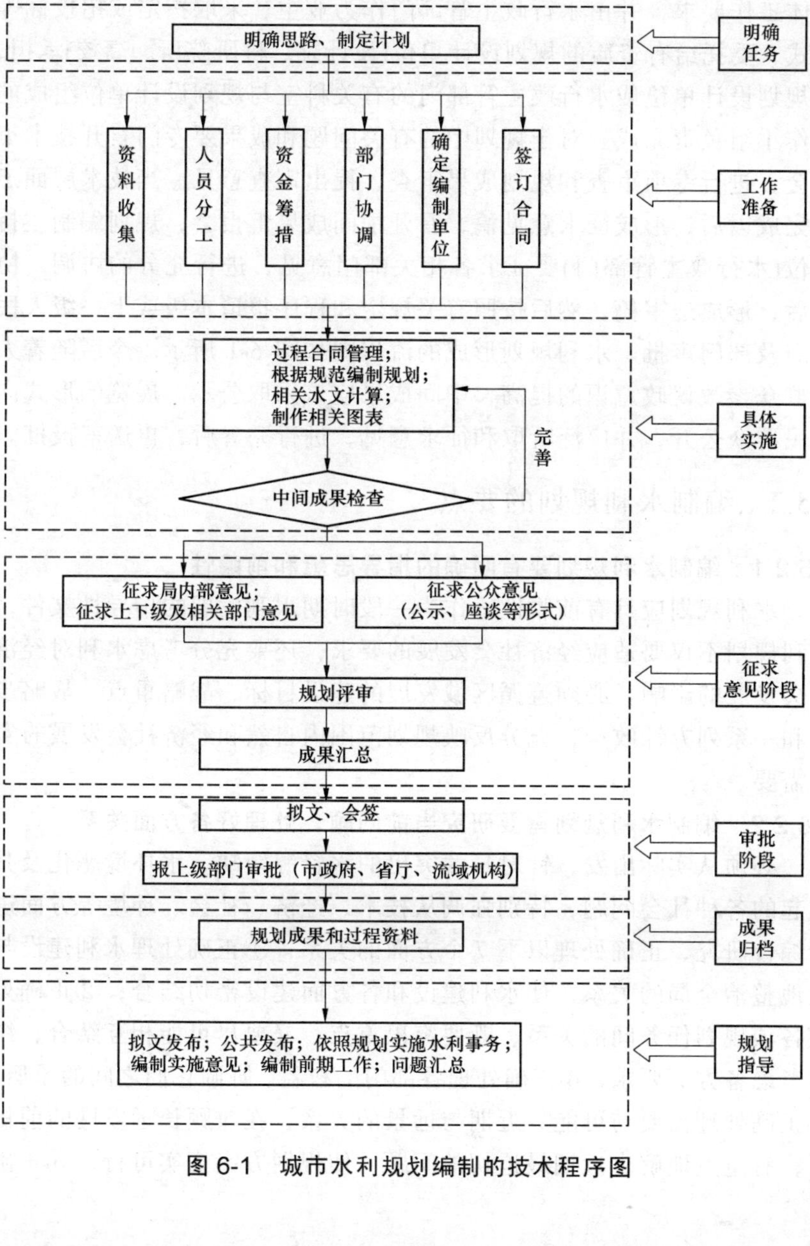

图 6-1　城市水利规划编制的技术程序图

6.5.1.2 规划的形成流程

水利规划一般由水行政主管部门提出编制需求、编制计划安排及具体工作要求，并由水行政主管部门作为业主，采取指定或招投标等方式，委托给有资质的规划设计单位(设计院、科研院所、高校)承担，由规划设计单位或水行政主管部门的有关科室与规划设计单位组成的工作小组负责完成。对于规划中的有关问题和成果要专门召开技术审查会，进行专项审查和规划成果审查，提出审查意见。当技术层面工作完成以后，形成征求意见稿，召开中间成果汇报会，规划编制主持单位(水行政主管部门)要征求各相关部门意见，进行充分的协调、协商后，形成送审稿，然后按照有关规定和程序报请本级或上一级人民政府及部门审批。水利规划形成的流程图如图 6-1 所示。今后随着人民群众参政议政意识的提高，中间成果应该采取公示、展览的形式向人民群众公开，并广泛听取和征求意见，进行完善后，再送审报批。

6.5.2 编制水利规划的要点

6.5.2.1 编制水利规划要有明确的指导思想和前瞻性

水利规划应具有前瞻性。作为一段时期水利发展的指导性文件，水利规划不仅要适应经济社会发展的要求，还要充分考虑水利对经济社会发展的影响。必须遵循区域发展的建设目标、战略重点、战略步骤和一系列方针政策，充分反映规划范围内自然和经济社会发展的实际需要。

6.5.2.2 编制水利规划需要研究当前问题，处理好各方面关系

必须从实际出发，针对日益突出的水资源短缺、水环境恶化及其引起的各种社会问题，特别强调从技术、经济、社会、环境等方面进行综合研究，正确处理以下 7 个方面的关系：①正确处理水利建设与土地整治全局的关系，使水利建设和各方面建设密切结合；②正确处理各项规划任务间的关系，既要突出重点，又要尽可能相互结合，统筹考虑各方面要求；③正确处理各部门的权益，协调它们之间的矛盾；④正确处理需要与可能、近期与远景的关系，在兼顾长远发展的前提下，有重点地解决近期最迫切的问题，使规划方案切实可行；⑤正确

处理主体工程与配套工程的关系，充分发挥工程的应有效果；⑥正确处理各项措施之间的关系，使水利措施与非水利措施、工程措施与管理措施有机结合；⑦正确处理水资源开发利用及生态环境改善的关系，尽量避免或减少水利对环境的不利影响。

6.5.2.3 规划编制的时间保证

随着水利建设与管理内容向更高级方向发展，水利项目的内容日趋复杂化，规划所需的时间大大延长，因此应该给予规划足够的时间保证。研究表明，20 世纪美国土木工程兵团的水资源规划的复杂性随时间推移而不断增长，如图 6-2 所示。规划历时也随之延长，单个项目平均为 5.6 年，其中勘测阶段为 1.0 年，可行性研究阶段为 3.6 年，两者之间的间隔为 1.0 年。

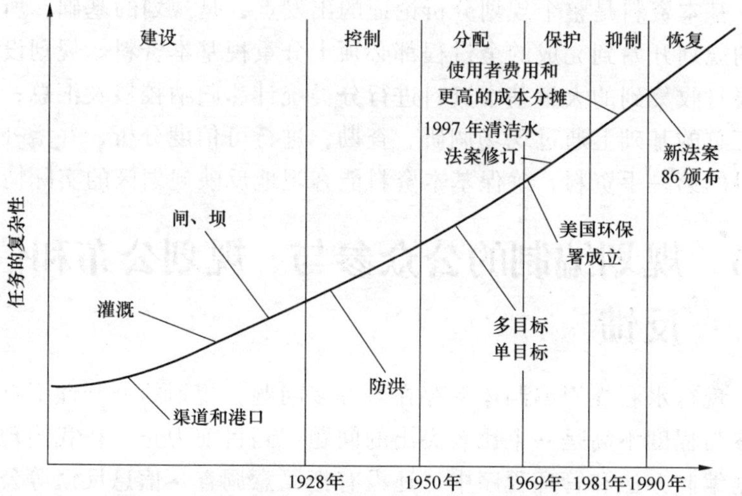

图 6-2 水利规划的复杂性随时间推移而增长

6.5.2.4 编制好规划大纲

根据水行政主管部门批准的立项报告，编制规划大纲。规划大纲是整个规划工作自始至终的指导文件，除个别情况下在工作中发现原来意想不到的问题，需要修改大纲部分内容外，一般都不能舍弃大纲。规划大纲的内容主要包括规划立项目的及依据、规划区存在的主要问题、规划任务及标准、规划原则、所需的经费及预期的主要成果等。例如，城市水利规划在城市发展中是涉及城市整体格局的问题，城市水利规划大纲应充分体现城市的特点，即：①人口集中，水利以人为本的原则更加突出，必须提高水利为城市居民服务的质量，改善城市居民的水利环境的状况，营造亲水的水利格局；②城市产业集中，单位面积经济承载量大，对防洪、排涝、供水提出了更高的要求；③城市建设投资较有保证；④要较深入研究工程管理问题，适应城市管理特点，做到可靠、高效、方便、灵活；⑤城市水利相关的单位多，与市民生活关系密切，社会反响大。因此，规划要安排较多的内容和次数以协调各方意见，征求社会各层次的反馈信息。

6.5.2.5 基本资料的收集

基本资料是整个规划分析论证的出发点，是规划的基础，所以从水利规划开始到完成的全过程都必须十分重视基本资料。规划设计单位要对收集到的大量基本资料进行分类统计、归纳校核及汇总；然后在汇总的基础上通过现场调研、查勘，进行可信度分析，并增补调研获得的第一手资料，确保基本资料能客观地反映规划区的实际情况。

6.6 规划编制的公众参与、规划公布和信息反馈

现行水利规划编制体系存在着许多问题，规划的公开性不够、公众参与程度不高是一个比较突出的问题。到目前为止，在我国现行的规划编制办法和管理程序中，还没有把民意调查、信息反馈等公众参与环节纳入到规划编制的法定程序中来。正因为水利规划编制的全过程缺乏全社会的了解、接受、监督与积极参与，规划结果难免存在片面性和不完整性，在实施过程中也会遇到较大的困难。

6.6.1 公众参与

“公众参与”是规划编制过程中了解广大公众意愿的有效途径和手段。图纸和文本并不是水利规划编制的最终目标，其真正目的是使

水利规划能够指导水利建设，服务于当地社会、经济发展，这就需要所编制的规划具有较强的科学性、合理性和可操作性。而要使规划切实可行，就必须研究公众的意愿和需求，并且正确引导这种意愿和需求。水利规划中公众参与的作用主要有以下两个方面：①可使公众更能接受、认可水行政部门的决策，并支持规划的顺利实施；②公众可以据此对水行政部门进行监督，确保水行政部门始终维护“公共利益”，不受特别利益的影响。

6.6.2 规划公布和信息反馈

规划公布、信息反馈和公众参与三者通过激发、反馈和完善作用于规划编制的全过程：规划公布激发不同社会阶层的公众参与规划的愿望，公众参与提供大量信息经过反馈渠道，对规划方案提出完善要求。如此周而复始良性循环，使水利规划的内容更加深化、细化，使得规划成果更具有科学性，富有地方特色和说服力。西方发达国家的实践经验表明，建立起包括规划公布和信息反馈两大环节的规划编制运作机制，能够使水利规划更具科学性、合理性和可操作性。因此，规划公布、公众参与和信息反馈对提高规划的实效性具有重大意义。

例如，英国的地方规划编制，规划公布和信息反馈这两个环节几乎贯穿于规划的全过程，并作为整个规划编制体系中一个相对独立的阶段重复进行多次。第一次在磋商阶段，主要是对规划草案进行为期 6 周的公布和信息反馈。公布的对象一般都是与规划有关的行政部门，通过他们之间小范围的磋商，对规划进行必要的修改，然后提交有关部门审核。第二次出现在咨询阶段，该阶段是由规划部门公布规划，然后进行为期 6 周的公众咨询。其范围比磋商阶段要广泛些。在此期间，所有意见和分歧都能以听证会的方式得到解决，任何关于规划方案方面的实质性修改都必须公布于众。第三次出现在修改阶段，宣布经过咨询阶段已做修改并即将采纳的规划方案。当公众没有进一步修改的建议，而决策部门亦表示赞同时，就采纳此规划方案，若有进一步修改的建议，则必须重复新一轮的公众咨询，最后决策规划方案。由于被采纳的方案是在充分征求了市民和公众的意见、建议基础上形成的，较少涉及到公众利益之间的冲突，因此被采纳的规划方案不论是在编制之后还是在实施过程中，都较少遇到公众投诉。在规划实施过程中，公众还会表现出积极的态度来支持和配合规划的实施。由此可以看出，最后法定方案的出台，不是一个简单的过程，而是公众参与、规划公布和信息反馈互动的结果[2]。

规划公布和信息反馈的技术途径较多，主要有展览、宣传栏、新闻媒体等形式，其中以开发利用新闻传媒居多，如报纸、报刊、杂志、电视、电影、广播等。无论采用哪一种传媒方式，其根本目的都是为了激发公众参与规划的愿望，积极了解水利规划的未来及发展前景、政策、法规。

6.7 规划的调整和修订(动态管理)

规划有其权威性和法律地位，但同时鉴于时代的快速发展、技术的不断更新、新问题新需求的不断出现，又要求对规划进行动态管理，及时修正、微调。

6.7.1 修订、调整的条件

(1)原有规划所依据和预测的自然环境和社会经济状况发生变化，特别是江河洪水位抬高，枯水流量减少，水污染严重，城市防洪要求提高，需水量剧增等。

(2)规划应遵循的原则有重大补充，水法规、制度的更改新增等，带来规划原则的补充修正。

(3)相关行业的专业规划出台，如区域总体规划、水运规划、水污染防治规划等，需要衔接协调。

(4)通过规划实施过程中的信息反馈，判定原规划具有不完整、不全面、有欠缺等的缺点。

6.7.2 规划的监测评估体系

为了实现对规划的动态管理，需要建立规划的监测评估体系。

建议引进“戴明环”(亦称 PDCA 循环)的概念，对规划进行动态管理。“戴明环”是美国著名质量管理专家戴明提出的质量控制的基本方法。它包括 4 个阶段。

第一个阶段为计划阶段(Plan)，第二个阶段为实施阶段(Do)，第三个阶段为检查阶段(Check)，第四个阶段为处理反馈阶段(Action)。PDCA 四个阶段不停地循环，使工作不断改进，规划不断完善。同时，各个级别的规划管理都可以有一个 PDCA 循环，形成规划体系中大环套小环，一环扣一环，互相制约、互相补充的有机整体。

又如日本十分重视规划评估体系的建设与实施，一般的规划项目都有“事前评价”、“事中评价”、“事后评价”等，进行的方式有内部评价、外部评价、代表性项目评价等。规划评估体系的运作，能够很好地发现问题，及时调整改进规划，不断完善规划，使之日臻完善。

参 考 文 献

[1] 宫崇楠. 浅论水利规划[J]. 山东水利，1999(8)：37 ~ 38.

[2] 金英红，杨新海，周云，等. 小城镇规划建设管理[M]. 南京：东南大学出版社，2001：20.

附录一　长江三角洲地区利水水利模式下的水利发展指标体系

序号	指标体系		指标名称	具体指标	标准		
					人均 GDP 达到 2 500 美元的地区		
					居住区（包括城市、中心集镇、农民集中居住区）	工业集中区（包括工业开发区、工业园区）	农业生产区（包括生态旅游区、生态林区）
1	水供给	管道供水能力	生活用水	居民生活用水量指标［L/(人·d)］	120 ~ 160		
				综合生活用水量指标［L/(人·d)］	180 ~ 260		
2				保证率(%)	98		
3				自来水普及率(%)	100		
4			工业(含工厂化生产农业园区)用水	万元工业增加值用水量(m^3/万元)		120	
5				保证率(%)		90~95	
6				重复利用率(%)		95	
7			供水管网	铺设率(%)	98	98	
8				漏失率(%)	10~15	10	
9		河渠供水能力	农业用水	保证率(%)			75~90
10				灌溉用水利用系数			0.6
11				节水灌溉面积率(%)			70
12				粮食作物水分生产率(kg/m^3)			1
13		生态、环境供水		保证率(%)		95	
14	水环境	雨污分流能力		雨污分流管网覆盖率(%)		60	
15		污水处理能力		污水管网铺设率(%)	70	90	
16				污水处理率(%)	70	75	
17				工业污水达标排放率(%)		95	
18				畜禽粪便处理率(%)			70
19		水功能区水质状况		饮用水源区水质达标率(%)	100		
20				工业用水区水质达标率(%)		85	
21				农业用水区水质达标率(%)			100
22		垃圾处理能力		垃圾处理率(%)	80		
23				农村秸秆利用率(%)			80
24	水安全	防洪能力		防洪重现期(年)	100	50	20~30
25				地面纵向控制标高符合规划要求面积率(%)		70	
26		除涝降渍能力		除涝重现期(年)	2（城市排水标准）	2（城市排水标准）	10 ~ 20
27				排水管网(沟渠)布设率(%)	75	90	75
28				降渍标准(m)			0.8 ~ 1.0
29		应急备用安全供水能力		生活备用水源保有率(%)	70		
30				工业备用水源保有率(%)		60	

续长江三角洲地区利水水利模式下的水利发展指标体系

<table>
<tr><th rowspan="3">序号</th><th rowspan="3">指标体系</th><th rowspan="3">指标名称</th><th rowspan="3" colspan="3">具体指标</th><th colspan="3">标准</th></tr>
<tr><th colspan="3">人均 GDP 达到 2 500 美元的地区</th></tr>
<tr><th>居住区(包括城市、中心集镇、农民集中居住区)</th><th>工业集中区(包括工业开发区、工业园区)</th><th>农业生产区(包括生态旅游区、生态林区)</th></tr>
<tr><td>31</td><td rowspan="10">水生态</td><td rowspan="2">水　体</td><td colspan="3">清澈河渠率(%)</td><td colspan="3">>85</td></tr>
<tr><td>32</td><td colspan="3">活水河渠率(%)</td><td colspan="3">70</td></tr>
<tr><td>33</td><td rowspan="4">水　系</td><td colspan="3">水面积率(不含长江)(%)</td><td colspan="3">恢复到 80 年代初水平，并保持稳定</td></tr>
<tr><td>34</td><td colspan="3">湿地面积率(含长江)(%)</td><td colspan="3">恢复到 80 年代初水平，并保持稳定</td></tr>
<tr><td>35</td><td colspan="3">水网密度指数(不含长江)</td><td colspan="3">70</td></tr>
<tr><td>36</td><td colspan="3">水系连通率(%)</td><td colspan="3">80</td></tr>
<tr><td>37</td><td rowspan="2">河岸带</td><td colspan="3">植被覆盖指数</td><td colspan="3">70</td></tr>
<tr><td>38</td><td colspan="3">生态护岸率(%)</td><td colspan="3">70</td></tr>
<tr><td>39</td><td rowspan="2">陆　地</td><td colspan="3">水立体交换能力(植被覆盖指数)</td><td colspan="3">40</td></tr>
<tr><td>40</td><td colspan="3">水土保持达标率(%)</td><td colspan="3">85</td></tr>
<tr><td>41</td><td rowspan="4">水文化</td><td rowspan="4">水工程文化内涵</td><td colspan="3">挖掘率(%)</td><td colspan="3">15</td></tr>
<tr><td>42</td><td colspan="3">赋予率(%)</td><td colspan="3">10</td></tr>
<tr><td>43</td><td colspan="3">解读率(%)</td><td colspan="3">80</td></tr>
<tr><td>44</td><td colspan="3">社会认可度(%)</td><td colspan="3">60</td></tr>
<tr><td>45</td><td rowspan="16">水管理</td><td rowspan="2">规划管理</td><td colspan="3">规划编制、修订率(%)</td><td colspan="3">85</td></tr>
<tr><td>46</td><td colspan="3">规划项目实施率(%)</td><td colspan="3">80</td></tr>
<tr><td>47</td><td rowspan="4">工程建设管理</td><td rowspan="3">三项制度</td><td>业主负责制</td><td rowspan="3">执行率(%)</td><td colspan="3">60</td></tr>
<tr><td>48</td><td>招投标制</td><td colspan="3">85</td></tr>
<tr><td>49</td><td>施工监理制</td><td colspan="3">90</td></tr>
<tr><td>50</td><td colspan="3">工程验收优良率(%)</td><td colspan="3">50</td></tr>
<tr><td>51</td><td rowspan="2">建设与管理资金</td><td colspan="3">公共财政投入到位率(%)</td><td colspan="3">90</td></tr>
<tr><td>52</td><td colspan="3">社会资本投入到位率(%)</td><td colspan="3">90</td></tr>
<tr><td>53</td><td rowspan="3">工程运行管　理</td><td colspan="3">工程设施完好率(%)</td><td colspan="3">85</td></tr>
<tr><td>54</td><td colspan="3">工程良性运行率(%)</td><td colspan="3">80</td></tr>
<tr><td>55</td><td colspan="3">经营性收费到位率(%)</td><td colspan="3">90</td></tr>
<tr><td>56</td><td>工程后评估管理</td><td colspan="3">工程项目后评估率(%)</td><td colspan="3">75</td></tr>
<tr><td>57</td><td>人力资源管　理</td><td colspan="3">人才结构达标率(%)</td><td colspan="3">60</td></tr>
<tr><td>58</td><td rowspan="2">自动化信息管　理</td><td colspan="3">工程自动化、信息化管理率(%)</td><td colspan="3">60</td></tr>
<tr><td>59</td><td colspan="3">信息共享率(%)</td><td colspan="3">80</td></tr>
<tr><td>60</td><td>水资源管理</td><td colspan="3">用水定额管理执行率(%)</td><td colspan="3">75</td></tr>
</table>

续长江三角洲地区利水水利模式下的水利发展指标体系

序号	指标体系	指标名称		具体指标	标准		
					人均 GDP 达到 5 000 美元的地区		
					居住区(包括城市、中心集镇、农民集中居住区)	工业集中区(包括工业开发区、工业园区)	农业生产区(包括生态旅游区、生态林区)
1	水供给	管道供水能力	生活用水	居民生活用水量指标［L/(人·d)］	160～180		
				综合生活用水量指标［L/(人·d)］	240～310		
2				保证率(%)	98～100		
3				自来水普及率(%)	100		
4			工业(含工厂化生产农业园区)用水	万元工业增加值用水量(m^3/万元)		80	
5				保证率(%)		95	
6				重复利用率(%)		70	
7			供水管网	铺设率(%)	100	100	
8				漏失率(%)	8～10	8	
9		河渠供水能力	农业用水	保证率(%)			75～95
10				灌溉用水利用系数			0.7
11				节水灌溉面积率(%)			80
12				粮食作物水分生产率(kg/m^3)			1.5
13		生态、环境供水		保证率(%)	98~100		
14	水环境	雨污分流能力		雨污分流管网覆盖率(%)	70		
15		污水处理能力		污水管网铺设率(%)	80	95	
16				污水处理率(%)	80	85	
17				工业污水达标排放率(%)		100	
18				畜禽粪便处理率(%)			80
19		水功能区水质状况		饮用水源区水质达标率(%)	100		
20				工业用水区水质达标率(%)		90	
21				农业用水区水质达标率(%)			100
22		垃圾处理能力		垃圾处理率(%)	90		
23				农村秸秆利用率(%)			85
24	水安全	防洪能力		防洪重现期(年)	100	100	50
25				地面纵向控制标高符合规划要求面积率(%)	80		
26		除涝降渍能力		除涝重现期(年)	3(城市排水标准)	3(城市排水标准)	20
27				排水管网(沟渠)布设率(%)	90	95	85
28				降渍标准(m)			0.8～1.0
29		应急备用安全供水能力		生活备用水源保有率(%)	80		
30				工业备用水源保有率(%)		70	

续长江三角洲地区利水水利模式下的水利发展指标体系

序号	指标体系	指标名称	具体指标	标准		
				人均 GDP 达到 5 000 美元的地区		
				居住区(包括城市、中心集镇、农民集中居住区)	工业集中区(包括工业开发区、工业园区)	农业生产区(包括生态旅游区、生态林区)
31	水生态	水体	清澈河渠率(%)	>85		
32	水生态	水体	活水河渠率(%)	85		
33	水生态	水系	水面积率(不含长江)(%)	恢复到 80 年代初水平，并保持稳定		
34	水生态	水系	湿地面积率(含长江)(%)	恢复到 80 年代初水平，并保持稳定		
35	水生态	水系	水网密度指数(不含长江)	80		
36	水生态	水系	水系连通率(%)	90		
37	水生态	河岸带	植被覆盖指数	80		
38	水生态	河岸带	生态护岸率(%)	80		
39	水生态	陆地	水立体交换能力(植被覆盖指数)	60		
40	水生态	陆地	水土保持达标率(%)	90		
41	水文化	水工程文化内涵	挖掘率(%)	25		
42	水文化	水工程文化内涵	赋予率(%)	20		
43	水文化	水工程文化内涵	解读率(%)	100		
44	水文化	水工程文化内涵	社会认可度(%)	65		
45	水管理	规划管理	规划编制、修订率(%)	95		
46	水管理	规划管理	规划项目实施率(%)	90		
47	水管理	工程建设管理	三项制度 75 执行率(%)	75		
48	水管理	工程建设管理	三项制度 90 执行率(%)	90		
49	水管理	工程建设管理	三项制度 95 执行率(%)	95		
50	水管理	工程建设管理	工程验收优良率(%)	70		
51	水管理	建设与管理资金	公共财政投入到位率(%)	95		
52	水管理	建设与管理资金	社会资本投入到位率(%)	95		
53	水管理	工程运行管理	工程设施完好率(%)	90		
54	水管理	工程运行管理	工程良性运行率(%)	90		
55	水管理	工程运行管理	经营性收费到位率(%)	95		
56	水管理	工程后评估管理	工程项目后评估率(%)	85		
57	水管理	人力资源管理	人才结构达标率(%)	70		
58	水管理	自动化信息管理	工程自动化、信息化管理率(%)	70		
59	水管理	自动化信息管理	信息共享率(%)	90		
60	水管理	水资源管理	用水定额管理执行率(%)	85		

续长江三角洲地区利水水利模式下的水利发展指标体系

序号	指标体系	指标名称		具体指标	标准 人均 GDP 达到 10 000 美元的地区 居住区（包括城市、中心集镇、农民集中居住区）	工业集中区（包括工业开发区、工业园区）	农业生产区（包括生态旅游区、生态林区）
1	水供给	管道供水能力	生活用水	居民生活用水量指标［L/(人·d)］	180～220		
				综合生活用水量指标［L/(人·d)］	290～360		
2				保证率(%)	100		
3				自来水普及率(%)	100		
4			工业(含工厂化生产农业园区)用水	万元工业增加值用水量(m³/万元)		50	
5				保证率(%)		95	
6				重复利用率(%)		75	
7			供水管网	铺设率(%)	100	100	
8				漏失率(%)	小于5	6	
9		河渠供水能力	农业用水	保证率(%)			85～95
10				灌溉用水利用系数			0.8
11				节水灌溉面积率(%)			90
12				粮食作物水分生产率(kg/m³)			2
13		生态、环境供水		保证率(%)	100		
14	水环境	雨污分流能力		雨污分流管网覆盖率(%)	80		
15		污水处理能力		污水管网铺设率(%)	90	100	
16				污水处理率(%)	90	95	
17				工业污水达标排放率(%)		100	
18				畜禽粪便处理率(%)			90
19		水功能区水质状况		饮用水源区水质达标率(%)	100		
20				工业用水区水质达标率(%)		95	
21				农业用水区水质达标率(%)			100
22		垃圾处理能力		垃圾处理率(%)	100		
23				农村秸秆利用率(%)			90
24	水安全	防洪能力		防洪重现期(年)	200	200	50
25				地面纵向控制标高符合规划要求面积率(%)	90		
26		除涝降渍能力		除涝重现期(年)	5（城市排水标准）	3（城市排水标准）	20
27				排水管网(沟渠)布设率(%)	100	100	95
28				降渍标准(m)			0.8～1.0
29		应急备用安全供水能力		生活备用水源保有率(%)	90		
30				工业备用水源保有率(%)		80	

续长江三角洲地区利水水利模式下的水利发展指标体系

序号	指标体系	指标名称	具体指标	标准：人均GDP达到10 000美元的地区：居住区(包括城市、中心集镇、农民集中居住区)	工业集中区(包括工业开发区、工业园区)	农业生产区(包括生态旅游区、生态林区)
31	水生态	水　体	清澈河渠率(%)	>85		
32	水生态	水　体	活水河渠率(%)	95		
33	水生态	水　系	水面积率(不含长江)(%)	恢复到80年代初水平，并保持稳定		
34	水生态	水　系	湿地面积率(含长江)(%)	恢复到80年代初水平，并保持稳定		
35	水生态	水　系	水网密度指数(不含长江)	90		
36	水生态	水　系	水系连通率(%)	95		
37	水生态	河岸带	植被覆盖指数	90		
38	水生态	河岸带	生态护岸率(%)	90		
39	水生态	陆　地	水立体交换能力(植被覆盖指数)	85		
40	水生态	陆　地	水土保持达标率(%)	95		
41	水文化	水工程文化内涵	挖掘率(%)	30		
42	水文化	水工程文化内涵	赋予率(%)	30		
43	水文化	水工程文化内涵	解读率(%)	100		
44	水文化	水工程文化内涵	社会认可度(%)	70		
45	水管理	规划管理	规划编制、修订率(%)	100		
46	水管理	规划管理	规划项目实施率(%)	95		
47	水管理	工程建设管理	三项制度 业主负责制 执行率(%)	90		
48	水管理	工程建设管理	三项制度 招投标制 执行率(%)	95		
49	水管理	工程建设管理	三项制度 施工监理制 执行率(%)	98		
50	水管理	工程建设管理	工程验收优良率(%)	80		
51	水管理	建设与管理资金	公共财政投入到位率(%)	100		
52	水管理	建设与管理资金	社会资本投入到位率(%)	100		
53	水管理	工程运行管　理	工程设施完好率(%)	95		
54	水管理	工程运行管　理	工程良性运行率(%)	95		
55	水管理	工程运行管　理	经营性收费到位率(%)	100		
56	水管理	工程后评估管理	工程项目后评估率(%)	95		
57	水管理	人力资源管　理	人才结构达标率(%)	80		
58	水管理	自动化信息管　理	工程自动化、信息化管理率(%)	80		
59	水管理	自动化信息管　理	信息共享率(%)	100		
60	水管理	水资源管理	用水定额管理执行率(%)	100		

附录二

城市蓝线管理办法

(建设部令第 145 号)

第一条 为了加强对城市水系的保护与管理，保障城市供水、防洪防涝和通航安全，改善城市人居生态环境，提升城市功能，促进城市健康、协调和可持续发展，根据《中华人民共和国城市规划法》、《中华人民共和国水法》，制定本办法。

第二条 本办法所称城市蓝线，是指城市规划确定的江、河、湖、库、渠和湿地等城市地表水体保护和控制的地域界线。

城市蓝线的划定和管理，应当遵守本办法。

第三条 国务院建设主管部门负责全国城市蓝线管理工作。

县级以上地方人民政府建设主管部门(城乡规划主管部门)负责本行政区域内的城市蓝线管理工作。

第四条 任何单位和个人都有服从城市蓝线管理的义务，有监督城市蓝线管理、对违反城市蓝线管理行为进行检举的权利。

第五条 编制各类城市规划，应当划定城市蓝线。

城市蓝线由直辖市、市、县人民政府在组织编制各类城市规划时划定。

城市蓝线应当与城市规划一并报批。

第六条 划定城市蓝线，应当遵循以下原则：

(一)统筹考虑城市水系的整体性、协调性、安全性和功能性，改善城市生态和人居环境，保障城市水系安全；

(二)与同阶段城市规划的深度保持一致；

(三)控制范围界定清晰；

(四)符合法律、法规的规定和国家有关技术标准、规范的要求。

第七条 在城市总体规划阶段，应当确定城市规划区范围内需要保护和控制的主要地表水体，划定城市蓝线，并明确城市蓝线保护和控制的要求。

第八条 在控制性详细规划阶段，应当依据城市总体规划划定的城市蓝线，规定城市蓝线范围内的保护要求和控制指标，并附有明确的城市蓝线坐标和相应的界址地形图。

第九条 城市蓝线一经批准，不得擅自调整。

因城市发展和城市布局结构变化等原因，确实需要调整城市蓝线的，应当依法调整城市规划，并相应调整城市蓝线。调整后的城市蓝线，应当随调整后的城市规划一并报批。

调整后的城市蓝线应当在报批前进行公示，但法律、法规规定不得公开的除外。

第十条 在城市蓝线内禁止进行下列活动：

(一)违反城市蓝线保护和控制要求的建设活动；

(二)擅自填埋、占用城市蓝线内水域；

(三)影响水系安全的爆破、采石、取土；

(四)擅自建设各类排污设施；

(五)其他对城市水系保护构成破坏的活动。

第十一条 在城市蓝线内进行各项建设，必须符合经批准的城市规划。

在城市蓝线内新建、改建、扩建各类建筑物、构筑物、道路、管线和其他工程设施，应当依法向建设主管部门(城乡规划主管部门)申请办理城市规划许可，并依照有关法律、法规办理相关手续。

第十二条 需要临时占用城市蓝线内的用地或水域的，应当报经直辖市、市、县人民政府建设主管部门(城乡规划主管部门)同意，并依法办理相关审批手续；临时占用后，应当限期恢复。

第十三条 县级以上地方人民政府建设主管部门(城乡规划主管部门)应当定期对城市蓝线管理情况进行监督检查。

第十四条 违反本办法规定，在城市蓝线范围内进行各类建设活动的，按照《中华人民共和国城市规划法》等有关法律、法规的规定处罚。

第十五条 县级以上地方人民政府建设主管部门(城乡规划主管部门)违反本办法规定，批准在城市蓝线范围内进行建设的，对有关责任人员依法给予处分；构成犯罪的，依法追究刑事责任。

第十六条 本办法自2006年3月1日起施行。

附录三

城市绿线管理办法

(建设部令第 112 号)

第一条 为建立并严格实行城市绿线管理制度，加强城市生态环境建设，创造良好的人居环境，促进城市可持续发展，根据《城市规划法》、《城市绿化条例》等法律法规，制定本办法。

第二条 本办法所称城市绿线,是指城市各类绿地范围的控制线。

本办法所称城市，是指国家按行政建制设立的直辖市、市、镇。

第三条 城市绿线的划定和监督管理，适用本办法。

第四条 国务院建设行政主管部门负责全国城市绿线管理工作。

省、自治区人民政府建设行政主管部门负责本行政区域内的城市绿线管理工作。

城市人民政府规划、园林绿化行政主管部门，按照职责分工负责城市绿线的监督和管理工作。

第五条 城市规划、园林绿化等行政主管部门应当密切合作，组织编制城市绿地系统规划。

城市绿地系统规划是城市总体规划的组成部分，应当确定城市绿化目标和布局，规定城市各类绿地的控制原则，按照规定标准确定绿化用地面积，分层次合理布局公共绿地，确定防护绿地、大型公共绿地等的绿线。

第六条 控制性详细规划应当提出不同类型用地的界线、规定绿化率控制指标和绿化用地界线的具体坐标。

第七条 修建性详细规划应当根据控制性详细规划，明确绿地布局，提出绿化配置的原则或者方案，划定绿地界线。

第八条 城市绿线的审批、调整，按照《城市规划法》、《城市绿化条例》的规定进行。

第九条 批准的城市绿线要向社会公布，接受公众监督。

任何单位和个人都有保护城市绿地、服从城市绿线管理的义务，有监督城市绿线管理、对违反城市绿线管理行为进行检举的权利。

第十条 城市绿线范围内的公共绿地、防护绿地、生产绿地、居住区绿地、单位附属绿地、道路绿地、风景林地等，必须按照《城市用地分类与规划建设用地标准》、《公园设计规范》等标准，进行绿地建设。

第十一条 城市绿线内的用地，不得改作他用，不得违反法律法规、强制性标准以及批准的规划进行开发建设。

有关部门不得违反规定，批准在城市绿线范围内进行建设。

因建设或者其他特殊情况，需要临时占用城市绿线内用地的，必须依法办理相关审批手续。

在城市绿线范围内，不符合规划要求的建筑物、构筑物及其他设施应当限期迁出。

第十二条 任何单位和个人不得在城市绿地范围内进行拦河截溪、取土采石、设置垃圾堆场、排放污水以及其他对生态环境构成破坏的活动。

近期不进行绿化建设的规划绿地范围内的建设活动，应当进行生态环境影响分析，并按照《城市规划法》的规定，予以严格控制。

第十三条 居住区绿化、单位绿化及各类建设项目的配套绿化都要达到《城市绿化规划建设指标的规定》的标准。

各类建设工程要与其配套的绿化工程同步设计，同步施工，同步验收。达不到规定标准的，不得投入使用。

第十四条 城市人民政府规划、园林绿化行政主管部门按照职责分工，对城市绿线的控制和实施情况进行检查，并向同级人民政府和上级行政主管部门报告。

第十五条 省、自治区人民政府建设行政主管部门应当定期对本行政区域内城市绿线的管理情况进行监督检查，对违法行为，及时纠正。

第十六条 违反本办法规定，擅自改变城市绿线内土地用途、占用或者破坏城市绿地的，由城市规划、园林绿化行政主管部门，按照《城市规划法》、《城市绿化条例》的有关规定处罚。

第十七条 违反本办法规定，在城市绿地范围内进行拦河截溪、取土采石、设置垃圾堆场、排放污水以及其他对城市生态环境造成破坏活动的，由城市园林绿化行政主管部门责令改正，并处一万元以上三万元以下的罚款。

第十八条 违反本办法规定，在已经划定的城市绿线范围内违反规定审批建设项目的，对有关责任人员由有关机关给予行政处分；构成犯罪的，依法追究刑事责任。

第十九条 城镇体系规划所确定的，城市规划区外防护绿地、绿化隔离带等的绿线划定、监督和管理，参照本办法执行。

第二十条 本办法自 2002 年 11 月 1 日起施行。

附录四

城市黄线管理办法

(建设部令第 144 号)

第一条 为了加强城市基础设施用地管理，保障城市基础设施的正常、高效运转，保证城市经济、社会健康发展，根据《城市规划法》，制定本办法。

第二条 城市黄线的划定和规划管理，适用本办法。

本办法所称城市黄线，是指对城市发展全局有影响的、城市规划中确定的、必须控制的城市基础设施用地的控制界线。

本办法所称城市基础设施包括：

(一)城市公共汽车首末站、出租汽车停车场、大型公共停车场；城市轨道交通线、站、场、车辆段、保养维修基地；城市水运码头；机场；城市交通综合换乘枢纽；城市交通广场等城市公共交通设施。

(二)取水工程设施(取水点、取水构筑物及一级泵站)和水处理工程设施等城市供水设施。

(三)排水设施；污水处理设施；垃圾转运站、垃圾码头、垃圾堆肥厂、垃圾焚烧厂、卫生填埋场(厂)；环境卫生车辆停车场和修造厂；环境质量监测站等城市环境卫生设施。

(四)城市气源和燃气储配站等城市供燃气设施。

(五)城市热源、区域性热力站、热力线走廊等城市供热设施。

(六)城市发电厂、区域变电所(站)、市区变电所(站)、高压线走廊等城市供电设施。

(七)邮政局、邮政通信枢纽、邮政支局；电信局、电信支局；卫星接收站、微波站；广播电台、电视台等城市通信设施。

(八)消防指挥调度中心、消防站等城市消防设施。

(九)防洪堤墙、排洪沟与截洪沟、防洪闸等城市防洪设施。

(十)避震疏散场地、气象预警中心等城市抗震防灾设施。

(十一)其他对城市发展全局有影响的城市基础设施。

第三条 国务院建设主管部门负责全国城市黄线管理工作。

县级以上地方人民政府建设主管部门(城乡规划主管部门)负责本行政区域内城市黄线的规划管理工作。

第四条 任何单位和个人都有保护城市基础设施用地、服从城市黄线管理的义务，有监督城市黄线管理、对违反城市黄线管理的行为进行检举的权利。

第五条 城市黄线应当在制定城市总体规划和详细规划时划定。

直辖市、市、县人民政府建设主管部门(城乡规划主管部门)应当根据不同规划阶段的规划深度要求，负责组织划定城市黄线的具体工作。

第六条 城市黄线的划定，应当遵循以下原则：

(一)与同阶段城市规划内容及深度保持一致；

(二)控制范围界定清晰；

(三)符合国家有关技术标准、规范。

第七条 编制城市总体规划，应当根据规划内容和深度要求，合理布置城市基础设施，确定城市基础设施的用地位置和范围，划定其用地控制界线。

第八条 编制控制性详细规划，应当依据城市总体规划，落实城市总体规划确定的城市基础设施的用地位置和面积，划定城市基础设施用地界线，规定城市黄线范围内的控制指标和要求，并明确城市黄线的地理坐标。

修建性详细规划应当依据控制性详细规划，按不同项目具体落实城市基础设施用地界线，提出城市基础设施用地配置原则或者方案，并标明城市黄线的地理坐标和相应的界址地形图。

第九条 城市黄线应当作为城市规划的强制性内容，与城市规划一并报批。城市黄线上报审批前，应当进行技术经济论证，并征求有关部门意见。

第十条 城市黄线经批准后，应当与城市规划一并由直辖市、市、县人民政府予以公布；但法律、法规规定不得公开的除外。

第十一条 城市黄线一经批准，不得擅自调整。

因城市发展和城市功能、布局变化等，需要调整城市黄线的，应当组织专家论证，依法调整城市规划，并相应调整城市黄线。调整后的城市黄线，应当随调整后的城市规划一并报批。

调整后的城市黄线应当在报批前进行公示，但法律、法规规定不得公开的除外。

第十二条 在城市黄线内进行建设活动，必须贯彻安全、高效、经济的方针，处理好近远期关系，根据城市发展的实际需要，分期有序实施。

第十三条 在城市黄线范围内禁止进行下列活动：

(一)违反城市规划要求，进行建筑物、构筑物及其他设施的建设；

(二)违反国家有关技术标准和规范进行建设；

(三)未经批准，改装、迁移或拆毁原有城市基础设施；

(四)其他损坏城市基础设施或影响城市基础设施安全和正常运转的行为。

第十四条 在城市黄线内进行建设，应当符合经批准的城市规划。

在城市黄线内新建、改建、扩建各类建筑物、构筑物、道路、管线和其他工程设施，应当依法向建设主管部门(城乡规划主管部门)申请办理城市规划许可，并依据有关法律、法规办理相关手续。

迁移、拆除城市黄线内城市基础设施的，应当依据有关法律、法规办理相关手续。

第十五条 因建设或其他特殊情况需要临时占用城市黄线内土地的，必须依法办理相关审批手续。

第十六条 县级以上地方人民政府建设主管部门(城乡规划主管部门)应当定期对城市黄线管理情况进行监督检查。

第十七条 违反本办法规定，有下列行为之一的，依据《城市规划法》等法律、法规予以处罚：

(一)未经直辖市、市、县人民政府建设主管部门(城乡规划主管部门)批准在城市黄线范围内进行建设活动的；

(二)擅自改变城市黄线内土地用途的；

(三)未按规划许可的要求进行建设的。

第十八条 县级以上地方人民政府建设主管部门(城乡规划主管部门)违反本办法规定，批准在城市黄线范围内进行建设的，对有关责任人员依法给予处分；构成犯罪的，依法追究刑事责任。

第十九条 本办法自 2006 年 3 月 1 日起施行。

附录五

关于保护闵行区水面积的实施意见

(闵府办发(2004)31 号)

近年来我区城市化发展迅速，开发建设与河道争地的矛盾日益突出，村、宅河道被成片填没，有的变成断头浜、死水浜，造成河网的调蓄、排水能力降低，内河水位不断攀升，加重了区域内涝的威胁，同时也造成水环境容量降低，水动力不足。为配合新一轮闵行区城市建设的发展，营造水景观、改善水环境，结合实际，现就保护全区水面积提出如下实施意见：

一、禁止填堵本区域内的各类河道，包括湖泊洼淀、人工水道、河道沟汊等，并不得随意调整或改变。

二、确因建设需要填堵河道的，建设单位应当委托具有相应资质的水利规划设计单位进行论证，按“以水还水”的原则，即按 1∶1.5 的比例来补充填没的水面积，并按照规定权限予以报批。

三、在各类房产开发过程中，对小区开发范围本着就地调整的原则，建设高标准、高起点的自然生态水环境，以形成人水亲和、优美舒适的水景观。

四、在各类工业开发区，要求建成河网布局科学、排水模式合理、抗风险能力强以及水绿相依的园区化工业格局。

五、在道路建设中对于骨干河网禁止设置箱涵、管涵。

六、在进行河道整治中，本着“连、通、畅、活”的原则，尽量打通原有的断头浜、死水浜，确保水体流动，并增加区域的水面积。

七、结合沿河绿带，因地制宜地采用下沉式绿带的河道断面形式，增加高水位时的实际水面率。

八、结合片林、生态绿地、公园等建设开挖湖泊，有效增加水面率。

九、对于已审批的水系调整方案，应按照“先开后填”的原则，由建设单位实施，并承担建设费用。

十、区计委、规划、房地、城管、水务等相关部门在项目审批时，应严格把好水面积的关，确保全区水面率不降低。